Les Éditions du Boréal
4447, rue Saint-Denis
Montréal (Québec) H2J 2L2
www.editionsboreal.qc.ca

Recours aux sources

DU MÊME AUTEUR

*Chronique d'une insurrection appréhendée. La crise d'Octobre et le milieu univer-
sitaire*, Septentrion, 1998 (préface de René Durocher).

Parole d'historiens. Anthologie des réflexions sur l'histoire au Québec (avec Julien
Goyette), Presses de l'Université de Montréal, coll. « PUM — Corpus »,
2006.

Les Réformistes. Une génération canadienne-française au milieu du XIXe siècle,
Boréal, 2009.

L'Histoire nationale en débats. Regards croisés sur la France et le Québec (codirec-
tion avec Serge Cantin), Paris, Riveneuve éditions, 2010.

Éric Bédard

Recours aux sources

Essais sur notre rapport au passé

Boréal

© Les Éditions du Boréal 2011
Dépôt légal : 3e trimestre 2011
Bibliothèque et Archives nationales du Québec

Diffusion au Canada : Dimedia
Diffusion et distribution en Europe : Volumen

Catalogage avant publication de Bibliothèque et Archives nationales du Québec
et Bibliothèque et Archives Canada

Bédard, Éric, 1969-

    Recours aux sources

    Comprend des réf. bibliogr.

    ISBN 978-2-7646-2109-7

    1. Québec (Province) – Histoire – 20e siècle. 2. Conservatisme – Québec (Province). 3. Natio-nalisme – Québec (Province). 4. Québec (Province) – Histoire – Autonomie et mouvements indé-pendantistes. I. Titre.

FC2923.2.B42   2011   971.4'04   C2011-941387-6

ISBN PAPIER 978-2-7646-2109-7

ISBN PDF 978-2-7646-3109-6

ISBN ePUB 978-2-7646-4109-5

Pour Nadja

*Le fait brutal, c'est que nous n'aimons pas
notre passé.*

Michel Brunet, *Notre passé,
le présent et nous*, 1976

Ouverture

C'est de notre rapport au passé qu'il sera question dans ce livre. Je constate, trente-cinq ans après l'historien Michel Brunet, que la plupart des Québécois n'aiment toujours pas leur passé. Pourquoi ?

L'année 2010 a marqué le cinquantième anniversaire de la Révolution tranquille. Pour la grande majorité des Québécois, 1960 constitue l'an zéro du Québec « moderne », c'est-à-dire du seul vrai Québec qui nous ressemble et qui nous intéresse. Au centre de notre mémoire collective trône toujours cette embarrassante « Grande Noirceur » qui, pour certains, se confond avec le régime de Maurice Duplessis et, pour d'autres, avec toute l'histoire d'un Canada français clérical, ethnique et traditionaliste. Nous sommes au cœur du problème.

Le Québec n'est évidemment pas la seule nation à entretenir un rapport trouble avec son passé. L'Allemagne, la Chine, la Russie, la Turquie, le Cambodge et le Rwanda sont hantés par des crimes de masse ; la France et les États-Unis sont sommés d'offrir d'importantes réparations aux descendants des victimes du colonialisme et de l'esclavagisme. Fort heureusement, le Québec n'a pas d'aussi lourds antécédents que ces pays. Pourtant, quelque chose ne passe pas.

Cinquante ans après le début de la Révolution tranquille, l'idée de Grande Noirceur semble avoir été complètement intériorisée. Comme le montrent plusieurs essais regroupés dans ce livre, ce passé sert le plus souvent de repoussoir ou de contre-modèle et

permet de justifier les idées sinon les réformes les plus saugrenues :
nouveau programme d'histoire au secondaire, éclipse de l'histoire
nationale à l'université, inter/multiculturalisme prôné par nos
élites, violence révolutionnaire, « renouveau pédagogique », etc.
Surtout, la Grande Noirceur en vient à faire écran à ce qu'est
devenu le Québec. Nos griefs étant tournés vers le passé, il est mal
venu de critiquer le Québec issu de la Révolution tranquille. En
effet, lorsqu'on n'adhère pas à la vulgate de la Grande Noirceur, on
est confiné au camp des nostalgiques ou des réactionnaires. Les
plus généreux diront qu'on idéalise les hommes du passé ou qu'on
manque d'esprit critique ; les plus sévères, qu'on rêve secrètement
de voir les femmes retourner à la maison ou qu'on fait le jeu du
grand capital.

Tout se passe comme si nous étions habités par cette certitude
tranquille d'être dans le Vrai et dans le Bon. Cette conviction,
apparemment inébranlable, selon laquelle notre époque surpasserait moralement toutes les autres participe évidemment d'un
mouvement beaucoup plus large de la modernité. Ce mouvement
se serait radicalisé depuis les années 1960 au point que plusieurs
préfèrent parler d'hypermodernité ou d'ultramodernité — plutôt
que de postmodernité. Peu importe les concepts retenus, ce
manque d'humilité et cette arrogance m'ont toujours beaucoup
irrité, car les sociétés d'aujourd'hui n'ont pas de quoi pavoiser.
Nous, modernes, devrions avoir le triomphe plus modeste.

Mais ce sont d'autres considérations qui alimentent ma réaction épidermique à l'idée de Grande Noirceur. Si les premières
sont historiographiques, les secondes découlent d'un rapport plus
personnel au passé.

Il est vrai qu'en 1960, le Québec accusait certains retards, que
la majorité canadienne-française était économiquement infé-
rieure, que l'État intervenait peu dans le secteur de la santé et des
services sociaux, que les femmes mariées étaient considérées
comme des mineures par le Code civil, que certains curés exer-
çaient une pression morale souvent insupportable sur les femmes,
que l'Église était omniprésente, notamment en éducation, que
quelques intellectuels fascisants ont eu une certaine influence. Il

est aussi vrai, néanmoins, comme l'a montré la recherche historique des dernières décennies, que le Québec d'avant 1960 s'urbanisait et se syndiquait au même rythme que l'Ontario ; qu'une bourgeoisie canadienne-française considérait le relèvement économique comme une condition essentielle de la reconquête nationale ; que Duplessis mit en place un excellent réseau de collèges techniques et fit construire plusieurs centaines d'écoles pour se conformer à la Loi sur l'instruction obligatoire (qu'il avait combattue) ; que les femmes à la tête des congrégations féminines dirigèrent d'énormes établissements ; que les militants de l'Action catholique des années 1940 et 1950 furent souvent à l'origine de réformes introduites durant la Révolution tranquille ; qu'une vie culturelle dynamique prit son envol bien avant *L'Osstidcho* ; que les extrémistes de droite d'avant 1960 furent probablement moins nombreux que les maoïstes des années 1970.

Pour une jeune femme ambitieuse qui rêvait de s'accomplir professionnellement et de fonder une famille, le Québec des années 1950 offrait bien peu de perspectives d'avenir. Il en était de même pour les artistes dits d'avant-garde, inspirés par les surréalistes parisiens, rêvant d'en finir avec l'Occident des Lumières. Mais pour une pieuse paysanne de Bellechasse ou des Bois-Francs, membre des Filles d'Isabelle, le Canada français catholique était une terre bénie. Pour de jeunes parents du milieu ouvrier qui achetaient leur premier bungalow alors que, dans les années 1930, ils avaient grandi dans les taudis de Saint-Henri, le Québec des années 1950 était rempli de promesses. Pour certains, il y eut sans doute une « Grande Noirceur », mais pour d'autres, il n'en fut rien. L'appréciation du passé par celles et ceux qui l'ont vécu est très subjective. Quant à la société globale, les recherches historiques les plus sérieuses vont toujours dans le même sens : si nos élites se méfièrent de l'État jusqu'en 1960 — une erreur si l'on en juge par le redressement national qui suivra —, le Québec d'avant la Révolution tranquille ne fut pas isolé du reste du monde ou étranger aux mutations techniques et philosophiques qu'entraîna la modernité industrielle, politique et culturelle. Les Canadiens français d'autrefois étaient attentifs à ce qui se faisait ailleurs, se

posaient des questions et s'étaient adaptés aux principaux changements de leur temps.

Mais si l'historiographie tend à déboulonner la Grande Noirceur, d'autres motifs plus personnels, donc plus fondamentaux,
ont façonné mon rapport au Québec d'autrefois. Ma réaction à ce
grand récit glorieux de notre entrée dans la modernité ne participe
pas seulement d'une démarche historienne purement rationnelle
ou « citoyenne ». Elle témoigne d'un rapport existentiel au passé
qu'il me faut éclairer pour permettre au lecteur de comprendre la
démarche qui a inspiré les essais qu'on trouvera dans ce livre.

Mon rapport au passé est celui d'un héritier reconnaissant,
solidaire des femmes et des hommes qui ont fait ce pays. Si je
n'ignore pas que nos ancêtres étaient, comme nous, des êtres
imparfaits, capables du meilleur et du pire, ils m'inspirent néanmoins un profond sentiment de gratitude. Sans leur ténacité, leurs
sacrifices, leurs rêves et leurs ambitions, nous ne serions rien, ou
si peu. Ce respect pour les anciens me vient de mon grand-père
Bédard. C'était un Canadien français fier de ses origines qui me
raconta très tôt l'histoire de notre famille. Il avait hérité de la
« maison paternelle », une bien modeste habitation construite sur
une terre de Portneuf défrichée par son arrière-grand-père. Il se
reconnut dans Maurice Duplessis, fit confiance à Réal Caouette et
appuya René Lévesque — notre « nouveau Duplessis », répétait-il.
Il ne visita Montréal qu'à quelques reprises pour célébrer le
mariage de ses enfants ou le baptême de ses petits-enfants. Grâce
à la radio et à la télévision, il était cependant branché sur le monde ;
l'heure des nouvelles était sacrée. Je me souviens que le drame des
boat people l'avait bouleversé. Un homme parfois entêté mais fondamentalement curieux qui aimait discuter, argumenter. Un être
fier, droit comme un chêne, capable de penser par lui-même, ne
suivant pas toujours les prescriptions de son curé — « Je ne me
confesse qu'à Dieu », me confia-t-il un jour, sûr de son jugement.
Un bon vivant qui aimait les fêtes, adorait les conteurs et les chansons à répondre, ne manquait jamais un épisode de *Soirée canadienne*. En plus de faire prospérer la ferme de son père, il acheta et
vendit des terres, construisit une érablière, éleva sept enfants avec

sa femme, vécut douloureusement le deuil de son benjamin, mort tragiquement à l'âge de deux ans.

Ce sont des hommes comme lui qui ont bâti le Québec, au fil des siècles. Sa vie, comme celle de bien des gens de sa génération, a souvent été difficile, mais il a donné le meilleur de lui-même à sa famille et à son pays. La mémoire de ses ancêtres l'a constamment rappelé à son devoir et à ses responsabilités face au monde dont il héritait et qu'il léguerait un jour à ses descendants. Pour mon grand-père, le passé, qu'il n'avait pas appris dans les livres — en a-t-il déjà lu un en entier ? — était une source inépuisable d'inspiration. La persévérance de ses ancêtres, celle notamment de son père orphelin à neuf ans, obligé de s'occuper de sa mère malade dès l'adolescence, avait valeur de témoignage ; elle lui rappelait que d'autres, avant lui, avaient affronté l'existence la tête haute et le poussait à croire que d'autres, après lui, poursuivraient l'œuvre des pionniers. Aucun de ses descendants n'a repris la ferme familiale et depuis son décès, en 1998, plus personne n'habite la « maison paternelle ». Cette absence de relève fut l'une des grandes déceptions de sa vie. Mais au lieu de se braquer ou de s'enfermer dans le ressentiment, il accepta le choix de ses enfants. Lorsqu'il détruisit, l'année même où un premier homme marcha sur la Lune, l'étable construite par son père, c'est tout un monde qui pour lui s'écroulait. Mais mon grand-père savait que si le monde qu'il avait connu se transformait à vue d'œil, le pays n'allait pas s'arrêter avec lui.

On nous l'a assez répété, le Québec moderne a rompu avec le Canada français. Devant le haut taux d'assimilation des francophones hors Québec et face à l'impossibilité de voir reconnue dans la Constitution la dualité culturelle et nationale du Canada, une partie de nos élites se sont rabattues sur l'État québécois, et plusieurs se sont convertis au projet souverainiste. D'autres, comme Pierre Elliott Trudeau, ont choisi Ottawa et l'universalisme abstrait de la Charte canadienne des droits et libertés. Ceux qui refusèrent cette fuite en avant optèrent pour un projet politique qui s'inscrivait dans une histoire longue. L'État du Québec poursuivrait les luttes menées par les générations antérieures. Voilà pourquoi mon grand-père a pu passer de Maurice Duplessis à René Lévesque.

Pour plusieurs des apôtres de la Révolution tranquille, cette rupture n'était cependant pas suffisante. Il ne fallait pas seulement rompre avec le *Canada français,* mais aussi avec les *Canadiens français.* Non pas seulement tourner le dos à un projet politique, mais en finir avec un type d'hommes. La rupture proposée n'était pas seulement constitutionnelle, elle était existentielle. Le Canadien français de certains révolutionnaires des années 1960 — ceux de *Parti pris* ou du FLQ, par exemple — était un « colonisé », un être « aliéné », un perdant qui avait subi les diktats du clergé et des Anglais. Inspiré par des théoriciens du tiers-monde qui décrivaient un univers bien différent du nôtre, ces jeunes révolutionnaires regardèrent de haut des hommes comme mon grand-père. J'ai souvent l'impression que ce legs de la Révolution tranquille, devenu la doxa d'une certaine intelligentsia dite « progressiste », nous a rendus étrangers à nous-mêmes. Il m'arrive de penser que cette utopie du Québécois nouveau complètement affranchi d'une histoire jugée avilissante et son corollaire, le rejet viscéral du Canadien français, a vicié notre rapport au passé.

Mais je ne désespère pas. Si, au fil des années et des événements, j'ai exploré notre rapport trouble au passé, déconstruit certains discours sur la Grande Noirceur, montré avec d'autres les impasses vers lesquelles nous menait ce reniement de soi, c'est aussi parce que j'ai toujours eu la conviction que mes contemporains, peut-être plus nombreux parmi les jeunes générations, ressentaient le besoin d'envisager autrement leur aventure collective.

I

Dégénérations ?

Je filais sur la 132 en direction de Sainte-Luce-sur-Mer où se trouvait la garderie de ma petite Nora. J'avais décidé ce matin-là d'écouter l'un des albums de Mes Aïeux que m'avait prêté une collègue de l'Université du Québec à Rimouski. Quelques semaines plus tôt, j'étais tombé sur un reportage à la télévision consacré aux « Veillées du Plateau » et à la vogue « néo-trad » qui m'avait beaucoup étonné. En me remettant les CD de ce groupe dont je n'avais à peu près jamais entendu parler, ma collègue attira mon attention sur *Dégénérations,* une chanson qui ne tournait pas alors à la radio.

En écoutant les premiers couplets, j'ai été saisi. Cette déférence envers les ancêtres qui avaient labouré la terre, surmonté la misère, fait des enfants tranchait tellement avec l'air du temps. Enfin, me dis-je, on se référait au passé sans emprunter les chemins de l'autodénigrement ou de la honte de soi. J'ai tout de suite vu dans cette chanson une sorte d'hommage rendu à mes propres grands-parents et arrière-grands-parents qui avaient traversé de dures épreuves avec dignité. Le groupe n'adoptait pas à l'égard de notre époque cette attitude complaisante si répandue. Le présent souffrait même de la comparaison avec le passé. Quelque chose s'était perdu, brisé. En écoutant pour la première fois *Dégénérations,* j'étais bien loin de me douter que cette chanson deviendrait populaire et qu'elle susciterait même une petite controverse. Son fulgurant succès donne à penser que je ne fus pas le seul à avoir été frappé par les paroles de cette chanson qui a touché des Québécois de tous les milieux et de toutes les générations.

Après coup, j'ai eu le sentiment que le succès de cette chanson avait quelque chose à nous apprendre sur notre rapport au Québec d'avant la Révolution tranquille. Intrigué, j'ai voulu en savoir plus sur ce groupe et sur la vogue du néo-trad. Non seulement pour comprendre le contexte d'émergence de Mes Aïeux mais surtout pour vérifier si *Dégénérations* témoignait d'un nouveau rapport au passé, voire d'une sensibilité politique plus conservatrice.

Du world beat à « l'année des enracinés »

Le groupe Mes Aïeux émerge alors que le Québec se remet à peine du dernier référendum. Les années qui suivent le 30 octobre 1995 sont marquées par d'intenses débats sur l'identité québécoise. Durant l'été 1999, plusieurs intellectuels sont invités à « penser la nation québécoise » dans les pages du quotidien *Le Devoir*. La plupart d'entre eux jugent nécessaire de refonder le projet national sur de nouvelles bases, plus inclusives. La référence à une tradition ou à une forme quelconque d'enracinement dans une expérience historique particulière est jugée trop ethnique[1]. Pour être à nouveau légitime, le projet national québécois devait se délester d'une référence trop lourde à l'histoire du groupe francophone majoritaire[2]. Marquées par des appels répétés à « l'ouverture à l'autre » et par des attaques virulentes contre tout ce qui pouvait prendre la forme d'un « repli sur soi », ces années sont hantées par la mauvaise conscience et par la vogue de l'inter/multiculturalisme. Une vogue, faut-il le rappeler, qui n'avait rien de spécifiquement québécoise ou canadienne[3]. Aux yeux d'une intelligentsia dite progressiste, la mondialisation des échanges, le déclin de l'Occident et la montée des mégalopoles sonnaient le glas des États-nations et conduisaient à la nécessaire fusion des cultures dans un grand magma global.

Cette fascination pour la « diversité » — concept flou et lieu commun[4] — ne fut pas seulement vécue dans le monde des idées et de la politique, elle se fit aussi sentir dans le domaine de la musique. Durant les années 1980 et 1990, on voit en effet émerger un nouveau genre musical : le world beat, que l'on désigne généralement en français par l'appellation un peu confuse de « musiques du monde ». Ce sont des artistes d'expression anglaise, notamment Peter Gabriel, Johnny Clegg et Paul Simon, qui introduisent ce nouveau genre dans la foulée d'immenses événements de solidarité internationale tels *Live Aid* (1985) ou *A Tribute to Mandela* (1988). Pour témoigner de leur généreuse ouverture, des artistes connus vont pimenter leurs chansons de rythmes traditionnels africains ou s'associer à des musiciens du tiers-monde qui chanteront quelques couplets dans leur langue d'origine. À l'affût de toutes les nouveautés, l'industrie musicale ne tarde pas à promouvoir ce nouveau genre qui, découvre-t-on rapidement, répond aux attentes d'un certain public. En 1990, le magazine *Billboard* fait du world beat une catégorie à part entière ; en 1992, on institue un prix Grammy dévolu aux artistes qui se consacrent à la world music ; en 1994 se tient à Berlin la première exposition dédiée à la world music[5].

Analyste enthousiaste du phénomène, le sociologue Denis-Constant Martin croit qu'on aurait tort de réduire ce nouveau genre à une banale opération commerciale. Cette musique, insiste-t-il dans un article publié en 1996, serait « un révélateur de manières de représenter le monde et de le reconstruire dans l'imaginaire » ; elle correspondrait à la sensibilité d'une jeunesse pour qui le « monde d'aujourd'hui » serait « un univers entier, sans frontières géographiques ni culturelles » ; elle témoignerait « d'une envie de l'Autre. » La finalité ultime des musiques du monde serait de favoriser le métissage des genres et des cultures, de travailler à des « dynamiques d'hybridation » et, surtout, d'« abolir les distances et les différences entre soi-même, les Siens et les Autres[6]. »

En matière de musiques du monde, la francophonie n'est pas en reste et le Québec suit les grands courants dominants[7]. Le ministre socialiste de la Culture en France, Jack Lang, et quatre-vingt-deux autres personnalités associées à la gauche signent, en novembre 1991, le *Manifeste pour l'essor des musiques francophones* dans lequel on peut lire : « La francophonie mérite aujourd'hui d'être dépoussiérée et de s'ouvrir aux musiques du monde. Un francophone, c'est aussi quelqu'un qui chante en lingala, en créole ou en wolof[8]. » Si le texte n'est signé par aucun Québécois, plusieurs manifestations culturelles montréalaises encouragent les musiques du monde. En 1993, *Chansons*, le magazine québécois de l'industrie musicale, se réjouit de voir émerger un « Québec zouk » grâce à des bars comme le Balattou qui font passer de la musique africaine à longueur d'année ou à des événements comme la Carifête, les Nuits d'Afrique, les Rendez-vous transculturels et les Rythmes du monde. Dans le reportage de *Chansons*, les animateurs de ces événements critiquent les pouvoirs publics qui ne les subventionnent pas suffisamment et la population qui boude leur art. L'un d'eux déclare : « Pour avoir du succès, il faut toucher la communauté blanche mais les Blancs ne comprennent pas. Ils n'investissent pas[9]. » Dans l'ensemble, l'article présente positivement cette « ethno-pop » qui témoigne de sociétés « se recomposant sur un mode interculturel » et qui, surtout, « remet en question le concept d'une culture dominante en ouvrant la voie à une culture unificatrice, née d'une appartenance au monde[10] ».

Le 25 mars 1996 se tient à Montréal la seconde rencontre de la Table de concertation sur les pratiques artistiques interculturelles. « Force est de constater, déplore Karen Ricard dans un éditorial de *Chansons*, que le grand métissage culturel, au Québec, n'a pas encore eu lieu. » L'éditorialiste reproche aux chansonniers québécois de ne pas intégrer les artistes issus des minorités et rêve d'un concert qui permettrait le « travail fusionnel des artistes où la joyeuse fanfare rock des Colocs se métisserait à l'art du *set dancing* irlandais ou à la joyeuse mélancolie du klezmer[11] ». Comme si l'appel de l'éditorialiste avait été entendu, les Colocs lancent en 1998 *Dehors novembre*. L'album contient deux excellentes pièces très proche de l'esprit world beat : *Belzébuth* reprend les sonorités du klezmer ; *Tassez-vous de d'là* a des accents reggae et son refrain est interprété en wolof par les frères Diouf, deux artistes sénégalais.

Pour un analyste comme Denis-Constant Martin ou une journaliste comme Karen Ricard, la vogue du world beat est un mouvement irréversible et salutaire. Ouvertes sur l'universel, ces musiques du monde annonçaient une nouvelle forme de fraternité. La quête identitaire des années 1970 relève donc de la préhistoire. Le temps des folkloristes qui faisaient revivre, pour mieux les conserver, les traditions musicales ancestrales semble bien révolu. Il ne faut cependant pas s'en formaliser, selon Martin, car plusieurs de ces airs anciens, auxquels certains nostalgiques restent obstinément attachés, seront un jour recyclés dans une pop mondialisée[12]. Avec ses rigodons, ses chemises à carreaux et ses ceintures fléchées, le folklore québécois a tous les atours d'un genre démodé que les adeptes d'un « Québec zouk » ne se privent d'ailleurs pas de railler.

Michel Faubert, l'un des artisans de la tradition folklorique, dénonce le reniement de soi de certains Québécois branchés de la métropole. « À Montréal, lors du festival Rythmes du monde, tu vas trouver le monde entier sauf le Québec. C'est typiquement montréalais cette peur d'être perçu comme "folklorisant" parce qu'on intégrerait quelques musiciens québécois. Le monde culturel de Montréal, c'est plein de gens qui viennent d'Alma, de Saint-Michel-des-Saints et de Rimouski qui se font accroire qu'ils sont nés à Berlin, Londres et Paris[13]. » Entre 1983 et 1991, l'ADISQ — l'Association québécoise de l'industrie du disque, du spectacle et de la vidéo — abolit sa catégorie « folklore ». Parmi les rares groupes qui résistent au raz-de-marée de la musique fusion, il y a La Bottine souriante. La formation de Joliette doit sa survie à quelques manifestations européennes de musiques traditionnelles et au circuit américain des festivals folks, qui a toujours accordé une certaine place à la *French Canadian music*[14]. Pour se faire « une petite place au soleil », ironise un journaliste de *Chansons*, faudrait-il « qu'une célébrité comme Sting découvre les charmes de l'accordéon à pitons, trois rangées[15] ? »

Après la vogue du world beat, le renouveau de la « musique traditionnelle » au Québec, qui prend place au tournant du millénaire, étonne la plupart des analystes. Comme toujours, il y avait

eu des signes avant-coureurs : l'immense succès de l'exposition
« Je vous entends chanter » du Musée de la civilisation de Québec
tenue en 1995 et 1996[16], le succès commercial des albums de La
Bottine souriante (le groupe signe un important contrat avec EMI
en 1999), la popularité grandissante des « Veillées du Plateau », ces
soirées dansantes qui attirent des Québécois de toutes les générations, et, surtout, l'intérêt marqué des jeunes musiciens pour cette
musique. Dès 1994, le magazine *Chansons* croit voir que le Québec
vit une « vague de renouveau de la musique folklorique ». Contrairement au reportage de 1990, on ne parle plus d'un genre démodé,
mais d'une « tradition réinventée » par les plus jeunes[17]. Le
contexte politique y est probablement pour quelque chose. L'échec
de l'accord du lac Meech et la montée du mouvement indépendantiste mobilisent nombre d'artistes québécois qui, à peine
quelques années auparavant, doutaient de l'avenir de la chanson
francophone[18]. Comme la génération des années 1970[19], celle des
années 2000 va vivre une sorte de *revival* culturel. Ce qui change,
toutefois, c'est que malgré la défaite référendaire[20], l'engouement
pour un genre plus traditionnel se poursuit et s'accentue, une flo-
pée de nouveaux groupes voyant le jour : Les Langues fourchues,
Les Tireux d'roches, Les Batinses, etc. Dans *L'actualité* du
15 mai 2004, l'ethnologue Robert Bouthillier y voit un phénomène unique dans l'histoire culturelle du Québec. « La foison
actuelle de chanteurs et de groupes de musique traditionnelle qui
se sont appropriés la chanson folklorique dans leurs spectacles ou
sur leurs disques dépasse depuis cinq ans tout ce qu'on a pu
connaître auparavant. En quantité, en qualité et en variété du son
proposé[21]. »

En une quinzaine d'années, on assiste donc à un étrange
retournement. Du world beat on passe au folklore, des musiques
du monde on retourne au terroir. Journaliste au *Devoir* et obser-
vateur chevronné de la scène musicale québécoise, Sylvain Cormier considère 2006-2007 comme « l'année des enracinés » :

> Besoin de savoir qui on est, d'où l'on vient, en ces temps incer-
> tains ? On le croirait à lire les titres des disques de nos artistes de

chanson les plus en vue hier au gala de l'ADISQ, 29ᵉ du nom :
Tire-toi une bûche, par Mes Aïeux, *De retour à la source*, par Isabelle Boulay, et *L'Échec du matériel*, par Daniel Bélanger. Pour dire
ça autrement : devant l'échec du matériel, on retourne à la source
et on se tire une bûche. [...] J'appelle ça un lien. J'appelle ça de
l'enracinement. J'appelle ça un gala qui fait chaud au cœur[22].

Mes Aïeux a sans contredit été l'un des acteurs clés de ce
renouveau. La formation serait née autour de 1996, selon Stéphane Archambault et Frédéric Giroux, respectivement chanteur
et guitariste du groupe. Alors que, aux lendemains du référendum
de 1995, la plupart des penseurs de la nation québécoise craignent
le repli sur soi, de jeunes artistes comme ceux de Mes Aïeux souhaitent que l'on assume plus sereinement notre passé. « J'ai l'impression qu'au Québec, on a une peur terrible de ce qu'on est,
déclare Stéphane Archambault en juillet 1999. On n'ose pas se
regarder dans le miroir parce qu'on a peur de se faire renvoyer une
image de kétaine. Peut-être que ça vient d'une obsession qu'on a
d'être actuel à tout prix, de ne pas avoir l'air dépassé[23]... »
   Dans une entrevue accordée un an plus tard, on demande au
bassiste du groupe, Éric Desranleau, d'expliquer cet engouement
de beaucoup de jeunes pour une musique plus ancrée dans la tradition musicale québécoise : « On a besoin de garder nos racines
parce qu'on est enseveli de tous bords, tous côtés de musique
anglophone, plus souvent qu'autrement commerciale. C'est un
peu en réaction à ça. On veut préserver notre patrimoine, mais ce
n'est pas un geste politique. Disons que c'est par patriotisme[24]. »
Réaction à la musique anglophone, mais aussi au rouleau compresseur de la mondialisation, explique Archambault : « Avec
Internet, on peut parler d'égal à égal avec la planète. Mais pour en
arriver là, il faut que tu saches d'où tu viens. Si tu veux mettre
tes épices dans la soupe de la planète mondialisée, il faut que tu
les connaisses[25]. » Même son de cloche chez Frédéric Giroux :
« Les gens ont besoin de s'ancrer davantage dans la culture d'ici,
de retrouver leurs racines, de se rappeler d'où ils viennent[26]. »
Pour la violoniste Marie-Hélène Fortin, l'échec référendaire ne

doit absolument pas déboucher sur la fuite en avant ou le reniement de soi : « En 1995, ce qu'on voulait à tout prix, c'était éviter
de sombrer dans le marasme de 1980 alors que les chanteurs
s'étaient mis à chanter en anglais ou à fuir dans la dance ou le
disco. Et puis, nous étions habités par la peur de voir notre identité
disparaître. On se disait que si on ne réagissait pas, il n'y aurait
bientôt plus de culture québécoise. C'est pour ça qu'on a plongé à
fond dans notre patrimoine[27]… »

De toutes les pièces du groupe, c'est certainement *Dégénérations* qui connut le plus grand succès. Cette chanson originale est
proposée une première fois aux radios commerciales en août 2004,
mais ce n'est qu'en octobre 2006 que les grands réseaux (Énergie,
Rock Détente et Rythme FM) acceptent de la diffuser[28]. Selon
toute vraisemblance, c'est le public qui aurait imposé ce produit
atypique aux radios commerciales, au départ très réticentes à offrir
ce genre musical. Du 13 novembre 2006 au 5 février 2007, *Dégénérations* se maintient en première position du palmarès francophone BDS. Ce qui frappe d'emblée dans le succès de cette chanson, c'est le décalage entre les tenants d'une certaine rectitude
politique qui fuyaient tout ce qui pouvait prendre la forme d'un
repli frileux vers « l'ethnie » et l'engouement populaire pour une
musique plus ancrée dans une tradition prémoderne.

Les paroles de Stéphane Archambault sont diffusées alors que
beaucoup de Québécois s'interrogent sur l'avenir de leur culture.
Confrontés à des demandes d'accommodements raisonnables
fondées sur des traditions et des coutumes qui leur semblent
mettre en cause leur patrimoine historique, plusieurs Québécois
de la majorité francophone se questionnent sur leur identité. Avec
ses références aux arrière-grands-parents, sa mélodie dépouillée
et efficace, *Dégénérations* rappelait aux Québécois qu'ils étaient,
eux aussi, les héritiers d'une histoire, que la société d'aujourd'hui
s'était construite grâce au travail patient et opiniâtre des générations précédentes. Les ancêtres, immergés dans la prétendue
Grande Noirceur, ceux-là même que les baby-boomers décrivaient comme des gens repliés sur eux-mêmes, complètement
soumis à une Église intolérante, auraient, malgré les difficultés de

leur époque, fait de leur mieux pour assurer la continuité des générations et offrir une vie meilleure à leurs descendants. Ce que *Dégénérations* dénonce, c'est l'égoïsme d'une génération qui n'aurait pas su préserver adéquatement le capital matériel et social accumulé au fil des siècles. Venant de jeunes musiciens, ce respect des ancêtres n'a pas laissé indifférent.

Dans un contexte social et politique tendu, un tel rappel pouvait rassurer ou réconforter ceux qui y étaient sensibles. « Se pourrait-il donc qu'après quelque quarante ans de Révolution tranquille et donc "d'arrachement", de déracinement, une partie du Québec ait voulu se réenraciner[29] ? » demandait le journaliste Antoine Robitaille, en tentant de comprendre la percée de l'ADQ de mars 2007.

Mais ce qui a le plus dérangé dans cette populaire chanson, n'est-ce pas son titre ? Lorsqu'on recourt au concept de dégénération, n'est-ce pas généralement pour décrire un déclin, une chute, un affaissement par rapport à un passé qu'on juge qualitativement supérieur ? S'il y a dégénération, c'est donc qu'autrefois nous vivions dans un monde plus sain, plus équilibré, plus harmonieux, aussi. C'est précisément ce postulat que rejettent généralement les « progressistes », qu'ils soient de sensibilité libérale ou social-démocrate. Celles et ceux qui croient au progrès — puisqu'il s'agit bel et bien d'une croyance — se désolent eux aussi du présent, mais par rapport à un idéal qu'ils projettent dans le futur. Ce qui choque les progressistes dans l'idée de dégénération, n'est-ce pas qu'on puisse comparer avantageusement le passé au présent ?

Il est rare que l'intérêt pour une chanson populaire déborde le cercle restreint de la critique musicale. Mais la portée sociale du texte de Stéphane Archambault ne pouvait qu'interpeller les analystes. Le 24 décembre 2006, alors que *Dégénérations* tourne sans cesse à la radio, l'éditorialiste Nathalie Collard constate que la chanson « a profondément touché son auditoire », qu'elle a visiblement « fait vibrer une corde hypersensible », notamment chez les jeunes. Faut-il voir dans ce texte, qui semble dénoncer « la facilité avec laquelle les femmes se font avorter aujourd'hui au Québec », un « appel au repli sur soi, une vision non pas nostalgique mais passéiste de notre société » ? Selon l'éditorialiste de *La Presse*, il est tout à fait légitime de soulever de telles questions « dans une société où une grossesse sur quatre est interrompue par un avortement ». Par cette chanson, une « génération d'internautes-bloggeurs-enfants-du-divorce-branchés-sur-leur-iPod » manifesterait son « désir d'appartenance » à un groupe plus étendu, « communauté virtuelle ou famille traditionnelle ». Cette aspiration à faire partie d'une communauté plus large serait normale, atemporelle, elle n'aurait rien de proprement idéologique : « Ceux qui voient dans Mes Aïeux les prochains paroliers de l'ADQ sont, comme nos ancêtres cultivateurs, complètement dans le champ[30]. » Interrogé sur le phénomène Mes Aïeux, Luc Dupont, professeur de communication à l'Université d'Ottawa, estime que *Dégénérations* serait un symptôme de l'inquiétude de disparaître des Québécois francophones : « Il ne faut pas se cacher que la question démographique et la question de la langue se posent au Québec. Collectivement, on se rend bien compte qu'on n'est pas éternels [...]. Voilà une chanson qui nous parle en quelque sorte du "bon vieux temps" où la question du nombre ne se posait pas[31]. » Chroniqueur au quotidien montréalais *The Gazette*, Don MacPherson estime quant à lui que cette chanson symbolise la renaissance du nationalisme ethnique canadien-français, qu'elle correspond à une vogue pour un « Nous » francophone et majoritaire[32].

La chanson souleva également des questions dans le grand public, comme en témoignent certains textes d'opinion envoyés aux journaux ou les commentaires laissés sur divers blogues. L'immense retentissement de leur morceau a secoué les membres de Mes Aïeux[33]. Du jour au lendemain, ils ont tour à tour été présentés comme les gardiens d'une tradition à restaurer, ou à préserver, comme les nostalgiques d'une Grande Noirceur avilissante, surtout pour les femmes, sinon comme des héros adéquistes véhiculant un message dangereux ou malsain[34]. Lorsque les journalistes interrogent les membres du groupe sur le sens de leur chanson, ils se font vagues, disent avoir voulu faire réfléchir les gens. De passage à l'émission *Tout le monde en parle* en octobre 2008, les musiciens disaient comprendre l'interprétation qu'on avait pu faire du texte, mais se défendaient d'être des supporters de l'ADQ. Stéphane Archambault soutenait alors avec Marie-Hélène Fortin qu'il y a « certaines des choses qui viennent du passé qu'il ne faut pas renier, […] certaines choses qui sont même mieux que ce qui se fait maintenant ». Ce rapport nuancé et modéré au passé n'a probablement pas rassuré les « progressistes ».

Un groupe conservateur ?

La question mérite toutefois d'être posée. Sommes-nous oui ou non en présence d'un groupe « conservateur » ? *Dégénérations* est-elle une chanson emblématique de Mes Aïeux ? Se dégage-t-il de leur répertoire un nouveau rapport au passé ? Leurs textes témoignent-ils d'une volonté de transmettre certains messages politiques ? Pour y voir plus clair, partons des textes, mais aussi de l'image que souhaite projeter le groupe.

S'ils sont attachés au patrimoine musical québécois, les membres de Mes Aïeux ne se présenteront jamais comme un groupe de musique folklorique. L'auditeur le plus distrait notera en effet que nous n'avons pas affaire à un groupe de musique traditionnelle classique. Sur les cinquante et une pièces que contiennent leurs quatre albums originaux, seulement deux chansons peuvent être dites traditionnelles, soit *Dondaine* (sur *Ça parle au diable*) et *La Prison de Londres (Entre les branches)*. Dans les deux cas, la musique est complètement revue, modernisée. Non sans humour, les musiciens préfèrent se décrire comme un groupe « funklorique », à mi-chemin entre Village People et La Bottine souriante, quelque part entre Kiss et Michel Faubert ; leurs albums contiendraient beaucoup de « F.G.M. », des folklores génétiquement modifiés[35] ! Les critiques musicaux vont d'ailleurs recourir à toutes sortes de formules pour décrire leur style. Pour distinguer Mes Aïeux des « rénovateurs » de la tradition (comme La Bottine souriante ou Les Batinses), auxquels ils sont souvent associés, des journalistes spécialisés les décrivent comme de « véritables révisionnistes[36] », des « dégraisseurs de traditions[37] » ou parlent d'un style « néo-trad déjanté[38]. » Fait à noter, les conservateurs de la tradition folklorique n'accorderont pas beaucoup d'attention au « néo-trad », et encore moins à Mes Aïeux. En 2006 et en 2007, *Québec folklore*, le bulletin de l'Association québécoise des loisirs folkloriques (AQLF), passe complètement sous silence les nombreux succès du groupe. Seuls les jeunes groupes plus fidèles à la tradition comme La Volée de castors, Brunet et Beaudry ou ces Chauffeurs à pieds sont évoqués dans les pages de cette publication. Alors que *Dégénérations* commence à tourner à la radio et qu'on s'arrache les billets des spectacles de Mes Aïeux, le président de l'AQLF écrit : « Malgré l'intérêt de certains, trop peu de nos jeunes sont présentement intéressés pour assurer la continuité espérée pour les futures générations[39]. »

Si le groupe Mes Aïeux est composé de comédiens qui souhaitent amuser et distraire, nous sommes incontestablement devant une formation politiquement « engagée ». En dépit de l'humour, des déguisements, de l'esprit festif de ses spectacles, Mes Aïeux décrit un monde extrêmement sombre, sinon décadent. Le vide existentiel ressenti par plusieurs serait comblé par la drogue ou la consommation ; les relations hommes-femmes seraient devenues superficielles depuis qu'on aurait renoncé à l'engagement amoureux ; les gens vivraient dans leur bulle et ne se soucieraient pas des autres, le temps serait au chacun-pour-soi. Était-ce mieux avant ? Aucune des chansons de Mes Aïeux ne permet de le croire. *Ville fantôme (Ça parle au diable)* est certainement l'une de leurs pièces les plus désespérées. La ville fantôme est une métaphore d'un Québec où les déviants sont enfermés dans des asiles, où les personnes âgées sont placées en foyer d'accueil, où les enseignants prescrivent du Ritalin et où les politiciens vendent les richesses naturelles à des investisseurs étrangers. « La tempête gronde, faites attention / On nous promet des jobs pis des bonbons / Mais le problème est plus profond / La défaite est devenue tradition » : ce sont les derniers mots de *Ville fantôme*. Le passé évoqué n'a, on le voit, rien de glorieux. En déplorant une tradition de défaites, le groupe Mes Aïeux ne fait pas du passé un âge béni auquel il faudrait retourner, il tente d'expliquer la source des malheurs du présent. S'il y a dans *Dégénérations* une pointe de nostalgie pour les grandes tables « entourées d'enfants », on chercherait en vain un plaidoyer en faveur du retour à un quelconque âge d'or. L'accusation de « passéisme » est donc injuste, ou nettement exagérée. En revanche, il y a chez Mes Aïeux un indéniable désir d'enracinement, qui se décline de plusieurs façons.

Si Mes Aïeux fait vibrer la fibre identitaire, ce n'est pas sur le mode d'un engagement clair et explicite en faveur de l'indépendance du Québec. Le registre identitaire n'est pas ici celui du combat militant mais davantage celui de la survivance, ce qui n'est pas sans rappeler le passage du politique au culturel qui se produisit au Québec après la défaite des Rébellions de 1837-1838. Dans un contexte où la souveraineté politique n'est plus à l'ordre du jour, il importerait avant tout d'assurer la pérennité d'une culture en renouant avec le patrimoine et la mémoire d'un peuple. Sur *Tire-toi une bûche*, Stéphane Archambault ouvre le spectacle en lisant une *Lettre à ma descendance*. Sur un mode plus solennel et patriotique, on y retrouve cette même intention filiale :

20 janvier 1906, lettre à ma descendance
À toi qui porteras mon nom à travers les âges
Toi qui prolongeras ma main en terre de Nouvelle-France
Si je te lègue un bien lourd bagage
Comme un mauvais sort, une mauvaise chance
Si tu hérites sans l'avoir mérité d'un passé criblé de défaites
D'un pays mille fois rêvé qui n'existe que dans la tête
   Si tu dois te battre sans relâche et sans cesse pour ta langue
      et ta survivance
Alors voici les armes pour ton combat
Que ta résistance se fasse par le chant et par la danse
Dans la parole et dans le geste, tu forgeras ta foi
Comme le dira celui qui sera à la fois le poète, le chantre et le roi
Je te propose le plus doux des combats
Chante, chante, et le Québec ne mourra pas

Le rapport de Mes Aïeux au religieux, complètement dénué de ressentiment, me semble un autre indice de cette intention filiale. Aucune chanson n'est marquée par une hargne quelconque envers l'Église. Les clercs sont présentés avec respect ou humour, mais jamais de façon agressive. Les références aux luttes entre le Bien et le Mal sont omniprésentes dans les textes, et presque toujours associées au Diable et au Bon Dieu. Le dérèglement du monde résulterait surtout d'un dérèglement moral. Dans la chanson *En vérité (En famille)*, on déplore que la Vérité puisse se trafiquer, se vendre ou s'acheter à des imposteurs : « Prophète du mal qui prétend faire le bien / Prophète du vide qui veut que tu penses… à rien […] Prophète de la guerre, prophète de la peur / Prophète profiteur, prophète de… malheur ». On est loin du relativisme moral des postmodernes. Dans *Ville fantôme (Ça parle au diable)*, on s'émeut de la tristesse du curé et on attribue le dépérissement du village à une baisse de la pratique religieuse chez les plus jeunes. Sur un mode plus humoristique, on raconte dans *Juste et bon (Entre les branches)* qu'une femme aurait recouvré sa fertilité grâce aux bons soins d'un curé qui, c'est bien le cas de le dire, aurait pris les choses en main.

Sur le rapport au religieux, *Notre-Dame-du-Bon-Conseil (Ligne orange)* est particulièrement intéressante. On y décrit un personnage qui prend la route, s'interroge sur sa vie, cherche un sens à sa destinée ici-bas : « J'ai fait le tour de mon pays / Je cherche encore la trace de qui je suis / Ma mie, ma tête est mélangée / Je sais plus où aller… à quel saint me vouer ». Heureusement pour lui, il croise sur son chemin Notre-Dame-du-Bon-Conseil, une sorte de refuge où on pourra le guider. Morale suggérée : n'est-ce pas à l'église qu'on peut trouver son salut ? Nés durant les années 1970, les membres de Mes Aïeux n'ont pas connu l'emprise cléricale d'avant la Révolution tranquille, mais ont tout de même reçu une éducation religieuse. Stéphane Archambault expliquait en entrevue qu'il a un « *background* catholique » et qu'il est allé à la messe jusqu'à ses 15 ans[40]. Dans les photos qui accompagnent l'album *En famille*, on peut voir une reproduction du visage du Christ sur le t-shirt d'Éric Desranleau.

Le titre de ce troisième album de Mes Aïeux pourrait laisser penser que nous sommes en présence d'un groupe qui défend une sorte de retour au « Nous » majoritaire et francophone. Ce serait faire fausse route. Ce titre renvoie à la dernière chanson de l'album, qui fait l'éloge de la cellule familiale, présentée comme le refuge par excellence. Dans les textes de Mes Aïeux, on ne retrouve aucune affirmation ostentatoire d'un « Nous » qui serait lié à l'expérience particulière d'une majorité historique. Probablement inspirée par les débats identitaires provoqués par la crise des accommodements raisonnables, la chanson *La Dévire (Ligne orange)* se veut même une critique du Québécois francophone « tricoté un brin trop serré », accroché à un passé révolu : « Je suis de l'homme et de son péché / Même si le monde a bien changé ». La chanson lance également un appel à l'ouverture : le Québécois doit « Laisser ses œillères au vestiaire / Métisser ses épices dans la grande soupière [...] Passer du gris à l'arc-en-ciel / Sortir du nid, ouvrir ses ailes ».

Certes, Mes Aïeux affirme clairement son appartenance à une terre, mais la perspective est plus écologiste que patriotique. Dans les trois premiers albums comme dans *Tire-toi une bûche,* le groupe, pourtant composé de citadins, est photographié à la campagne, au beau milieu d'un immense champ de blé ou derrière un chalet. Les vidéoclips de *Dondaine* et de *Dégénérations* sont également tournés à la campagne. Le DVD de *Tire-toi une bûche* s'ouvre par une scène où l'on voit les membres du groupe avancer dans une forêt enneigée, munis de vieux fanaux pour s'éclairer. Le retour aux sources de Mes Aïeux se fait donc sous le signe d'un retour à la terre des ancêtres et d'une immersion dans une nature vivifiante. Jusqu'à l'album *Ligne orange,* les allusions à la ville sont négatives. La ville est assimilée aux tentations démoniaques du capitalisme ou au monde déshumanisant de la technique. Le vidéoclip de *Toune en on* nous montre les musiciens hypnotisés par leur écran d'ordinateur et de lugubres images d'une ville sale et saccagée par la pollution des usines. Ce qui semble proposé, c'est que seules la nature et les vastitudes de la campagne permettent de vivre un authentique retour aux sources.

L'engagement écologiste du groupe, qui fait la promotion de l'association Équiterre et consacre au moins trois chansons à ce thème, est net. Dans *Le Repos du guerrier (En famille)* et *Le Loup blanc (Ligne orange)*, on plaide pour que cesse le développement destructeur qui saccage les forêts, on rêve de « faire s'arrêter le temps ». Avec l'album *Ligne orange*, Mes Aïeux passe du patrimoine des campagnes à celui de Montréal. Le graphisme de l'album a été confié à Michel Rabagliati, un bédéiste montréalais très connu dont l'ouvrage *Paul à la campagne* (La Pastèque, 1999) a été unanimement salué par la critique. C'est un peu comme si le groupe avait voulu se réconcilier avec ses origines urbaines : le titre de l'album est une référence à la ligne de métro qui traverse Montréal du nord au sud ; sur le plan graphique, chaque chanson est présentée comme une station ; au milieu du livret de l'album, Mes Aïeux, dessiné telle une troupe de troubadours, interprète une chanson dans un wagon de métro. Dans ce quatrième album, ce sont les légendes montréalaises qui sont à l'honneur : *Antonio* raconte l'histoire de l'homme fort qui fascina longtemps les Montréalais ; *Le Stade (conte complet)* est un conte futuriste qui résout l'énigme de ce vestige des Jeux olympiques ; *Le Fantôme du forum* est un clin d'œil au 100ᵉ anniversaire des Canadiens de Montréal. Ce passage de la campagne à la ville, ce *look* plus urbain et moderne n'ont pas échappé à la critique. Aucune entrevue répertoriée ne se risque à une explication. On a néanmoins l'impression que le groupe a voulu prendre ses distances avec son image initiale de groupe folklorique.

Si l'Action démocratique du Québec a pu attirer en 2007 des électeurs séduits par les thèmes, très présents dans les textes de Mes Aïeux, de la survivance et de l'enracinement, bien peu d'entre eux sans doute auront été interpellés par les critiques radicales adressées par le groupe au système capitaliste. Au moins sept chansons de son répertoire sont consacrées à ce thème, et les termes utilisés brillent par leur clarté. S'il ne peut plus y avoir de légende de la chasse-galerie, apprend-on dans *Descendus au chantier (Ça parle au diable)*, c'est parce que les grands patrons ont fait un pacte avec le diable et que celui-ci est désormais l'actionnaire majoritaire des multinationales qui exploitent nos richesses naturelles. Dans *Qui nous mène ? (Entre les branches),* on critique les grandes rencontres internationales comme le Sommet des Amériques, qui eut lieu à Québec en 2001, on dénonce les « rapaces » qui joueraient « aux cartes notre capital » et on déplore que « Les médias manipulent la masse / Pour maintenir le mur en place ». Dans *Ça va mal, Toune en on* et *Dans la capitale (En famille),* on met en cause la classe politique qui serait le grand complice de ce capitalisme sans foi ni loi. Le succès *Le Déni de l'évidence (Ligne orange)* reprend les mêmes thèmes en déplorant l'inertie de la population qui laisse agir impunément ces capitalistes et ces politiciens corrompus : « Tic-tac-tic tactique politique économique sans éthique / Cynique et pis apathique-tac / On est cynique et pis apathique ».

Ce que souhaite Mes Aïeux, c'est un éveil, une prise de conscience, un engagement contre ce détournement. Mais aucune option idéologique ne se dessine ; aucun projet politique n'est clairement affirmé. Dans une seule chanson, *En famille,* on évoque au passage l'idée de révolution, mais sur le mode de l'interrogation, non pas de l'évidence. « Il me semble qu'y a rien qu'une solution / Ça nous prendrait une révolution, non ? / C'est-tu moi qui capote, c'est-tu moi qui est con ? / J'suis tout seul à chanter ma chanson ? » peut-on entendre dans *Tout seul (à répondre) (Entre les branches).* Mes Aïeux est animé par une « colère envers ce monde » qui, parfois, génère des « envies de poser des bombes ». C'est en vain qu'on chercherait une traduction idéologique ou politique de cette critique sociale. Cette charge contre le capitalisme relève-t-elle d'une critique morale du matérialisme, que l'on retrouve aussi chez les chrétiens engagés ? Impossible de le savoir. Si Mes Aïeux dénonce un pouvoir qui détourne à son seul profit des richesses collectives, qui complote à l'abri du regard des gens modestes, on chercherait en vain dans les chansons du groupe le monde nouveau qui pourrait émerger d'une révolution.

*   *   *

Peut-on parler d'un groupe « conservateur » ? La réponse ne va pas de soi. Musicalement, Mes Aïeux ne peut pas être associé au traditionalisme ; ses membres proposent moins un *retour* qu'un *recours* aux sources. Sans contredit, le patrimoine musical fut pour Mes Aïeux un point de départ, une impulsion, non pas un carcan. Le groupe de Stéphane Archambault n'a pas cherché à reproduire servilement les chansons d'autrefois, mais à s'approprier un héritage pour mieux le partager. Cette façon sereine d'aborder la tradition témoigne d'un rapport décomplexé au passé québécois et canadien-français. Mes Aïeux participe de l'émergence d'un imaginaire post-boomer qui redécouvre le Québec d'avant la Révolution tranquille. Le succès du groupe correspond moins à une nostalgie du bon vieux temps qu'à un désir de filiation qui prend forme dans un contexte où les Québécois francophones souhaitent renouer avec leur être identitaire.

Ce désir de filiation relève-t-il d'une sensibilité conservatrice ? Si l'on assimile, comme c'est presque toujours le cas, le conservatisme au néolibéralisme, la réponse est évidemment négative, comme en font foi leurs textes engagés contre les dérives du capitalisme et favorables à la cause écologiste. La réponse est la même si l'on associe le conservatisme au traditionalisme moral. Malgré le cas particulier de la critique de l'avortement, le groupe ne remet aucunement en question l'égalité entre les hommes et les femmes, pas plus qu'il ne propose un retour au modèle familial traditionnel. En revanche, si l'on interprète le terme *conservateur* comme désignant un sain scepticisme par rapport à tout ce qui est présenté comme un progrès irréversible — le marché autorégulé, la mondialisation, la fusion des cultures, la perfectibilité infinie de l'homme grâce à une rééducation planifiée —, on pourrait peut-être qualifier Mes Aïeux de groupe conservateur. De même, si l'on associe le conservatisme à la reconnaissance d'une dette spéciale envers les anciens, à la conviction que les nations et la nature humaine ne sont pas des pâtes malléables à l'infini, mais qu'elles sont plutôt le fruit du travail patient des générations précédentes, il est alors possible d'avancer que Mes Aïeux est un groupe conservateur. Enfin, s'agissant du combat proprement québécois, si le conservatisme est associé au registre de la survivance culturelle plutôt qu'à celui de l'indépendantisme militant, on pourrait probablement, là encore, parler de conservatisme.

Dégénérations n'est probablement pas la pièce la plus représentative de l'œuvre de Mes Aïeux, mais elle est certainement leur chanson la plus « conservatrice ». Je note que c'est celle qui eut le plus grand retentissement.

2

Passé dénationalisé, avenir incertain

Le monde actuel, le monde sans autorité consacrée,
semble placé entre deux impossibilités : l'impossibilité
du passé et l'impossibilité de l'avenir.

CHATEAUBRIAND, *Mémoires d'outre-tombe*

Dans *Le Devoir* du 27 avril 2006, une manchette intrigante :
« Cours d'histoire épurés au secondaire ». L'article du journaliste
Antoine Robitaille nous apprend que le ministère de l'Éducation,
des Loisirs et du Sport (MELS), conformément aux impératifs
d'une réforme scolaire en train d'être implantée, est sur le point
d'adopter un nouveau programme d'histoire du Québec au
secondaire qui serait « moins politique, non national et plus plu-
riel[1] ». Intitulé « Histoire et éducation à la citoyenneté », le nouveau programme propose une lecture de l'histoire du Québec qui
fait l'impasse sur la trame politico-nationale familière à la plupart
des Québécois. L'Acte de Québec, la pendaison de Louis Riel, l'infériorité économique des Canadiens français, le rapatriement uni-
latéral de la Constitution canadienne ne sont pas mentionnés ; la
Nouvelle-France est assimilée à « l'émergence de la société canadienne » et la Conquête est présentée comme « l'accession à la
démocratie dans la colonie britannique » ; la rébellion de 1837 et
la Confédération de 1867 sont dépouillées de leur dimension politique ; la Révolution tranquille correspond à l'avènement de
l'État-providence.

Les réactions n'ont évidemment pas tardé. Les tribunes téléphoniques en ont même fait leurs choux gras. Avec Félix Bouvier et Laurent Lamontagne, de la Société des professeurs d'histoire du Québec, plusieurs ont dénoncé « l'esprit résolument ultrafédéraliste » du programme d'histoire[2]. Une pétition contre le nouveau programme a été lancée par la coalition Sauvons notre histoire, et l'Opposition officielle a réclamé la tenue d'une commission parlementaire. Devant le tollé général, le ministre Jean-Marc Fournier n'a eu d'autre choix que de demander aux fonctionnaires de son ministère de revoir le document afin d'y apporter certaines « précisions ». À la veille de l'été, alors que le mouvement de contestation commençait à s'essouffler, une deuxième version du programme a été rendue publique. Des listes de dates ont été ajoutées à la fin de chaque chapitre, la Conquête a retrouvé sa place et certains concepts — celui d'« apprenant », entre autres — ont disparu. Pour l'essentiel, cependant, l'esprit du programme est resté le même[3].

Dans les milieux nationalistes, on a parfois évoqué la thèse d'un complot des forces fédéralistes, qui chercheraient sournoisement à contrer l'imaginaire victimaire des partisans de la souveraineté. Si j'hésite à balayer une telle hypothèse du revers de la main — car ce n'est pas d'hier que l'on tente d'élaborer un programme d'histoire qui favoriserait l'unité des Canadiens d'un océan à l'autre[4] —, j'aimerais surtout insister sur ce que révèle ce nouveau programme sur notre rapport général au passé, dans un Québec qu'on veut absolument moderne, tourné vers l'avenir et ouvert sur le monde. Comme la seconde version diffère très peu de la première, je me référerai à l'originale, c'est-à-dire à la version brute, non « précisée », celle que le ministère s'apprêtait à adopter, n'eussent été les critiques.

La première chose qui frappe lorsqu'on aborde ce nouveau programme, c'est son titre : « Histoire et éducation à la citoyenneté ». Histoire de quoi, de qui ? Le titre nous confond. Cette histoire n'a donc pas de sujet ? La table des matières est-elle plus claire ? On y voit défiler des intitulés de chapitre comme « contexte pédagogique », « compétence 1-2-3 », « structure du programme », mais c'est presque par hasard que l'on comprend qu'il s'agit bel et bien d'une histoire non pas du « Québec » mais de la « société québécoise », une nuance importante sur laquelle je reviendrai. On continue de tourner les pages pour tomber sur un diagramme qu'on pourrait aisément comparer au système solaire, avec en son centre « l'élève », autour duquel gravitent des concepts ambitieux comme « structuration de l'identité », « pouvoir d'action », « vision du monde », etc. Cet élève est-il d'un lieu particulier ? Impossible de le savoir. Là encore, le concept « Québec » ne semble pas assez important pour qu'on en fasse mention.

Cette quasi-absence du Québec dans le titre et dans les premières pages du document n'est pas un oubli, ni d'ailleurs un complot (le Canada n'est pas davantage mentionné). C'est qu'au fond, lorsqu'on lit attentivement ce nouveau programme, on se rend compte que le sujet véritable de cette histoire n'est pas le Québec mais bien la modernité. Par *modernité*, j'entends les deux grandes révolutions qui ont marqué l'Occident des derniers siècles, soit, sur le plan politique, le triomphe du libéralisme et de la démocratie et, sur le plan économique, la révolution industrielle et technique. L'objet du nouveau programme n'est pas de raconter l'histoire d'un peuple singulier confronté aux contingences d'un lieu particulier ou d'événements dramatiques, mais bien d'expliquer comment ces grands processus de modernisation se sont opérés. Quand on lit attentivement le nouveau programme, on sent bien que le Québec n'est qu'un « territoire », un « espace » parmi d'autres, un théâtre d'opération où s'est déployée la modernité. Pour s'en convaincre, on se penchera surtout sur le programme de 3e secondaire, qui conserve, contrairement au nouveau cours de 4e secondaire, une structure chronologique.

Ce programme débute avec deux chapitres consacrés à l'époque prémoderne. Le premier traite des « premiers occupants ». Étonnamment, on n'y trouve aucune description des grandes nations autochtones présentes sur le territoire du Québec à l'arrivée des Français. Pas un mot non plus sur les rivalités qui les opposaient, sur les liens troubles qui se sont établis avec les explorateurs et les commerçants. En revanche, on insiste sur la « théorie des temps immémoriaux », qui permettrait de comprendre les récits autochtones sur leur propre présence en Amérique. On insiste également sur le « rapport de réciprocité » qui aurait caractérisé leurs échanges[5]. S'il s'agit de faire l'histoire de la modernité plutôt que du Québec, un tel choix est logique. Cette présentation des peuples autochtones au premier chapitre permet d'instituer une préhistoire, une époque lointaine qui précède les débuts de la modernité. Rectitude politique oblige, cette prémodernité est toutefois décrite de manière naïve. Les autochtones ne cherchaient pas, contrairement aux modernes, à dominer la nature, car l'idée du progrès leur était étrangère. Ils ne connaissaient pas non plus les règles de la concurrence capitaliste, car ils pratiquaient le « don et le contre-don ». Le problème, c'est que les grands récits sur la modernité peuvent rarement se passer d'un Moyen Âge. Pour que le récit soit intelligible, il faut que l'ordre moderne en remplace un autre, plus sombre. En fait, le Moyen Âge québécois se retrouve situé à l'époque de la Nouvelle-France dans un chapitre au titre sibyllin : « L'émergence de la société canadienne ». Les « Canadiens » vivent alors sous le règne d'un « gouvernement absolu », et la France n'a d'autre dessein que d'exploiter une colonie pour servir ses « intérêts[6] ».

Les troisième et quatrième chapitres font état des deux grandes révolutions modernes : l'avènement du libéralisme et la révolution industrielle. Après la Conquête britannique, la population québécoise goûte peu à peu aux libertés politiques, elle vit un « long cheminement vers la démocratie[7] », qui se conclut par l'obtention du gouvernement responsable en 1848. Pas un mot sur la querelle des prisons du début du XIXe siècle ou sur les menaces d'union avec le Haut-Canada de 1810 et 1822. Rien non plus sur les doléances des patriotes, sur les affrontements violents de 1837 et le bannissement du français dans les nouvelles institutions du Canada-Uni. Le chapitre 4 a beau s'intituler « La formation de la fédération canadienne », il traite essentiellement de l'émergence du capitalisme industriel et de ses effets sociaux. La Confédération canadienne est présentée comme la lointaine conséquence de la construction d'un chemin de fer, le projet d'une grande bourgeoisie d'affaires. Rien n'est dit sur le caractère fédéral du Canada, sur les pouvoirs dont hérite le Québec à titre de nouvelle province, ce qui est étonnant pour un cours qui cherche à faire de « l'éducation à la citoyenneté ». On passe également sous silence le pouvoir politique très important de l'Église catholique dont certains des représentants condamnent, avec le pape Pie IX, les « erreurs de la modernité ».

Ces quatre premiers chapitres sont un long prélude à ce qui constitue le cœur du cours : « La modernisation de la société québécoise », le chapitre 5. Celui-ci traite de l'approfondissement des idées libérales et de l'accélération de l'industrialisation jusqu'à la crise des années 1930. Fait à noter, rien n'est dit sur la misère économique des Canadiens français qui provoquera, entre autres choses, une émigration massive vers les États-Unis. Rien non plus sur la crise de la Conscription de 1917. Les réformes de la Révolution tranquille — qui n'est pas même mentionnée dans le chapitre — marquent simplement le passage à l'État-providence, lequel survient, précise-t-on, « en dépit des résistances politiques, sociales et religieuses[8] » dont on ne connaît pas la teneur. Le cours se termine par un chapitre qui aborde les « enjeux de la société québécoise depuis les années 1980 ». En vrac, on mentionne des phénomènes comme la tertiarisation de l'économie, la « pluriculturalité », la dénatalité ou le vieillissement de la population[9]. En bout de ligne, il s'agit de « prendre conscience des racines historiques des enjeux qui animent présentement la société québécoise[10] ». L'enjeu privilégié par les concepteurs du programme semble toutefois être celui de l'espace public, « où sont débattues les questions d'intérêt commun ». Suivant cette perspective, l'adoption de la Charte canadienne des droits et libertés de 1982 apparaît comme un bienfait puisque les « tribunaux ont confirmé l'encadrement juridique des droits des citoyens[11] ».

Cette histoire de la modernité, résumons-la. Il y eut d'abord la préhistoire autochtone, beau moment d'innocence d'une humanité qui ne connaissait pas la concurrence et qui vivait dans un temps de légendes et de mythes. Il y eut ensuite le Moyen Âge français, avec son colonialisme et sa tyrannie. Cet absolutisme rétrograde fut renversé par les révolutions libérale et capitaliste, qui se heurtèrent toutefois à la Grande Dépression des années 1930, d'où l'avènement de l'État-providence. Mais cela va-t-il durer ? Où va notre modernité ? Lourdes questions posées dans le dernier chapitre.

Cette histoire de la modernité en vaut bien une autre. Je ne conteste pas le fait qu'elle se penche sur des phénomènes extrêmement importants qui permettent de comprendre notre mode de vie actuel. Nul doute, non plus, que ces grands processus de modernisation ont joué un rôle fondamental dans l'évolution de la société québécoise. Seulement, cette histoire de la modernité est celle de tout l'Occident. Les révolutions libérale et industrielle sont importantes, mais elles ne sont pas propres au Québec. Ce qui est propre au Québec, c'est d'avoir le français comme langue commune, d'être une minorité francophone dans une Amérique du Nord anglophone, d'avoir ressenti la nécessité de faire une « révolution tranquille » en 1960, de vouloir être reconnu comme une « société distincte » ou comme un pays, c'est selon. Ce n'est pas leur adhésion aux principes libéraux, à la démocratie, à l'économie de marché ou à l'État-providence qui caractérise le mieux l'aventure historique des Québécois, mais leur culture et les grandes utopies invoquées pour la préserver ou lui permettre de se développer. Faire état de cette particularité, ce n'est ni jouer les victimes, ni faire fi de la modernité ; c'est, au contraire, rendre compte d'un rapport singulier — et souvent trouble — à la modernité. Il va de soi qu'être moderne, lorsqu'on est une colonie ou une minorité, ce n'est pas la même chose que de l'être lorsqu'on est majoritaire et puissant[12].

Enseigner cette histoire particulière, faire comprendre les conflits engendrés par les luttes pour la reconnaissance, c'est permettre aux futurs citoyens de mieux connaître leur société. Pour les Québécois d'ascendance canadienne-française, ces repères fondent l'identité dont ils héritent, même s'ils seront libres par la suite d'en tirer leurs propres conclusions et de décider s'il vaut la peine ou non de faire fructifier cet héritage. Aux nouveaux arrivants, cette histoire particulière offre les clés de compréhension de ce qu'est le Québec. Non pour en faire les militants d'une cause, mais bien pour leur permettre de comprendre les grands débats politiques et nationaux qui ont agité le Québec et le Canada depuis des siècles. L'enseignement au secondaire de cette histoire particulière contribuera à faire d'eux d'authentiques citoyens du Québec. Comme le rappelle fort justement Charles-Philippe Courtois, il n'y a pas de citoyenneté sans peuple. C'est à l'échelle des nations que s'exerce la citoyenneté. Penser la citoyenneté sans la nation, du moins dans le monde actuel, n'a tout simplement pas de sens. L'école secondaire façonne le futur citoyen en lui permettant de décoder la grammaire de son histoire nationale[13]. Or il a été bien établi que si le secondaire ne s'acquitte pas correctement de cette mission, on ne saurait compter sur le cégep pour la remplir. Durant l'année 2008-2009, moins de 5 % des étudiants du collégial avaient suivi un cours d'histoire du Québec[14].

*   *   *

Je concède volontiers que les récits traditionnels d'autrefois, qui vantaient la mission civilisatrice de l'Église et glorifiaient notre vocation rurale, n'étaient pas les plus propices au développement chez les élèves d'un solide esprit critique ou à la formation de « meilleurs citoyens ». Mais l'histoire dénationalisée de ce nouveau programme semble montrer qu'en cinquante ans, nous sommes passés d'un extrême à l'autre. Comment en sommes-nous arrivés là ?

Une première explication se trouve peut-être du côté de l'évolution de la recherche savante en histoire. Jusqu'aux années 1970, le sujet d'étude de la plupart des historiens québécois était la nation. Il s'agissait d'en analyser l'émergence, d'expliquer les réussites ou les échecs passés d'une communauté au destin incertain. À partir des années 1970, l'histoire de la « nation » canadienne-française a peu à peu été remplacée par celle de la « société » québécoise. Il ne s'agissait plus d'étudier un peuple, mais de se pencher sur une population occupant un territoire donné. Ce tournant historiographique, que j'analyse dans le prochain chapitre, participait d'une redéfinition de l'identité québécoise et témoignait aussi, et peut-être surtout, d'une nouvelle conception du métier d'historien, inspirée de plusieurs courants nouveaux en histoire. Une nouvelle génération de chercheurs a voulu rendre compte de phénomènes jugés plus structurants, comme le capitalisme, les rapports de classes et de genres, l'urbanisation ou les idéologies, tout en ménageant une plus grande place aux exclus de l'historiographie traditionnelle. Ce tournant a eu au moins deux conséquences, que l'on retrouve dans le nouveau programme.

D'une part, les historiens se sont désintéressés des personnages réels. Les auteurs du programme ont beau insister sur « l'importance de l'action humaine[15] », on n'y retrouve aucune trace des figures marquantes qui ont incarné des changements significatifs. Ne plus se pencher avec sérieux sur les personnages, c'est se désintéresser de celles et ceux qui font l'histoire, qui défendent les idées. Il est certes essentiel d'apprendre ce que signifie un concept comme celui de démocratie, mais il est tout aussi important de comprendre le destin d'un Pierre Bédard, emprisonné parce qu'il réclamait une véritable liberté de la presse. C'est une chose de dire que certains ont résisté aux idées modernes, c'en est une autre de suivre l'itinéraire d'Ignace Bourget ou de Lionel Groulx.

D'autre part, l'intérêt pour les exclus de l'historiographie traditionnelle a eu pour effet de nous éloigner de l'étude d'un « nous » national. Dans l'historiographie récente, seuls les « nous » sociologiques ou minoritaires semblent avoir la cote : les bourgeois, les ouvriers, les marginaux, les femmes, les groupes ethniques, les régions, etc. Cet intérêt pour des fragments de ce qui fait un peuple est en partie justifié, compte tenu du silence des historiens d'autrefois et des distorsions fréquentes entre la nation représentée et la nation réelle, traversée par des conflits de toutes sortes entre des visions et des intérêts divergents. En revanche, écrire l'histoire sociale d'une « population » peut créer d'autres distorsions, comme celle qui laisserait penser qu'une nation n'est autre chose qu'un agrégat d'individus qui luttent férocement pour obtenir leur part du gâteau. Historiquement, le Canada français et le Québec ont été perçus comme des communautés morales, comme un *au-delà* qui inspirait le dépassement et la solidarité. À la suite de Jacques Beauchemin, je crois que la nation, par le dévouement qu'elle a traditionnellement suscité, a souvent permis de refouler les égoïsmes libérés par l'élan émancipateur de la modernité[16]. Or, contrairement à ce que laisse voir le nouveau programme d'histoire, cet *au-delà* ne renvoyait pas seulement à un « espace public » de délibération où s'établissaient des règles communes à tous. Il renvoyait bien plus souvent à un destin particulier et à un héritage fragile qu'il importait de protéger, de défendre et de transmettre aux futures générations.

*   *   *

Les programmes d'histoire que nous adoptons dans nos écoles ne reflètent pas seulement l'état de la recherche savante en histoire. Ils sont également le produit d'un contexte culturel particulier, marqué par un nouveau rapport au temps. Ce qui frappe en effet dans ce nouveau programme, c'est que tout est mesuré à l'aune du présent. Notre patrimoine historique n'a d'intérêt qu'en ce qu'il permet d'appréhender les « réalités sociales du présent ».

Ce présentisme est l'une des caractéristiques les plus troublantes de notre époque. Nous semblons, nous, « modernes », si convaincus d'être dans le droit chemin, nous sommes animés d'un tel sentiment de supériorité envers nos devanciers, que nous ne nous tournons vers le passé que pour en apprendre davantage sur le monde d'aujourd'hui. L'enseignement de l'histoire ne cherche plus alors à inscrire l'étudiant dans la succession des générations. En ce sens, il y a bien une crise de la culture, c'est-à-dire une crise de la filiation et de la transmission. Cette histoire de la modernité n'en a que pour des processus froids et impersonnels, toute dévouée qu'elle est à montrer la rationalité instrumentale d'un monde qui se fait apparemment sans l'homme et sans les communautés nationales. L'histoire n'est plus cette discipline qui nous relie aux « ancêtres » qui ont fait le pays. Elle ne fait plus de nous les héritiers d'une civilisation à préserver et à actualiser. Cette histoire est au service d'un présent éphémère.

L'arrogance moderniste n'explique pas, à elle seule, cette tyrannie du présent. Le nouveau rapport au temps serait aussi le symptôme d'une véritable crise de l'avenir, d'une incapacité avérée à nous projeter dans le futur[17]. Les sociétés traditionnelles, c'est bien connu, n'en avaient que pour le passé. « Notre maître le passé », écrivait Lionel Groulx. Les pratiques politiques et religieuses tiraient leur légitimité de l'histoire. Les anciens étaient vénérés ; ils inspiraient le courage et la détermination : Les révolutions politiques et scientifiques des derniers siècles ont complètement transformé ce rapport au temps. Les grandes utopies modernes (marxisme, libéralisme, science) nous ont amenés à surinvestir le futur. L'avenir devint l'objet de tous les espoirs et de tous les fantasmes. L'étude du passé restait pertinente dans la mesure où elle donnait un sens et une direction au temps à venir. Le présent n'était pas vénéré par les modernes. L'expérience du présent était plutôt supportée dans l'attente de lendemains meilleurs. Or, ces attentes se sont considérablement amenuisées après l'écroulement de l'illusion communiste et l'installation de nos sociétés dans le confort un peu vide du consumérisme libéral. Au Québec, l'espoir de voir advenir le pays ou de réformer en profondeur le fédéralisme canadien est moins présent que jamais. Comme nous ne savons plus trop ce que l'avenir nous réserve, tout se passe comme « s'il n'y avait plus que du présent, sorte de vaste étendue d'eau qu'agite un incessant clapot[18] ».

Cet enfermement a quelque chose d'étouffant. Le nouveau programme d'histoire est le symptôme de quelque chose de profond et d'insidieux, un air du temps qui dépasse le cadre québécois. Sommes-nous vraiment obligés de nous y conformer ?

3

L'héritage impossible

Au Québec comme en France, l'essor de l'historiographie moderne au XIXe siècle correspond à l'émergence d'une conscience nationale. Les recherches les plus récentes tendent à montrer l'influence déterminante que de grands historiens français comme Augustin Thierry et Jules Michelet eurent sur François-Xavier Garneau (1809-1866), le premier véritable historien « national » du Québec, qui, après un séjour en Angleterre et en France, fit paraître son ambitieuse *Histoire du Canada*[1]. Dans une lettre de 1849 au gouverneur britannique Lord Elgin, Garneau résumait ainsi son intention primordiale : « J'ai entrepris ce travail dans le but de rétablir la vérité si souvent défigurée et de repousser les attaques et les insultes dont mes compatriotes ont été et sont encore journellement l'objet de la part d'hommes qui voudraient les opprimer et les exploiter tout à la fois. J'ai pensé que le meilleur moyen d'y parvenir était d'exposer tout simplement leur histoire[2]. » Dans l'esprit de Garneau, pour survivre à la défaite militaire de 1837-1838 et à l'union des deux Canada en 1840, et pour contrer les sombres desseins de la grande bourgeoisie anglophone de Montréal qui souhaitait ouvertement l'assimilation des « héritiers » de la Nouvelle-France, il fallait que ce peuple au destin incertain puisse mieux connaître son passé, c'est-à-dire ses origines françaises et la nature des institutions qui avaient permis son développement. L'œuvre de Garneau, à la fois érudite et vivante, imprégnée de l'esprit libéral des années 1830, eut un grand retentissement. Du vivant de l'auteur, elle a été rééditée à trois reprises et synthétisée dans un abrégé destiné aux élèves. Elle connut également un certain rayonnement dans l'ancienne mère patrie. Henri Martin lui rendit un vibrant hommage dans sa grande synthèse de l'histoire de France[3].

Malgré son talent et son énergie, Garneau ne mit pas sur pied des institutions à même d'assurer la pérennité d'un enseignement universitaire de l'histoire. Il faut dire qu'il n'eut jamais une telle ambition. Cette institutionnalisation de la recherche survint très tardivement, du moins par comparaison avec la France. Il faut attendre les lendemains de la Seconde Guerre mondiale pour voir émerger ici de véritables instituts universitaires en histoire et pour assister à la création de la *Revue d'histoire de l'Amérique française,* le premier périodique scientifique consacré à l'histoire au Québec[4]. Cette institutionnalisation de la recherche historique a été en partie l'œuvre de l'abbé Lionel Groulx (1878-1967), un historien engagé qui a inspiré, par ses monographies autant que par ses interventions publiques dans *L'Action nationale,* plusieurs générations de Canadiens français. Si les spécialistes de son œuvre immense et touffue refusent d'établir une filiation directe entre ses idées et celles d'un Charles Maurras, penseur monarchiste et réactionnaire[5], Lionel Groulx a certainement été l'inspirateur d'une doctrine traditionaliste, laquelle s'est nourrie des écrits de Maurice Barrès, Paul Bourget, Ferdinand Brunetière et plusieurs autres intellectuels français clairement associés à la droite nationale, celle-là même qui restait attachée au classicisme du Grand Siècle et qui refusait le rationalisme des Lumières et l'académisme positiviste des historiens officiels de la IIIe République[6]. Dans ses monographies savantes aussi bien que dans ses essais, Groulx a énormément insisté sur la vocation spirituelle du peuple canadien-français et sur sa mission providentielle en Amérique[7]. À ses yeux, l'histoire nationale permettait de conserver bien vivante une certaine tradition française et catholique.

Le dernier grand représentant de cette tradition historiographique centrée sur la question nationale est Guy Frégault (1918-1977). Comme bien des jeunes Canadiens français des années 1930, il est profondément influencé par les écrits de

Charles Péguy et de Daniel-Rops ; un temps, il est tenté par la révolution personnaliste proposée par la revue d'avant-garde *L'Ordre nouveau*[8]. Il rêve d'étudier le grec à l'École normale supérieure de Paris, mais ses plans sont contrecarrés par la Seconde Guerre mondiale. Groulx le prend alors sous son aile et le convainc de faire un doctorat à Chicago chez les Jésuites de l'université Loyola. Avec quelques autres, Guy Frégault fait partie de la première génération d'historiens professionnels. Si son approche est nettement plus méthodique que celle de Groulx, les thèmes qu'il choisit et son talent d'écrivain font de lui un très grand historien du fait national. Il consacre ses livres les plus marquants à des personnages importants de la Nouvelle-France (Iberville, Vaudreuil, Bigot), qu'il situe avec finesse dans leur contexte social et politique. *La Guerre de la Conquête, 1754-1760,* sa synthèse publiée en 1955, reste l'un des classiques de l'historiographie québécoise. On associe généralement ses travaux à ceux de l'école de Montréal, lesquels présentaient la Conquête de 1760 comme un événement déterminant. Contrairement à son collègue Maurice Séguin, sur lequel nous reviendrons, il a publié plusieurs monographies historiques marquantes ; contrairement à Michel Brunet, ses travaux ne peuvent être réduits à une série d'essais volontiers polémiques.

Si les œuvres de Garneau, de Groulx et de Frégault ne communiaient pas au même fonds idéologique, tous trois partageaient néanmoins une même ambition : fournir des repères à un peuple porté à douter de lui-même, et l'inscrire dans une continuité historique. Leurs œuvres sont consacrées à une nation particulière confrontée à l'incertitude de sa survivance. Il s'agissait de comprendre, à travers l'étude des faits, des événements et des personnages les plus marquants, comment cette petite nation avait réagi aux vicissitudes de l'histoire, comment ses chefs, ses élites et son peuple avaient affronté les moments les plus incertains de son passé. Qu'ils aient été libéraux, traditionalistes ou personnalistes, ces historiens ont accordé une sorte de primauté au fait national, en l'occurrence au destin d'un peuple hanté par la possibilité de sa disparition.

Cette façon d'aborder le passé se transforme radicalement au cours des années 1970 et 1980 avec l'arrivée de la deuxième génération d'historiens professionnels, embauchés dans les nouveaux départements de l'Université du Québec, qui ouvre ses portes dans la foulée de la Révolution tranquille. Comme leurs maîtres français de l'école des Annales[9], ces nouveaux historiens, pour la plupart issus de la génération du baby-boom, condamnent l'ancienne historiographie, à leur avis trop centrée sur les élites politiques et trop éloignée des masses populaires. Ils sont également très influencés par les méthodes des sciences sociales, notamment la sociologie. L'historien Paul-André Linteau raconte que les chercheurs de sa génération lisaient « avec beaucoup plus d'attention et d'intérêt *Recherches sociographiques* que la *Revue d'histoire de l'Amérique française*[10] ». Cette vogue de l'histoire sociale s'accompagne au Québec d'une redéfinition du cadre d'analyse. C'est moins l'histoire d'une nation française d'Amérique que celle de la société québécoise qui intéresse désormais ces historiens, une évolution conceptuelle fondamentale qui marque une rupture importante avec l'historiographie nationale. Comme le montre bien l'*Histoire du Québec contemporain,* le grand manuel qui traduit le mieux leur perspective, l'histoire qu'ils proposent n'est plus celle d'un peuple particulier mais bien celle d'une société globale, confrontée aux mêmes défis que les autres sociétés occidentales et soumise aux mêmes impératifs de changement que commande la modernité[11]. Aussi ces historiens se détournent-ils du débat sur l'infériorité économique des Canadiens français et de l'étude de la Nouvelle-France ou du Régime britannique pour concentrer leurs recherches sur le Québec contemporain. Pour l'essentiel, ce sont les effets de l'industrialisation, l'urbanisation et l'affranchissement graduel des contraintes imposées par l'Église qui retiennent leur attention[12].

Boudés par le grand public, les travaux de cette historiographie ont néanmoins été nombreux et riches. Il reste qu'au Québec et ailleurs, la vogue de l'histoire économique et sociale, attentive aux rapports entre le capital et le travail et souvent centrée sur l'étude des classes et des mouvements sociaux, commence à s'essouffler au tournant des années 1990. Plusieurs des historiens qui s'étaient consacrés au social se convertissent peu à peu au culturel. De sous-produit de la sociologie, l'histoire pratiquée au Québec devient alors un dérivé de l'anthropologie, des études littéraires, voire des *cultural studies* très influencées par les idées de Michel Foucault, le théoricien le plus cité dans la *Revue d'histoire de l'Amérique française* durant les années 1990[13]. Les déterminismes lourds qui expliquent l'évolution des sociétés ne sont plus dès lors économiques ou sociaux, mais procèdent plutôt d'un discours dominant, d'un édifice de normes intériorisées et tenues pour vraies.

Si, pour les historiens des années 1970, l'infrastructure économique déterminait la superstructure idéologique, c'est désormais l'hégémonie idéologique qui semble déterminer les rapports de genres ou façonner les identités. Ces nouveaux historiens de la culture s'appliquent à démontrer que les normes « libérales » légitiment les institutions d'encadrement et, surtout, à montrer comment ces mêmes normes asservissent les femmes, les minorités ethniques, les autochtones, etc. Parmi les illustrations de ce passage du social au culturel, on note l'évolution des thèmes de recherche du Groupe d'histoire de Montréal / Montreal History Group, qui réunit des historiens influents de plusieurs universités québécoises. Alors que, durant les années 1970, les premiers travaux du groupe, ceux de Brian Young[14] ou d'Andrée Lévesque, par exemple, jetaient une lumière crue sur les manœuvres sournoises de la classe dominante ou faisaient état des luttes ouvrières contre un État au service de la bourgeoisie, les recherches plus récentes sont consacrées à l'hégémonie du libéralisme, à la contre-culture des années 1960 et aux identités (sexuelle, étudiante, ethnique)[15]. Au cours des années 1990, de nombreux travaux sur la déviance, la marginalité et le crime, tous émaillés de considérations sur le libéralisme, témoignent également de la vogue de l'histoire culturelle. Plusieurs de ces recherches font explicitement référence aux idées de Michel Foucault[16].

Qu'elle soit inspirée par des problématiques sociales ou culturelles, cette nouvelle historiographie continue de dominer les grands départements universitaires. Le Québec comptant moins de départements et de centres de recherche que les grands pays comme la France ou les États-Unis, la vague de l'histoire socioculturelle semble avoir tout emporté sur son passage. Une compilation récente des mémoires et des thèses déposés et soutenus depuis 1995 dans les départements d'histoire francophones du Québec montre à quel point les grands événements et personnages liés au destin national du Québec ont été délaissés par la recherche récente.

Sur les 718 travaux compilés, quatre mémoires de maîtrise sont consacrés à Maurice Duplessis, deux à René Lévesque et à Pierre Elliott Trudeau, un seul à Wilfrid Laurier et à Louis-Joseph Papineau. Huit mémoires et deux thèses de doctorat se penchent sur la Révolution tranquille, un seul mémoire sur la Confédération de 1867, neuf mémoires et deux thèses sur les rébellions de 1837-1838, six mémoires et quatre thèses sur la Conquête ; deux mémoires et une thèse, enfin, portent sur la fondation de la Nouvelle-France. L'Acte de Québec de 1774, l'Acte constitutionnel de 1791, la constitution du Parti canadien n'ont apparemment intéressé personne. Même indifférence pour des personnages comme Pierre Bédard, Honoré Mercier, Henri Bourassa ou Jean Lesage[17].

En 2007, deux historiens québécois d'expérience faisaient état d'un blocage systématique des embauches en histoire politique dans les deux grands départements universitaires francophones de Montréal et déploraient la marginalisation de l'histoire nationale à un moment où « les Québécois sont à un carrefour quant à leur avenir politique et réclament une identité nationale propre[18] ». Spécialiste des relations France-Québec, l'historien français Jacques Portes se désolait récemment de cette situation.

> Partout, les historiens se sont intéressés à l'histoire sociale. Mais [au Québec], on a jeté le bébé avec l'eau du bain. Ce n'est pas du tout le cas en France, où l'histoire politique a traversé un creux dans les années 1970 et 1980, mais sans jamais disparaître. Avec le temps, l'histoire de l'école des Annales s'est beaucoup

diversifiée, mais elle n'a jamais tué l'histoire politique, qui a encore toute sa place. Au Québec, le balancier n'est pas encore revenu de l'autre côté[19].

Les embauches récentes donnent à penser que les recherches en histoire politique du Québec resteront marginales.

Il faut remarquer que si leur regard porte sur la société globale plutôt que sur la trame politique d'une nation particulière, la plupart des historiens de la génération qui émerge au cours des années 1970 ont tout de même conservé une préoccupation mémorielle propre au Québec. Paul-André Linteau rappelle d'ailleurs que, durant leurs années de formation, les historiens de sa génération subissaient l'influence « d'un nationalisme tourné vers la modernisation » et souhaitaient, par leurs travaux, « participer à la construction d'un Québec nouveau[20] ». L'objectif ultime de leurs recherches, selon Gérard Bouchard, était de montrer que le Québec avait suivi « un cours très analogue à celui de toutes les sociétés occidentales », que la société québécoise « n'était somme toute pas aussi en retard qu'avaient pu le dire de nombreux observateurs peu complaisants[21]. » Cette préoccupation mémorielle, on la retrouve aussi chez Jacques Rouillard qui, en 1998, s'employait à démontrer que la Révolution tranquille avait été davantage un « tournant » qu'une « rupture[22] ». En prenant le contrepied de la thèse du retard défendue notamment par Fernand Ouellet et l'école historique de Québec, ces historiens ont probablement été trop loin dans la normalisation du passé et dans la disqualification de la mémoire canadienne-française[23]. Mais cette intention participait d'une saine volonté de déconstruire la mémoire honteuse de la Grande Noirceur. Fondés sur des recherches empiriques en histoire sociale, les travaux de ces historiens conservaient le Québec pour horizon ; s'ils ne se reconnaissaient pas dans le nationalisme du chanoine Groulx, ils souhaitaient contribuer à leur façon à l'affirmation politique du Québec.

Or, il faut distinguer cette première histoire sociale d'un autre courant dit « critique », essentiellement préoccupé par les luttes sociales et culturelles et apparemment indifférent au destin politique du Québec en tant que communauté historique. Très influencée par les travaux de Louise Dechêne et de Bettina Bradbury et inspirée par l'esprit militant du Montreal History Group / Groupe d'histoire de Montréal « engagé dans des études historiques ancrées dans les perspectives marxiste et féministe[24] », cette seconde histoire sociale en est venue à surpasser le premier courant dans les grands départements d'histoire montréalais. Dans un texte programmatique, l'historien Martin Petitclerc en appelait récemment « à la refondation d'une histoire sociale qui, après s'en être quelque peu éloignée, renouerait avec un projet critique centré sur le problème du changement social ». Jeune professeur au Département d'histoire de l'UQAM, Petitclerc a l'honnêteté de ne pas camoufler son programme normatif, voire politique. Pour contrer la menace grandissante d'historiens d'une nouvelle sensibilité conservatrice — menace évidemment imaginaire puisque ces derniers sont tenus aux marges de l'Institution —, il propose un projet de recherche « fondé sur l'analyse des différentes formes d'inégalités et de conflits qui traversent les rapports sociaux » ; ce projet, précise-t-il, « est intimement lié à une volonté d'émancipation à l'égard des institutions héritées du passé » et se veut « enraciné dans les questions du présent et les enjeux de l'avenir[25] ».

L'histoire sociale proposée par Petitclerc s'intéresse peu au passé en lui-même et pour lui-même — une préoccupation trop passéiste, probablement — et vise rien de moins que l'émancipation du genre humain. Ce programme de recherche fait l'impasse sur la question nationale et tourne le dos à la préoccupation mémorielle de la génération précédente. Si je ne doute ni de la rigueur des travaux à venir ni de leur valeur heuristique, je m'attends à un métarécit assez convenu. On y apprendra probablement que les élites exploitaient le peuple-bon-par-essence et que notre social-démocratie, aujourd'hui attaquée par les néo-libéraux-conservateurs-ennemis-du-peuple, était *la* réponse à ces siècles de domination éhontée. Il y aura les Bons, celles et ceux qui auront compris le sens de l'Histoire, et les Méchants, ceux (toujours des hommes blancs, catholiques, souvent nationalistes) qui auront freiné sa marche. Les militants de Québec Solidaire et du NPD raffoleront de cette historiographie, mais le grand public intéressé par l'histoire politique et constitutionnelle du Québec et du Canada ou les étudiants qui ont choisi l'histoire à cause de leur intérêt pour la question nationale devront prendre leur mal en patience.

Maurice Séguin, penseur des « Normes »

Force est donc de constater que l'histoire nationale n'a guère su se renouveler au Québec, et ce, malgré la popularité persistante des grandes biographies politiques, l'immense succès de l'*Histoire populaire du Québec* de Jacques Lacoursière, la création en 1992 du *Bulletin d'histoire politique* et les appels en faveur d'une nouvelle histoire politique[26]. Lorsqu'on y regarde de plus près, tout indique que le phénomène n'est pas seulement dû à l'hégémonie de l'histoire socioculturelle. Tout se passe en effet comme si l'école historique de Montréal, la dernière à attacher une importance centrale à la question nationale, n'avait pas su transmettre le flambeau. Un tel constat pourrait étonner lorsque l'on considère le nombre d'étudiants formés par les grands maîtres de l'Université de Montréal pendant près de vingt-cinq ans (1955-1980). Comment, dès lors, expliquer que les historiens de la génération du baby-boom n'aient su actualiser l'historiographie nationale de l'école de Montréal ? Comment comprendre cette rupture des lignes de transmission entre les générations ? Une partie de l'explication réside dans les travaux de celui que tous s'entendent pour désigner comme le maître à penser de l'école historique de Montréal. Pour comprendre le destin de l'histoire nationale au Québec à partir des années 1960, il faut, en effet, s'attarder sur l'œuvre de Maurice Séguin (1918-1984).

Dans le Canada français d'avant la Seconde Guerre mondiale, le cheminement scolaire de Maurice Séguin est assez typique d'un élève doué qui, apparemment très tôt, s'est intéressé au « pourquoi des choses[27] ». Malgré une santé fragile, il réussit avec brio son cours primaire et obtient son baccalauréat ès arts en 1942, avec distinction. Ses archives, analysées avec finesse par le sociologue Jean Lamarre, montrent la précocité de sa curiosité philosophique. Engagé dans le scoutisme au milieu des années 1930, il rédige de courtes notes aux titres révélateurs : « Art de penser », « Théorie-Doctrine ». Plusieurs montrent clairement une ambition théorique. Après quelques hésitations, il s'inscrit en 1943 à la Faculté des lettres de l'Université de Montréal. Son goût pour la réflexion et les recherches approfondies se confirme. Bien que Séguin ait soutenu en novembre 1947 une thèse de doctorat en histoire, son collègue Jean-Pierre Wallot le considère comme une sorte d'« autodidacte » puisque, avant de commencer ses recherches, il « n'avait suivi qu'un cours d'histoire du Canada (celui de Groulx)[28]. » Consacrée à l'histoire sociale et économique de la nation « canadienne[29] », sa recherche doctorale n'en était pas moins complètement étrangère aux travaux de l'école des Annales.

Le futur « maître à penser » défendait alors une thèse relativement simple et convaincante, qui fera date dans l'historiographie. Maurice Séguin attribuait l'infériorité économique des Canadiens français à une cause structurelle : la Conquête britannique. Aux lendemains de la Conquête, les marchands canadiens virent disparaître la métropole avec laquelle ils traitaient depuis toujours et qui achetait les surplus produits par les paysans. Le repli des Canadiens français vers une agriculture de subsistance, leur prolétarisation au tournant du XXe siècle ou leur émigration vers les usines de la côte est américaine étaient selon lui les conséquences inexorables d'un changement d'empire. « Sans marché, écrit-il, pas d'épargne possible, pas d'accumulation de capital. Sans échange, pas d'amélioration, de progrès au-delà d'un premier stade de satisfaction des besoins primitifs[30]. » Incapables d'accumuler des capitaux, les Canadiens en étaient « réduits à sortir de l'agriculture en serviteurs de cet étranger ». Conséquence : ils furent « relégués de force en marge de la vie économique de leur propre patrie[31] ». Aux yeux de Séguin, l'infériorité économique des Canadiens français résultait bien de causes structurelles qui dépassaient les agriculteurs ou les dirigeants politiques canadiens.

Cet accent mis sur les structures plutôt que sur la responsabilité des individus qui font l'histoire et cette interprétation du caractère déterminant de la Conquête anglaise constituaient une rupture importante avec l'historiographie alors dominée par Lionel Groulx. Contrairement à des historiens comme Thomas Chapais ou Arthur Maheux, ses collègues de l'Université Laval, précurseurs de l'école de Québec, Groulx reconnaissait que la Conquête avait été un événement dramatique dans l'histoire du Canada français. Toutefois, à la différence de Maurice Séguin, il refusait d'y voir la cause d'une sorte de déclin fatal, consommé par l'Acte d'Union de 1840 et la Confédération de 1867. Groulx avait une certaine admiration pour les personnages qui avaient su défendre avec courage et détermination la culture française et la religion catholique. Il résistait à une interprétation trop déterministe, car il estimait que l'homme pouvait changer le cours de l'histoire. Dans une lettre à François-Albert Angers, Groulx résume ainsi sa pensée : « Je crois ne m'être jamais caché les terribles méfaits de la catastrophe de 1760. Je crois savoir jusqu'à quel point elle nous a fait mal. Mais j'ai cru toutefois ce mal curable. J'ai même cru à une certaine grandeur de notre histoire, après comme avant la suprême défaite[32]. » Groulx craignait que la vision pessimiste de Séguin dévalorise les Canadiens français, leur fasse perdre confiance en eux-mêmes.

La thèse de Maurice Séguin, publiée vingt-trois ans après sa soutenance — sa seule véritable monographie à paraître de son vivant —, est le premier jalon d'une réinterprétation globale de l'histoire du Canada français. En 1949, Séguin devient professeur à l'Institut d'histoire de l'Université de Montréal ; c'est le début d'une longue carrière de réflexion et d'enseignement. On lui confie les cours sur le régime britannique et le XIXe siècle canadien. Toutefois, l'historien, peut-être lassé du travail monographique au terme de sa recherche doctorale, consacrera désormais le meilleur de lui-même à la construction d'une « sociologie du national ». Celle-ci aussi fit date et inspira des générations d'étudiants désireux d'être exposés à une explication globale — et définitive — du drame canadien-français.

En 1956-1957, Maurice Séguin propose en effet aux étudiants un cours d'un genre tout à fait particulier qui fera sa renommée. Une version polycopiée sera, trois ans après sa mort, éditée par l'un de ses disciples les plus inconditionnels[33]. Dans l'historiographie québécoise, son exposé sur « Les Normes » témoigne d'un effort théorique inégalé. Même si, dans l'introduction, il annonce une « GRANDE histoire POLITIQUE des DEUX Canadas[34] », il ne traite explicitement de l'histoire du Canada que dans les dernières séances, les deux premiers tiers du cours étant consacrés à un exposé théorique sur le « rôle primordial des normes en histoire ». Maurice Séguin déplore que des historiens « écrivent des volumes pour débrouiller des faits de deuxième ou de troisième ordre, puis se prononcent sans trop d'attention sur l'essentiel, ou mieux répètent les jugements hâtifs, acceptés depuis des générations, sans jamais les vérifier ni les critiquer[35] ». Selon Séguin, les faits n'ont d'intérêt que s'ils sont intégrés à une explication plus large du passé ; or, avant de décortiquer les faits du passé et de proposer une lecture de l'histoire du Canada français, il fallait s'entendre sur ce qui poussait les hommes et les peuples à agir, analyser l'interaction des forces politiques, économiques et culturelles à l'œuvre dans chaque société, soupeser ce que signifiait pour un peuple le fait d'être indépendant, annexé ou assimilé. Selon Séguin, l'historien est toujours guidé par des « normes », c'est-à-dire par des valeurs, des partis pris, un point de vue sur le monde qui, le plus souvent, restent implicites.

Or, l'exposé de Séguin visait précisément à rendre explicites ses propres normes et à convaincre l'auditoire de leur justesse. Inspiré par le néothomisme de Jacques Maritain et par la philosophie de l'action de Maurice Blondel[36], l'historien commençait « Les Normes » par un axiome : *vivre, c'est agir (par soi)*. Pour connaître un développement normal, les collectivités — tout comme les individus — devaient être les maîtres d'œuvre de leur économie, de leur politique et de leur culture, les trois grandes dimensions de la vie collective. Dès lors que l'une de ces dimensions échappait à la collectivité nationale, les autres en étaient automatiquement affectées. Un tel drame constituait pour la nation une « oppression essentielle » et la condamnait, à plus ou moins longue échéance, à la disparition. Conquise par la force en 1760, la nation canadienne avait été annexée à un empire britannique, puis à une nation étrangère — la nation *Canadian*. L'obtention de la responsabilité ministérielle en 1848, à la suite d'une alliance entre réformistes canadiens-français et canadiens-anglais, et la Confédération de 1867 qui avait permis au Québec d'obtenir certains pouvoirs, au lieu de permettre l'égalité entre nations distinctes n'avaient qu'institutionnalisé un état de sujétion. Pour en sortir, les Canadiens français devenus Québécois devaient choisir l'une de trois possibilités : 1) l'indépendance nationale ; 2) l'assimilation totale ; 3) l'annexion-survivance. Comme il croyait l'indépendance politique hors de portée et ne prévoyait pas, à court terme, l'assimilation des Canadiens français, Maurice Séguin concluait l'exposé de ses « Normes » par une sombre prédiction : « l'inévitable survivance dans la médiocrité[37] ».

Plusieurs exégètes du système séguinien ont assimilé son univers intellectuel à celui du structuralisme, sinon du marxisme. L'établissement de telles parentés tombe en effet sous le sens. L'histoire, telle que conçue par Séguin, était faite de lois, lesquelles étaient voilées sinon cachées par quantité de faits et de paroles souvent insignifiantes. La véritable mission de l'historien n'était pas de s'attarder aux faits, donc de restituer la contingence du passé, mais de les observer de façon à dégager les « lois de l'agir humain[38] ». S'il disait rejeter toutes les formes de déterminisme et reconnaissait à l'homme une « parcelle de liberté », au final, il croyait que seule la force triomphait et que les individus avaient bien peu de prise sur leur destin personnel ou sur celui de leur collectivité. Cette primauté accordée à la force amenait récemment Pierre Trépanier à définir le système séguinien comme un « structuralisme matérialiste[39]. » Bien que ne faisant aucune référence explicite au marxisme, le système des « Normes » s'en rapproche considérablement, ce qui explique sans doute son attrait pour la jeunesse indépendantiste et révolutionnaire des années 1960. Si elles déplurent à Groulx, les réflexions de Séguin sur la dynamique coloniale dans laquelle s'inscrivait l'histoire du

Canada français depuis la Conquête tombaient à point pour un certain nombre de jeunes militants indépendantistes en quête d'assises théoriques et historiques à donner à leur projet politique. Pour les jeunes baby-boomers qui ne se reconnaissaient plus dans le traditionalisme d'un Lionel Groulx et qui cherchaient de nouvelles explications pour comprendre leur temps, les thèses de Séguin avaient tout pour séduire. Voilà un « maître » qui réfléchissait aux grandes motivations de l'agir humain, situait l'histoire de son peuple dans une trame plus générale et proposait une interprétation stimulante de leur condition historique[40].

« Son cadre théorique était compatible avec la théorie marxiste, explique Denis Monière, puisqu'on retrouvait dans ses analyses les trajectoires des sociétés canadienne et québécoise, et des concepts clés comme l'impérialisme, la domination, la subordination[41] ». Penseur de l'oppression nationale, Séguin aurait ainsi élaboré une logique se rapprochant « de la théorie marxiste de la prise de conscience qui postule que l'expérience de l'exploitation [...] est certes une condition nécessaire de la libération, mais [...] n'est pas suffisante pour engendrer une conscience de classe ou de la libération nationale[42] ». Selon Gilles Bourque, en fournissant « une explication structurale de l'oppression nationale », l'historien permettait de s'initier aux grandes interprétations marxistes qui dominaient les sciences sociales durant les années 1960. « Au risque d'en étonner plusieurs, écrit-il, je soulignerai que l'enseignement de Maurice Séguin préparait à la lecture de Louis Althusser[43]. » Année après année, Séguin présentait ses « Normes » à des étudiants qui en redemandaient et avec qui il aimait souvent poursuivre la discussion tard en soirée.

Des collègues de Maurice Séguin s'expliquent mal sa décision de rester attaché au département d'histoire alors que ses réflexions, sa pensée, sinon sa démarche de chercheur, auraient dû tout naturellement le mener ailleurs. « On peut regretter, écrit Jean-Pierre Wallot, que Maurice Séguin ne se soit pas inséré dans le réseau des sciences sociales, n'ait pas confronté ses « Normes » à des schèmes conceptuels comparables et plus généraux qui auraient pu enrichir le sien, le faire évoluer, le faire connaître[44]. » Même idée chez l'historien Jean-Paul Bernard selon qui, après 1965, il se serait produit chez Séguin une sorte de cassure, « quelque chose comme un certain ralentissement de l'élan ». En philosophie ou en sociologie, Maurice Séguin « aurait été dans son monde, il aurait trouvé des défis à sa taille, un lieu et un vocabulaire qui auraient donné plus de retentissement à sa pensée[45] ». Tout se serait donc passé comme si, à partir du milieu des années 1960, le système conceptuel du penseur s'était clos sur lui-même au lieu d'être fécondé par de nouvelles approches.

Sans contredit, Maurice Séguin a permis à plusieurs jeunes intellectuels québécois des années 1960 d'être initiés à une approche plus théorique des grands phénomènes humains. C'est à partir de Séguin que les interrogations fondamentales sur la question nationale québécoise vont migrer des départements d'histoire vers ceux de sociologie[46]. Pédagogue inspirant et généreux, le maître de l'école de Montréal a également orienté des recherches en didactique de l'histoire, une sous-discipline de la pédagogie. Jeune scout, il avait rédigé des notes sur la « pédagogie active » qui donnaient à voir une pensée qui rejetait les dualismes réducteurs et aspirait à l'harmonie des différentes dimensions de la vie personnelle et sociale[47]. Maurice Séguin croyait également que le rôle premier d'un bon pédagogue était de permettre aux enfants de développer leur plein potentiel ; sa philosophie de la liberté, de l'agir par soi, aurait ainsi inspiré de nouvelles façons d'initier les plus jeunes à la connaissance historique[48].

En histoire, cependant, le bilan est nettement moins reluisant. Séguin a introduit une rupture épistémologique abrupte, non seulement avec l'historiographie traditionaliste d'un Lionel Groulx, mais aussi avec toute l'historiographie nationale humaniste qui, depuis Garneau, avait accordé une place de choix aux événements et aux grands personnages ayant infléchi par leurs actions le cours de l'histoire. Telle que conçue par le théoricien de l'école de Montréal, l'histoire est une mécanique froide mue par des rapports de domination. D'une certaine manière, les hommes subissent l'histoire au lieu de la faire ; face aux grandes lois de la sociologie du national, ils ne font tout simplement pas le poids[49]. Le jeune historien qui adhérait au système séguinien se voyait proposer un cadre théorique qui lui permettait de trouver des réponses à toutes ses questions. À quoi bon passer des années dans les archives si l'on connait déjà les réponses que l'on va y trouver ? « Pourquoi s'intéresser à l'histoire si nous sommes enfermés dans l'inéluctable[50] ? » se demande, à bon droit, Denis Monière. Dans l'histoire telle que conçue par Séguin, aucun hasard, aucun rebondissement, aucune virtualité possibles ; tels des poules sans tête, les acteurs du passé se sont activés sans raison et ont donné à leur vie une importance illusoire. Pourquoi revenir sur les personnages du passé une fois saisies les grandes lois qui, depuis toujours, travaillent les sociétés dominées ? Pourquoi se pencher sur des grandes figures du nationalisme canadien-français comme Honoré Mercier, Henri Bourassa ou René Lévesque dès lors que ceux-ci n'ont pas su mettre fin à la dynamique coloniale ? En somme, pourquoi se pencher sur des devanciers qui ont lamentablement échoué, soit parce qu'ils ont cru aux chimères de la survivance — n'ayant jamais été exposés à la science des « Normes » —, soit parce qu'ils se sont tout simplement vendus aux plus offrants ? Quel est l'intérêt d'écrire l'histoire d'un peuple fondamentalement médiocre ? Pourquoi raconter le destin d'une nation appelée à disparaître dans l'indifférence la plus totale ?

Les admirateurs de Maurice Séguin s'offusquent lorsqu'on ose rappeler que le maître n'a pas laissé d'œuvre écrite digne de ce nom. Pour expliquer cette absence, on invoque toutes sortes de raisons : une hantise de la page blanche, une volonté de ne pas froisser Lionel Groulx, son mentor, un parti pris pour la synthèse plutôt que pour la monographie. Surtout, on rappelle son mépris hautain pour les « plumitifs » et pour le « verbiage[51] », son refus de paraître futile, mondain. On a souvent évoqué aussi la magistrale synthèse qu'il rêvait d'écrire durant sa retraite. Le grand historien était alors sur le point de se révéler enfin, d'écrire l'œuvre définitive qui surpasserait toutes les autres, laisse-t-on entendre ; mais la mort, survenue quelques mois après qu'il eut quitté l'université, en a décidé autrement. Ce mythe du « livre à venir » habite toujours les disciples de Maurice Séguin qui, faute de vrais ouvrages, ont dû se contenter de reproduire ses notes de cours.

Lorsque l'étudiant André Lefebvre propose à son maître de travailler sur Arthur Buies, l'une des grandes figures du journalisme de combat au XIXe siècle, Maurice Séguin tourne le personnage en dérision : un autre de ces « plumitifs » qui savaient peut-être écrire mais qui n'avaient rien d'important à nous apprendre[52]. Lors d'un séminaire de méthodologie offert conjointement par les trois historiens de l'école de Montréal, Séguin se permet cette remarque pour le moins impudente de la part d'un historien qui a si peu écrit : « Après avoir lu votre *François Bigot*, lance-t-il à Guy Frégault, le lecteur en sait plus sur l'argenterie de l'intendant et sur les jeux de société de l'époque qu'il n'en apprend sur l'évolution économique de la colonie pendant la guerre de Sept Ans. » Michel Brunet, qui rapporte l'anecdote, se souvient du malaise de tous les participants[53]. Normal, car quiconque a lu la magistrale biographie de Guy Frégault sait que cette remarque était complètement infondée. En fait, le trait en dit davantage sur Séguin lui-même, sur sa conception particulière de l'histoire, que sur l'ouvrage de son collègue. Il « croyait à la fonction totalisante de l'histoire », explique Robert Comeau, et « nous incitait à nous débarrasser de l'histoire positiviste et empiriste[54] ».

*   *   *

L'éclipse de la recherche en histoire nationale à l'université ne saurait seulement s'expliquer par le triomphe de l'histoire socio-culturelle. En fait, les historiens du social et du culturel n'ont-ils pas tout simplement occupé un espace laissé vacant par ceux-là mêmes qui auraient dû reprendre le flambeau des Garneau, Groulx et Frégault ? Fascinés par les « Normes » du maître, bien des disciples de Maurice Séguin ont dénigré l'histoire politique plus traditionnelle ou le genre biographique. Les historiens d'aujourd'hui intéressés par la question nationale devront donc réapprendre à penser par eux-mêmes et proposer à un public attaché à son histoire de nouvelles œuvres. Ils devront renouer avec cette tradition historiographique de manière décomplexée, mais avec toute la rigueur de la méthode historique. Car l'histoire nationale pour laquelle je plaide n'est pas plus nationaliste que l'histoire sociale ne devrait être socialiste. Il s'agit plutôt d'une manière particulière d'appréhender le passé. Si l'étude des grands événements et des grands personnages de notre histoire conserve toute sa pertinence, c'est parce que ceux-ci ont mis en jeu notre existence nationale. Il ne s'agit pas de travailler contre la mémoire nationale mais bien à partir d'elle, en reconstituant avec rigueur le monde des possibles ouvert par les grands événements et en comprenant les choix concrets qui s'offraient à ceux qui étaient alors aux commandes. Pour les jeunes chercheurs, les chantiers sont immenses, et les défis, exaltants. Encore faudra-t-il faire de la place dans nos universités pour cette recherche en cours et à venir.

4

Pierre Falardeau et Denys Arcand, lecteurs de Maurice Séguin

Signant dans *Le Couac* le compte rendu d'un ouvrage réédité de Maurice Séguin, Pierre Falardeau y louait la « profondeur de son analyse » et saluait une œuvre qui « va directement à l'essentiel[1] ». Dans plusieurs textes comme dans certains de ses films, Falardeau a fait sienne la lecture séguiniste d'un passé québécois irrémédiablement marqué par la Conquête anglaise de 1760[2]. Selon toute vraisemblance, le cinéaste n'a pas été l'un des étudiants du maître de l'école de Montréal et semble avoir découvert sa pensée à travers ses quelques écrits. Denys Arcand a, lui, suivi les cours de Maurice Séguin alors qu'il terminait une licence en histoire à l'Université de Montréal au début des années 1960. Peu après la mort de l'historien, Arcand a reconnu sa dette en soulignant qu'en dix-huit ans d'études, il n'avait suivi qu'un seul grand cours, celui que le théoricien donnait sur les normes historiques. Arcand se souvient d'un penseur d'une « rigueur et d'une intelligence exceptionnelles » dont les « axiomes sur la tripolarité (politique, économique, culturelle) » lui paraissent toujours aussi lumineux pour comprendre l'évolution des sociétés en général, et celle du Québec en particulier.

Cette admiration commune de Falardeau et d'Arcand pour Séguin a quelque chose d'étonnant, car il est difficile d'imaginer des personnalités et des œuvres plus différentes. Le premier fut un fervent militant de l'indépendance du Québec, un pamphlétaire redoutable et redouté qui utilisa toutes les tribunes pour faire valoir ses idées politiques. Le second, du moins depuis le référendum de 1980, ne s'est guère intéressé aux débats sur la question nationale ; en 1993, il avouait même au journaliste Michel Coulombe n'avoir voté que deux fois dans sa vie[3]. Falardeau a fait des films engagés sur la rébellion de 1837, la crise d'Octobre et la bêtise d'une certaine classe moyenne qui, trop attachée à son confort, rejette l'indépendance du Québec. Arcand a offert dans ses fictions et ses documentaires une vision désenchantée du Québec contemporain, où les personnages semblent portés par une histoire qui les dépasse, ou qui, déçus des grands projets collectifs, n'attachent plus d'importance qu'à leur vie privée. Les cinéastes sont si différents qu'on peut se demander s'ils parlent du même Maurice Séguin.

Mais voyons tout de même ce que les deux réalisateurs ont en commun et en quoi les réflexions de Séguin ont pu les inspirer. Tout d'abord, l'histoire joue un rôle primordial dans leurs œuvres. Dans le cas de Falardeau, son importance saute davantage aux yeux. Ses films les plus marquants — sur la crise d'Octobre et sur la pendaison de De Lorimier — s'attardent sur des moments importants de l'histoire québécoise. Ces longs métrages ne sont toutefois pas des reconstitutions historiques ; Falardeau ne cherche pas à faire découvrir le passé dans toute sa complexité mais à défendre une thèse, un point de vue ; ses « normes », pour reprendre le concept de Séguin, sont explicites. Dans un documentaire comme *Le Temps des bouffons* ou dans ses films satiriques sur la vie du personnage Elvis Gratton, l'histoire n'est pas moins présente. Les références sociales et politiques parlent d'une histoire en marche, dont Falardeau voudrait évidemment changer le cours. L'œuvre d'Arcand est, elle aussi, pétrie par l'histoire. Tout comme chez Falardeau, elle n'est pas qu'une toile de fond, un tissu anecdotique ; elle constitue, comme le remarque le critique Marcel Jean, la matière du récit[4]. Hormis *Le Crime d'Ovide Plouffe* et la série *Duplessis* — des œuvres de commande —, tous les films d'Arcand se déroulent dans un présent qu'éclaire l'histoire. *Réjeanne Padovani* évoque la corruption politique d'une époque ;

Gina, le déclin industriel des régions ; *Le Déclin de l'Empire américain,* le syndrome post-référendaire ; *Jésus de Montréal,* le rapport trouble à l'héritage catholique ; *Love & Human Remains,* le désespoir de la génération X ; *Les Invasions barbares* et *L'Âge des ténèbres,* la fin de l'époque des baby-boomers et la faillite de l'État. Si le cinéma d'Arcand n'est pas psychologique, la psychologie des personnages l'intéresse dans la mesure où elle témoigne d'une condition sociale, d'une conjoncture ou d'une dynamique historique[5]. En somme, sans être constituées de « films historiques » au sens classique, les œuvres de Falardeau et d'Arcand sont habitées par l'histoire.

L'autre aspect qui relie Falardeau et Arcand à Séguin, c'est la vision systémique et totalisante de l'histoire. Les deux cinéastes ont vraisemblablement été attirés par le modèle nomologique proposé par Séguin. Dans son cours sur « Les Normes », la grande ambition de ce dernier était de « dégager les lois de l'agir humain, tirées de l'observation des faits[6]. » Contrairement au moraliste, l'historien n'a pas à défendre certaines valeurs plutôt que d'autres : il « constate la réalité[7] ». Comment ? En observant le « développement intégral » d'une nation, c'est-à-dire son développement à la fois politique, économique et culturel. Séguin insiste : aucune de ces trois dimensions ne détermine l'autre ; elles interagissent. À ses yeux, le fait décisif de l'histoire québécoise, c'est la Conquête de 1760, un événement politique qui a eu un impact fondamental sur le développement économique et culturel de la nation canadienne-française. Toute l'histoire du Québec que propose Séguin découle d'une vision systémique et totalisante du passé.

Chez Falardeau et Arcand aussi, les perspectives systémiques ont un caractère totalisant. Chacun propose une clé d'interprétation de l'histoire qui éclaire à la fois les angoisses individuelles et les échecs collectifs. Dans le cas de Falardeau, le système à l'œuvre est celui du colonialisme. « Au Québec, explique-t-il, pas besoin d'un doctorat en science politique pour comprendre le système d'abord colonial, ensuite néocolonial dans lequel nous vivons depuis [la Conquête][8]. » Comme la France de Vichy, le Québec est occupé, mais depuis 1760 ; les Québécois vivent toujours sous la domination d'une élite étrangère. Dans cette guerre larvée contre l'occupant, il y a d'un côté le peuple, bon et vertueux, quoique parfois endormi par la propagande de l'occupant, et, en face, les « Anglais » et leurs sous-fifres canadiens-français qui contrôlent l'État, les grandes entreprises, les médias. Cette dynamique coloniale éclaire toute l'histoire du Québec et explique le présent. Ce qui relie entre eux des phénomènes comme la sujétion provinciale du peuple québécois, le consumérisme de la classe moyenne, l'aliénation de l'homme québécois, l'insignifiance des débats publics, la non-pertinence des universitaires, c'est la dynamique coloniale dans laquelle le Québec est empêtré. Selon Falardeau, le Québec n'est pas la Palestine ou le Kurdistan, mais son combat contre l'occupant est du même ordre.

Chez Arcand, la perspective systémique est présente, mais le système mis en cause semble évoluer avec le temps. Dans *Réjeanne Padovani* et *Gina*, Arcand décrit le copinage des entrepreneurs et des politiciens, l'aliénation ouvrière, la censure politique. Il met en scène des bourgeois vulgaires, prêts à tout pour conserver leurs privilèges. Le système est celui d'un capitalisme sans foi ni loi qui enrichit les uns et asservit les autres. À partir du *Déclin*, cependant, Arcand présente une perspective systémique différente, comme s'il était passé de Karl Marx à Oswald Spengler, c'est-à-dire d'une vision dynamique à une vision cyclique ou organique de l'histoire. Ce qu'il décrit désormais, c'est la désintégration d'une civilisation, le retour au Moyen Âge. Comme l'explique le personnage de Dominique dans le *Déclin* lorsqu'elle résume, en voix *off*, la thèse de son livre, ou encore le personnage de Pierre des *Invasions barbares*, en servant le vin aux amis rassemblés pour une dernière fois, l'histoire du monde serait une succession imprévisible de moments forts, illuminés par le dévouement et l'intelligence, et d'actes de barbarie, assombris par l'égoïsme, la violence et l'insignifiance. Les personnages d'Arcand de cette seconde période sont tous confrontés au déclin d'une civilisation. Celles et ceux qui, comme la femme de Rémy dans le *Déclin*, refusent ce sombre constat, sont présentés comme des naïfs qui ne veulent pas voir la réalité en face.

Le poids de l'histoire

Si l'histoire occupe une place centrale chez Falardeau et Arcand, et si les deux cinéastes adoptent, chacun à sa façon, une perspective systémique et totalisante similaire à celle de Maurice Séguin, en quoi se distinguent-ils vraiment ? Et de quelle façon cette différence les éloigne-t-elle de Séguin ?

Ce qui distingue le plus clairement les deux réalisateurs, c'est la possibilité qu'ont ou non les personnages qu'ils mettent en scène de changer le cours de l'histoire. Sans contredit, Falardeau croit qu'il est possible d'échapper à la logique de la Conquête : les patriotes pendus en 1839 et les membres de la cellule Chénier qui ont enlevé et assassiné Pierre Laporte en sont la preuve. Changer le cours de l'histoire, stopper la dynamique coloniale n'est évidemment pas chose facile ; cela demande de la détermination, du courage et de l'abnégation. Mais ces qualités sont à la portée de tous. Les personnages des deux grands films historiques de Falardeau ne sont pas des héros sans faille ; il leur arrive d'avoir peur, de douter, de souhaiter même revenir en arrière : qu'on pense aux felquistes confrontés à la mort du ministre Laporte ou à De Lorimier, plein de remords à l'idée d'abandonner sa femme et ses enfants en bas âge. Ce sont des héros de dimension humaine, des hommes ordinaires. Ce qui les distingue de leurs contemporains, c'est qu'ils sont passés de la parole aux actes. Et chaque homme est responsable des ses actes, libre d'agir ou de ne rien faire. La liberté, martèle Falardeau dans ses pamphlets, ce n'est pas une « marque de yogourt », c'est un idéal exigeant, difficile, mais néanmoins accessible pour qui est prêt à consentir les efforts nécessaires. Ces sacrifices, le personnage d'Elvis Gratton n'est évidemment pas prêt à les faire, lui qui ne rêve qu'à l'*American way of life* et aux voyages à « Santa-Banana ». Elvis Gratton est en quelque sorte le contre-modèle, l'anti-De Lorimier par excellence. Plutôt que de faire sienne la cause de son peuple, il choisit le *statu quo* et son confort. Pour Falardeau, l'histoire est lourde à porter, mais l'homme reste libre de choisir la « liberté ou la mort ».

Les individus mis en scène par Arcand, quant à eux, ont bien peu de prise sur ce qui les entoure. Cela explique pourquoi on considère souvent que ses films sont sombres, désespérés — lui-même dirait plutôt lucides, ou réalistes[9]. Dans ses deux documentaires les plus importants, soit *Québec : Duplessis et après…*, qui porte sur l'élection québécoise de 1970, et *Le Confort et l'Indifférence*, consacré au référendum de 1980, Arcand montre que l'histoire du Québec, tout comme l'histoire des hommes en général, ne change guère malgré le temps qui passe. Dans le premier film, le cinéaste entrecoupe les échanges entre les protagonistes d'extraits du rapport Durham, du Catéchisme des électeurs[10] et des discours de Maurice Duplessis. Arcand utilise ce procédé pour rappeler la persistance des mêmes vieux discours bassement partisans, des mêmes pratiques électorales douteuses et, surtout, des débats sur l'autonomie provinciale, l'emploi, les taxes, etc. Dans *Le Confort et l'Indifférence*, le cinéaste décrit un combat perdu d'avance pour le camp du Oui. Il suffit pour s'en convaincre de lire et de méditer, comme le fait Jean-Pierre Ronfard dans le film, *Le Prince* de Machiavel. Pourquoi l'histoire n'est-elle qu'un éternel recommencement ? Pourquoi le camp du Oui serait-il défait ? Parce que ce sont toujours les plus forts qui gagnent, parce que l'histoire n'est pas une « science morale », une affaire de « bon droit », de « justice » ou de « compassion », comme Arcand le fera dire à Rémy dans la première scène du *Déclin*[11]. L'histoire est le drame tragique d'une lutte sans merci que remportent toujours les puissants. Ce sont eux qui l'emportent dans *Réjeanne Padovani* en faisant disparaître le corps de l'héroïne dans le béton d'une autoroute qui sera finalement aménagée, malgré l'opposition de quelques jeunes militants idéalistes. Ce sont eux aussi qui l'emportent dans *Gina*, car la force, explique le proxénète à la tenancière de l'hôtel, c'est tout ce que les gens comprennent. Les personnages du *Déclin de l'empire américain*, des *Invasions barbares* et de *L'Âge des ténèbres* ont quant à eux renoncé à toute forme de combat, se moquant même de leur passé de militants trotskystes, maoïstes, souverainistes, etc. Ils se contentent d'accepter les petits plaisirs de leur époque. Comme ces personnages n'ont plus de certitudes, il ne leur reste qu'à attendre tranquillement la mort, entourés de leurs amis, et de rendre ce moment le plus agréable possible. La désintégration de la civilisation à laquelle assistent les personnages du *Déclin* et des films qui vont suivre semble un phénomène impossible à renverser. La seule chose qui reste à faire, dans les circonstances, c'est de prendre acte de ce processus irréversible et de protéger les manuscrits pour les siècles à venir, comme l'avaient fait les moines après la chute de l'Empire romain.

Fidèle en cela à Séguin, Arcand nous présente son interprétation des lois de l'histoire comme un simple constat, comme un acte de pure lucidité. Sa perspective se veut amorale, détachée[12]. Comme l'explique encore Marcel Jean, l'histoire, pour Arcand, « tient la place [d'un] Dieu puissant et implacable, le Dieu vengeur qui surplombe le monde », elle est une métaphysique « à l'origine d'une vision déterministe de l'existence[13]. » La liberté de l'homme de régir sa destinée, d'imprimer une marque aux événements, de définir de nouvelles avenues pour son pays est inexistante, hors de portée. L'histoire en marche, qui nous enseigne que seuls les plus forts triomphent et que les civilisations, tout comme les individus, sont mortelles, broie tout sur son passage. L'histoire d'Arcand s'écrit ainsi avec un grand *H* — « une grande hache », aurait dit Cioran, auteur fétiche du cinéaste —; impossible donc de « faire » l'histoire, on ne peut que la subir. Un tel cinéma, cela va sans dire, ne peut qu'être mal reçu par celles et ceux qui ont un tempérament plus militant, car il prend le contre-pied du rapport moderniste au temps.

Les grands récits de la modernité ne nous enseignent-ils pas, en effet, que le monde d'aujourd'hui, moralement supérieur à celui d'hier, est le produit de multiples volontés ? Que sans le concours de femmes et d'hommes décidés, prêts à faire des sacrifices pour le salut de tous, nous aurions encore recours à l'esclavage, que les femmes n'auraient pas le droit de vote, que les enfants de moins de douze ans travailleraient toujours à l'usine ? Devant les défis de notre époque, Arcand ne baisse-t-il pas les bras un peu rapidement ? N'est-il pas par trop défaitiste ? C'est du moins ce que pourrait lui répondre un militant comme Falardeau. Si, pour ce dernier, l'histoire fournit les principales clés de la compréhension du présent, il est tout de même possible d'en changer le cours, car les hommes demeurent libres de résister ou de défier ses lois, d'accepter ou de refuser l'oppression — réelle ou perçue. Falardeau pose sur l'histoire en marche un jugement moral, il prescrit à ses contemporains un bréviaire d'action, une attitude de combat ; le réalisateur d'*Octobre* ne surplombe pas l'histoire comme le fait Arcand, il y participe en proposant des films engagés sur notre époque.

Et qu'en est-il de Maurice Séguin ? Des deux cinéastes, avec lequel se serait-il senti le plus en phase, intellectuellement ? À mon avis, l'universitaire se serait davantage reconnu dans la posture d'Arcand que dans celle de Falardeau. Cela dit, l'attrait de la pensée de Séguin pour Pierre Falardeau et de nombreux militants indépendantistes est tout à fait compréhensible. Cet engouement tient à certains caractères saillants que l'on retrouve notamment dans ses « Normes ». Comme le remarque avec raison Jean Lamarre, Séguin est l'un des premiers penseurs à donner un contenu positif à l'affirmation québécoise. Comme d'autres intellectuels de sa génération, il tourne le dos à l'optique de la survivance défendue par Lionel Groulx. Défendre et promouvoir le Québec (ou toute autre nation), ce n'est plus seulement protéger une culture ou des traditions, ce n'est plus seulement survivre, c'est souhaiter *agir par soi*, c'est-à-dire être collectivement libre de ses décisions[14]. Pour Séguin, cette volonté d'agir par soi, présente chez les nations autant que chez les individus, est un bien en soi ; elle correspond à un « instinct profond ». Agir par soi étant l'aspiration légitime et normale de tous les peuples, en être privé est une « oppression essentielle », même dans un régime fédéral où les souverainetés sont censées être partagées.

Il semble que plusieurs indépendantistes aient arrêté là leur lecture de Séguin, ou qu'ils aient confondu ses idées avec celles de son collègue Michel Brunet qui, à bien des égards, portaient encore l'empreinte du volontarisme de Groulx[15]. Inspirés par des auteurs comme Albert Memmi et Frantz Fanon et par le contexte de décolonisation des années 1960, ces militants ont jugé que l'analyse de Séguin constituait un appel à l'engagement. Si agir par soi était l'aspiration première de la vie individuelle et collective, ne fallait-il pas se mobiliser, mettre fin à la dynamique coloniale ? N'était-il pas urgent de combattre l'oppression essentielle décrite par Séguin ? C'est, me semble-t-il, ce que retient Pierre Falardeau de Maurice Séguin, et il est loin d'être le seul. Toutefois, ces militants indépendantistes ne sont pas allés jusqu'au bout des réflexions du maître de l'école de Montréal ; ils se sont en quelque sorte arrêtés en chemin.

Si, selon Séguin, l'agir par soi est une aspiration normale commune à toutes les nations, en réalité, très peu de peuples parviennent à vivre cette liberté dans toute sa plénitude. Seule une minorité de nations, insiste-t-il, sont maîtres de leur développement politique, économique et culturel : « le NORMAL est donc EXCEPTIONNEL[16]. » La plupart des nations voient leur développement entravé, plusieurs sont carrément assimilées, d'autres semblent libres mais ne sont en réalité que des « satellites » de nations plus puissantes, d'autres encore, comme la nation québécoise, ont été « annexées ». Comment expliquer un tel phénomène ? Pourquoi seules quelques nations sont-elles vraiment libres ?

D'abord, aux yeux de Séguin, la loi du plus fort est une réalité inexorable. Comme le souligne Jean Lamarre[17], à la suite de Pierre Tousignant, Séguin a une conception darwinienne du développement des nations. Un peu comme les individus au sein d'une espèce, les nations luttent pour leur survie. Dans cette lutte à mort, les nations les plus fortes finissent pas s'imposer tandis que les plus faibles sont appelées à disparaître. « Nécessairement la force l'emporte », explique Séguin dans son cours ; la prédominance de la force constitue même « l'essence de la création », elle précède l'avènement de l'homme[18]. Cette lutte pour la survie n'a rien à voir avec les valeurs intrinsèques d'une nation ; elle résulte de l'interaction d'une série de facteurs qu'une sociologie du national permet d'observer.

Ensuite, quoique Séguin dise rejeter les déterminismes (géographique, matériel, culturel), il laisse clairement entendre que c'est la marche implacable de l'histoire qui distingue les vainqueurs des vaincus, les nations libres des nations soumises. Face aux lois de l'histoire, les individus peuvent bien peu. « Si l'on ne saurait nier l'intervention libre de l'homme, par contre, il faut avouer que cette intervention est très limitée [et que] le rôle de la liberté est restreint[19]. » En d'autres termes, les nations sont forte-ment déterminées par leur passé ; leurs conditions d'existence sont le produit d'une histoire façonnée par autre chose que la volonté des hommes.

Enfin, si seules quelques nations sont « normales », c'est-à-dire maîtresses de leur destinée, c'est que, pour les individus autant que pour les nations, « la médiocrité est la règle générale ». Pour les hommes du passé comme pour ceux d'aujourd'hui, le dépassement, la démesure ne sont pas la norme mais l'exception. Ce qui est normal, pour un individu comme pour une collectivité, aujourd'hui comme hier, c'est la médiocrité du quotidien. Encore là, on sent que Séguin souhaite prendre ses distances d'avec un Groulx probablement trop enclin à faire des fondateurs de la Nou-velle-France des personnages plus grands que nature. Or, précise le théoricien de l'école de Montréal, « il faut se méfier de la légende tenace de l'âge d'or ; légende qui renaît sous plusieurs formes : âges théocentriques, joie du monde préindustriel… » Le « rendement » des uns et des autres est « limité », explique-t-il dans un passage très révélateur de sa pensée, mais rarement commenté par ses exé-gètes. Séguin attribue ce « rendement limité » à la « dureté de la condition humaine[20] ».

Dans un tel contexte, Séguin conçoit mal que la nation québé-coise puisse échapper à son destin de nation minoritaire et annexée. Dès l'époque de la Nouvelle-France, la mère patrie n'en-voie pas en Amérique assez de colons pour faire contrepoids aux colonies anglaises de la côte Est. Puis, en 1760, c'est l'annexion à un empire étranger ; cette annexion militaire est institutionnalisée en 1840, et constitutionnalisée en 1867. Incapable d'agir par elle-même, sans pour autant être assimilée, la nation québécoise est condamnée à « végéter », elle est condamnée à une « inévitable survivance dans la médiocrité[21] ».

Arcand, clairement inspiré par Séguin, ne voit pas comment

les Québécois pourraient échapper à leur destin. Comme il l'explique au journaliste Michel Coulombe, « tributaires de nos origines, de l'héritage de ces 60 000 paysans français qui ont été coupés de la mère patrie et de notre situation politique », nous avons une « histoire impossible ». Voilà pourquoi, poursuit-il, la société québécoise se complaît dans une « médiocrité heureuse, civilisée[22] ». Dans le témoignage qu'il livre après la mort du maître de l'école de Montréal, Arcand écrit :

> J'ai été bien étonné plus tard quand des esprits légers ont voulu donner à Maurice Séguin une réputation d'historien nationaliste au sens militant ou politique du terme. L'essentiel pourtant de sa pensée était que la nation canadienne-française était trop petite et trop faible pour pouvoir jamais prétendre à l'indépendance en même temps que trop protégée et trop enracinée pour espérer une assimilation rapide[23].

Quiconque, me semble-t-il, médite « Les Normes » de Maurice Séguin ne peut que partager l'étonnement d'Arcand. L'œuvre du chef de file de l'école de Montréal — comme celle du cinéaste — laisse bien peu de place à un quelconque espoir de relèvement. Chez Séguin comme chez Arcand, il n'y a ni idées, ni héros, ni volontés assez fortes pour renverser le cours de l'histoire.

Au lendemain de la victoire du Parti québécois le 15 novembre 1976, Séguin a eu droit à une ovation de ses étudiants. Étonné par cette manifestation spontanée, loin de sabrer le champagne, il a lancé à sa classe enthousiaste : « Attendons de les voir à l'œuvre[24]… »

5

La trudeauisation des esprits

Les référendums de 1980 et de 1995 ont eu un grand impact sur la vie intellectuelle québécoise et canadienne. Ces événements ont provoqué de riches réflexions politiques et philosophiques sur les valeurs qui doivent fonder les communautés politiques canadienne et québécoise. Les historiens de demain ne manqueront pas de matière. Les philosophes non plus, d'ailleurs. Car au-delà du conflit Québec-Canada, antagonisme fédéral-provincial pour les uns, combat national pour les autres, et par-delà le rapatriement de la Constitution canadienne de 1982 et l'impossibilité apparente de l'amender par la suite, j'ai le sentiment que nous continuons d'assister à un débat sur la modernité, voire sur l'« hypermodernité », concept que j'assimile, à la suite de Sébastien Charles, à « l'exacerbation et l'intensification de la logique moderne au sein de laquelle les droits de l'homme et la démocratie sont devenus des valeurs incontournables[1] ».

Depuis 1995, ce débat n'oppose pas, comme certains aimeraient le croire, les partisans de la continuité à ceux du changement radical ; il oppose entre eux des hypermodernistes convaincus qui, chacun à leur façon, se présentent à nous comme les défenseurs des valeurs universelles de la modernité avancée, comme les porte-parole d'une avant-garde éclairée. Du côté fédéraliste, les héritiers du trudeauisme continuent de présenter le Canada comme un « exploit humain tout à fait unique », sinon un « joyau de l'humanité[2] », et de dépeindre le souverainisme comme un combat d'arrière-garde. Ils sont restés fidèles au messianisme trudeauiste dont je tenterai de tracer les contours dans la première partie de ce texte. Du côté souverainiste, on assiste à l'avènement d'un discours nouveau. Les déclarations de Jacques Parizeau sur les « votes ethniques » ont provoqué l'émergence d'un « néosouverainisme » qui s'est manifesté de plusieurs façons au cours des dernières années. Dans la seconde partie, je tenterai d'en décrire les principales caractéristiques.

J'entends montrer qu'entre les pensées trudeauiste et néosouverainiste, les similitudes sont frappantes. Dans les deux cas, on croit qu'il est indispensable de procéder à une liquidation de la mémoire traumatique des événements qui précèdent le passage à la modernité du Québec. En plus d'être entaché par le « tribalisme » ou l'« ethnicisme », cet attachement à l'idée de durée est considéré comme la source de tous les retards de la nation canadienne-française, puis québécoise. Trudeauistes et néosouverainistes partagent également une conception purement contractualiste de la société. La nation n'est plus un donné de l'histoire ; produit fragile du travail des générations précédentes, elle prend la forme d'un contrat entre individus volontaires protégés par des chartes. La langue française, dans un tel contexte, n'est plus « l'être » de la nation, le témoignage d'une longue histoire, mais un simple instrument de communication entre des individus aux identités multiples.

Trudeau l'hypermoderne

Plusieurs l'ont dit, le Canada d'aujourd'hui est celui que voulait Pierre Elliott Trudeau[3]. La trudeauisation du Canada correspond, pour reprendre la juste formule de Guy Laforest, à la « fin d'un rêve », celui d'un Canada fondé sur la dualité nationale[4]. Le Canada d'aujourd'hui n'est pas un « pacte entre nations », et encore moins une « communauté de communautés », mais une vaste coalition d'ayants droit, une société qui garantit tous les droits à la différence. Comment expliquer cette profonde mutation ?

D'aucuns argueront que le Canada d'aujourd'hui étant bien différent de celui de 1867, de tels changements s'imposaient. Avec l'arrivée de nombreux immigrants, la conception binationale du Canada n'est-elle pas dépassée, anachronique ? De plus, l'attachement à un héritage historique et culturel ne perd-il pas de son sens alors que les individus d'aujourd'hui, qu'ils soient anglophones ou francophones, entretiennent avec l'État un rapport d'usager ? L'important n'est-il pas de garantir à tous de bons services publics, peu importe qui les finance ? Ajoutons à cela les réflexions nombreuses sur la pertinence des provinces. À l'heure où la très grande majorité de la population vit en ville, ont-elles toujours leur raison d'être ? Ne sont-elles pas devenues, elles aussi, anachroniques ? En somme, le Canada de Trudeau, où la Charte des droits et libertés met toutes les différences culturelles sur le même pied, où l'État central gère de plus en plus étroitement les grands programmes sociaux et conclut des ententes avec les villes, n'est-il pas plus conforme à ce qu'est devenu le pays depuis la Seconde Guerre mondiale ?

Ces explications sont certes valables, mais je prétends qu'elles sont incomplètes parce qu'elles passent à côté du rôle crucial joué par la pensée de Pierre Elliott Trudeau dans la redéfinition du Canada. La trudeauisation du Canada n'est pas — pas seulement, à tout le moins — le produit d'une nécessité historique ; elle témoigne surtout d'une philosophie politique qui a modelé de façon nouvelle la conception que se font encore, malgré l'élection des conservateurs, la plupart des Canadiens anglais du passé et de l'avenir de leur pays. Cette philosophie politique, à laquelle adhéra Trudeau à partir du milieu des années 1940[5], est d'esprit moderniste et s'est manifestée : 1) par une volonté ferme de rompre avec le passé ; 2) par une conception purement contractualiste de la société ; 3) par un messianisme progressiste qui concevait le Canada comme l'avant-poste de la civilisation.

En finir avec le passé

Durant les années 1950, Pierre Elliott Trudeau a formulé l'une des critiques les plus sévères de la société canadienne-française. Il suffit de relire sa préface à *La Grève de l'amiante* pour s'en convaincre. Trudeau y dénonce l'incapacité des élites traditionnelles à penser les importants changements provoqués par la société moderne. « Nos idéologies, écrit-il, toutes faites de méfiance de l'industrialisation, de repliement sur soi, de nostalgie terrienne, ne correspondaient plus à notre *ethos* bousculé par le capital anonyme, sollicité par les influences étrangères, et émigré sans bagage dans un capharnaüm moderne où la famille, le voisinage, la paroisse — piliers traditionnels contre l'effondrement — n'offraient plus le même support[6]. » La colonisation, le retour à la terre, la petite entreprise, les coopératives, les syndicats catholiques, toutes avenues privilégiées par l'élite canadienne-française, furent autant de solutions « idéalistes », complètement déphasées par rapport aux réalités industrielles et urbaines du monde moderne. Cette cécité des élites traditionnelles découlait, aux yeux de Trudeau, de l'omniprésence d'une Église catholique qui n'admettait, aux fins d'une discussion sur l'avenir de la nation canadienne-française, qu'une doctrine sociale utopique. Le nationalisme de cette élite était imprégné d'une mentalité d'assiégés qui sacralisait tout ce qui nous distinguait d'une « ambiance anglaise, protestante, démocratique, matérialiste, commerciale et plus tard industrielle[7] », il tournait le dos au progrès, par méfiance de ce qui pouvait venir des Anglo-Américains.

Ce qui reliait cette doctrine sociale d'une Église d'Ancien Régime et le nationalisme frileux des élites, n'était-ce pas cette fixation sur un passé érigé en maître ? Ce repli sur soi, ce refus de considérer le monde tel qu'il se donnait à voir étaient les conséquences fatales d'une incapacité à rompre pour de bon avec un passé qui n'avait rien de glorieux, selon Trudeau. Le prérequis pour prospérer, pour mettre fin au retard, pour n'envisager ne serait-ce que l'espoir d'un avenir meilleur pour les Canadiens français était de cesser de « vivre sur notre passé[8] ». Dans l'épilogue de *La Grève de l'amiante,* le futur premier ministre plaçait les Canadiens français devant un choix très clair : « Il faut avancer avec la caravane humaine, ou crever dans le désert du temps[9]. » Pour contribuer à la société des hommes, il ne fallait plus se soucier de continuité, ne plus regarder en arrière, sinon pour pester contre l'obscurantisme de nos élites d'antan. Dans son compte rendu du livre, André Laurendeau se montre généreux lorsqu'il écrit que la « volonté même de rupture » de Trudeau « indique à quel point il se sent solidaire de ce passé encore proche ». Cela dit, poursuit l'éditorialiste du *Devoir,* son enquête sur nos idéologies porte la « marque d'une déception amère », car « il est un Canadien français déçu des siens. Son enquête l'a mis en présence d'un monolithisme qu'intellectuellement il repousse mais qui le blesse dans son être même : je crois qu'il a honte d'avoir de tels pères ; ce sentiment est si vif qu'il doit faire un effort méritoire pour demeurer honnête à leur endroit[10] ».

De cette rupture des Canadiens français avec leur passé dépendait, selon Trudeau, le succès du Canada. Ses compatriotes devaient abandonner toute revendication nationale fondée sur le passé. Au lieu de faire figure de « maîtres chanteurs[11] » en revendiquant toujours plus d'autonomie ou, pire, en réclamant un « État national » dont ils n'avaient nullement besoin pour croître et se développer, les Canadiens français devaient prendre part à l'expérience canadienne[12]. Le rédacteur de *Cité Libre* n'imposait pas aux seuls Canadiens français cette rupture radicale avec le passé. Les Canadiens d'origine britannique, dont les ancêtres avaient adhéré à la mystique impériale et qui rêvaient de construire une grande nation anglo-saxonne en Amérique du Nord, devaient, eux aussi, rompre avec leur histoire. Le passé canadien-anglais était tout autant assombri de nombreux épisodes d'intolérance à l'égard des Canadiens français. Le manque de respect pour les minorités françaises hors Québec, vécu au Nouveau-Brunswick, au Manitoba et en Ontario, n'était d'ailleurs, selon Trudeau, pas étranger à l'avènement du nationalisme canadien-français[13]. Pour construire un Canada moderne, ouvert et tolérant, il fallait donc que les citoyens d'origine française comme britannique oublient, d'un commun accord, les vieilles récriminations du passé. Il y avait là un prérequis absolu pour la suite.

Une société d'individus

Perçue comme un repli sur soi, comme un facteur de discorde puisqu'elle alimentait de vieilles rancunes inutiles, la référence négative au passé, omniprésente dans la pensée de Trudeau, rappelle une phrase célèbre d'Ernest Renan : « L'oubli, et je dirais même l'erreur historique, sont un facteur essentiel de la création d'une nation[14]. » Pour avancer et prospérer, une nation doit probablement davantage oublier que se souvenir, et ne se souvenir que de ce qui rassemble. Dans la mesure où l'on considère comme Trudeau — qui cite d'ailleurs Renan — la nation comme un « plébiscite de tous les jours », un « contrat social que chaque génération de citoyens est libre d'accepter tacitement ou de rejeter ouvertement[15] », la finalité des institutions canadiennes n'est pas tant de garantir la pérennité d'un quelconque pacte entre nations, mais de « mieux assurer les libertés personnelles[16] », car « le progrès pour l'humanité, c'est son lent acheminement vers la liberté de la personne[17] ». Pour Trudeau, s'agissant du gouvernement des hommes, toutes les autres considérations étaient suspectes ou se situaient, en dernière analyse, dans l'horizon de la « contre-révolution » fascisante[18]. La langue parlée par les uns et les autres ne constituait pas le reflet d'une dualité nationale, elle-même inscrite dans l'histoire ; elle devenait un simple outil de communication au service d'individus libres. S'il fallait protéger les « droits linguistiques », c'était d'abord pour respecter le choix d'individus autonomes qui, de Montréal à Vancouver, avaient le droit de parler la langue qu'ils avaient librement choisie. Pour que les Canadiens français se sentent chez eux au Canada, il était inutile de reconnaître au Québec un statut particulier, il suffisait d'adopter une charte protégeant les droits linguistiques des uns et des autres. Grâce à celle-ci, prédisait Pierre Elliott Trudeau en 1964, les

« Canadiens français ne se sentiraient plus confinés à leur ghetto québécois et l'esprit du séparatisme serait exorcisé pour toujours[19] ».

Cette vision contractualiste de la société, il la défend en 1964 dans un manifeste pour une « politique fonctionnelle » qu'il signe avec six collaborateurs de *Cité Libre* et qui porte clairement sa marque. Les signataires du texte prennent ouvertement parti contre le caractère nationaliste de la Révolution tranquille et estiment qu'il faut « revaloriser avant tout la personne [...] indépendamment de ses accidents ethniques, géographiques ou religieux[20] ». « L'ordre social et politique », expliquent-ils, doit se fonder sur les « attributs universels de l'homme, non sur ce qui le particularise[21] ». « Acte de foi dans l'homme », ce manifeste formule une série de propositions qui visent à accroître la justice entre les citoyens et à améliorer leurs conditions de vie par l'instauration de programmes universels d'assurance-chômage et de santé. Cette même perspective contractualiste, on la retrouvera plus tard dans le discours prononcé par le Trudeau premier ministre lors de la cérémonie de proclamation de la nouvelle Constitution, en 1982. Le Canada, à l'égal de toutes les autres nations d'ailleurs, est alors présenté comme le « choix délibéré des hommes et des femmes d'ascendance amérindienne, française et britannique [de s'unir] à leurs compatriotes d'origine et de traditions culturelles les plus diverses pour partager un même pays[22]. »

Le recours au concept de « personne » pourrait faire croire que Trudeau, au lieu de prendre le parti du contractualisme libéral, adhère plutôt à un certain personnalisme chrétien, plus ouvert à l'idée de communauté ; une différence de taille puisque l'individualisme libéral considère l'individu d'abord comme un sujet de droit sans filiation historique contraignante, alors que le personnalisme conçoit l'homme comme un être spirituel, enraciné dans une communauté de proximité, elle-même inscrite dans la durée[23]. On le sait, les fondateurs de *Cité Libre* se sont très souvent réclamés du personnalisme d'Emmanuel Mounier et de Jacques Maritain[24] qui, chacun à sa façon, proposaient une troisième voie entre l'individualisme libéral et les totalitarismes fasciste ou communiste. Dans un ouvrage fort instructif, un ancien rédacteur de discours du premier ministre Trudeau apportait il y a quelques années une pièce intéressante au dossier. Grand lecteur des personnalistes, André Burelle croit que, s'il a toujours existé une tension chez le cofondateur de *Cité Libre* entre individualisme libéral et personnalisme communautaire, ce serait, finalement, le premier pôle qui l'aurait emporté. Au final, constate l'ancien conseiller, non sans dépit d'ailleurs, ce serait la politique antinationaliste de Trudeau qui l'aurait emporté sur la mystique cité-libriste des premières années d'engagement intellectuel[25].

Au cours des années passées à ses côtés, Burelle découvre peu à peu que Trudeau est « un individualiste anticommunautaire par passion et un personnaliste communautaire par raison ». S'il avait été un Juif, confie un jour Gérard Pelletier à Burelle, Trudeau aurait probablement choisi de vivre parmi la diaspora new-yorkaise plutôt que de s'installer en Israël. À la défense d'un peuple enraciné dans l'histoire, d'un État et d'un territoire menacés, il aurait préféré « jouer le jeu de l'excellence personnelle et de la libre-concurrence culturelle et linguistique au sein du *melting-pot* américain[26]. » Il y a certainement là une question de tempérament, explique Burelle. Toutefois, cet authentique « goût pour la liberté » noté par André Laurendeau[27], cet « individualisme héroïque » à la Cyrano de Bergerac, grand héros de son enfance[28], ne peuvent à eux seuls expliquer le penchant très marqué de Trudeau pour l'individu plutôt que pour la communauté. Selon Burelle, ce serait l'atmosphère des années 1950 qui serait à l'origine de son antinationalisme viscéral. Très tôt, il aurait été gagné par la conviction que pour se libérer du carcan ethnique et national, il fallait affirmer la primauté de la personne. Burelle résume ainsi la perspective de Trudeau : « Pour devenir un individu libre, il faut s'affranchir de toute aliénation communautaire [...], pour devenir un citoyen du monde, il faut se faire citoyen de nulle part. » Conséquence d'une lutte existentielle contre le moule canadien-français, l'antinationalisme aurait « fini par aboutir au libéralisme républicain de 1982[29] ».

Le Canada comme avant-poste de l'universel

Tourné vers l'avenir, soudé par un contrat légal entre individus consentants, le Canada devenait dans l'esprit de Trudeau un véritable modèle pour le monde. Société d'individus affranchis des pesanteurs de l'histoire et libérée du carcan des communautés d'appartenance, le pays pouvait se présenter comme l'avant-poste de la civilisation avancée, un phare pour une humanité qui, après les terribles épreuves de la Seconde Guerre mondiale, cherchait à transcender les particularismes entravant la route de la réconciliation et de la tolérance. Pays de toutes les cultures, de toutes les rencontres, de l'ouverture à toutes les différences, le Canada, où l'État central incarnait la Raison en marche, devenait un nouvel Éden où se vivrait la « fin de l'histoire ».

Ce messianisme progressiste, on le retrouve très tôt dans la pensée de Trudeau. Dès son premier texte dans *Cité Libre*, on sent une préoccupation de ce type. Les Canadiens français devaient apporter quelque chose de nouveau à la « société des hommes », ils avaient la responsabilité de contribuer par l'exemple au rapprochement du monde[30]. Le manifeste « Pour une politique rationnelle », publié quatorze ans plus tard, est beaucoup plus explicite sur ce sujet. La nature de cette contribution à la société des hommes devient très claire. Après avoir condamné le projet de séparation du Québec, que les signataires perçoivent comme une « évasion en face des tâches réelles et importantes à accomplir », ils invitent leurs concitoyens à « ouvrir les frontières culturelles de la société canadienne[31] ». La suite du manifeste dessine une vocation pour le Canada :

> Les tendances modernes les plus valables s'orientent vers un humanisme ouvert sur le monde, vers diverses formes d'universalisme politique, social et économique. Or, le Canada constitue une reproduction en plus petit et en plus simple de cette réalité universelle. Il s'agit pour une pluralité de groupes ethniques d'apprendre à vivre ensemble : défi moderne, lourd de signification, et à la mesure de l'homme universel. Si les Canadiens ne peuvent

faire une réussite d'un pays comme le leur, comment pensent-ils contribuer de quelque façon à l'élaboration de l'humanisme et des formes politiques internationales de demain ? Avouer son incompétence à faire fonctionner la Confédération canadienne, c'est à ce stade-ci de l'histoire reconnaître son indignité à participer à la politique mondiale[32].

Cet extrait avait beaucoup frappé le philosophe George Grant qui, dans *Lament for a Nation,* pressentait, non sans raison, qu'un tel Canada serait en complète rupture avec son passé et qu'ainsi il contribuerait, comme les États-Unis, à l'avènement d'un État universel et homogène où les différences fondées par la tradition et l'histoire seraient un jour toutes niées[33].

La vocation universaliste de ce Canada sera rappelée dans un discours célèbre prononcé en février 1977 devant le Congrès américain, quelques mois après la première élection du Parti québécois. Pierre Elliott Trudeau profite de cette tribune unique — aucun premier ministre canadien ne se l'était vu offrir jusqu'alors — pour avertir des dangers que représenterait la souveraineté du Québec non seulement pour le Canada ou pour les États-Unis, mais pour toute la société des hommes. Ce discours important, rapporte la jeune journaliste Lise Bissonnette qui couvre l'événement pour *Le Devoir,* le premier ministre « l'a soigneusement mis au point lui-même, entièrement[34]. » Après avoir salué l'amitié qui lie les Canadiens aux Américains, Trudeau vante, citation de George Washington à l'appui, « l'immense valeur » de l'unité nationale américaine[35]. Cette concorde, poursuit-il, est essentielle « à un moment de l'histoire où il est impossible d'échapper au fait que le seul espoir de l'humanité réside dans la volonté des races, des cultures et des croyances de coexister pacifiquement ».

Le premier ministre aborde ensuite directement le projet souverainiste du Parti québécois. Les Américains n'ont rien à en craindre, explique-t-il, car des arrangements seront trouvés pour donner aux Canadiens français des droits linguistiques qui les placeront sur un pied d'égalité avec leurs compatriotes canadiens-anglais. Il est du reste impératif de contrecarrer le projet du Parti québécois : l'éclatement du Canada serait un « échec tragique de notre rêve pluraliste […]. Je crois fermement que les Canadiens sont en train de modeler une société dénuée de tout préjugé et de toute crainte, placée sous le signe de la compréhension et de l'amour, respectueuse de la personne et de la beauté ». L'échec du Canada, où deux des plus importantes civilisations occidentales ont construit un projet commun, serait par conséquent « un crime contre l'histoire de l'humanité[36] ». Avant de traiter des relations canado-américaines, le premier ministre ajoute encore : « J'ose dire que l'échec de l'expérience sociale canadienne, toujours variée, souvent admirable, répandrait la consternation parmi tous ceux dans le monde qui font leur le sentiment qu'une des plus nobles entreprises de l'esprit, c'est la création de sociétés où des personnes d'origines diverses peuvent vivre, aimer et prospérer ensemble. » Il conclut son discours par une citation de Thomas Paine qui résume fort bien sa pensée : « Mon pays, c'est le monde entier, et ma religion, c'est de faire le bien. »

Trois ans plus tard, après le dévoilement des résultats du référendum de 1980, Pierre Elliott Trudeau reprend ces mêmes idées en expliquant, cette fois aux Québécois, qu'il « nous appartient comme Canadiens de montrer une fois de plus à l'humanité entière que nous ne sommes plus les derniers colonisés de la terre, mais les premiers affranchis du vieux monde des États-nations[37] ». Dans le discours qu'il prononce lors des célébrations entourant le rapatriement de la Constitution, la vision messianique est encore au rendez-vous : « Ce Canada de la rencontre des ethnies, de la liberté des personnes et du partage économique est un véritable défi lancé à l'histoire de l'humanité. Il n'est donc pas étonnant qu'il se heurte en nous à de vieux réflexes de peur et de repli sur soi[38]. »

Ce qu'il y a de paradoxal dans la pensée de Trudeau, c'est qu'elle débouche sur un patriotisme sentimental et une utopie qui ont bien peu à voir avec la « politique fonctionnelle » des débuts. Ce sentimentalisme tranche avec les appels répétés à la raison. En fait, comme le remarque avec justesse André Laurendeau dès 1956, Pierre Elliott Trudeau oppose très tôt un globalisme à un autre. Lui qui rejette l'idéalisme des clérico-nationalistes au nom du réalisme qu'imposerait une époque nouvelle en vient finalement à proposer aux Canadiens français une nouvelle mission sacrée. Les idéologues nationalistes qu'il combattit à son retour d'Europe voulaient sacraliser le passé, lui propose aux Canadiens français de sacraliser l'avenir.

Le pancanadianisme libéral de Trudeau, fondé sur l'absolutisation des droits individuels, n'a pas trouvé beaucoup d'adeptes au Québec, même chez les fédéralistes attachés au Canada. En revanche, le messianisme trudeauiste a eu le caractère d'une divine révélation pour plusieurs Canadiens anglais qui, à une époque où la mémoire loyaliste s'effaçait, cherchaient un nouveau sens à donner à l'aventure canadienne. J'en veux pour preuve la réaction du *Globe and Mail* au discours de Washington. Jusqu'alors, écrit un éditorialiste, la séparation du Québec n'avait été qu'une affaire interne, un problème domestique auquel il fallait trouver une solution politique. Grâce au discours du Congrès, voilà que le morcellement du Canada devient un enjeu planétaire qui concerne tous les hommes de bonne volonté. « Profitant d'une tribune internationale, [Trudeau] a fait renaître en nous le fier internationalisme qui avait été un peu submergé[39]. » Par conséquent, il ne s'agit plus simplement de régler un problème interne qui ne regarde que les Canadiens, de concevoir des arrangements politiques qui permettraient aux Québécois d'être pleinement reconnus, de faire preuve, en somme, à la manière des Pères de la Confédération, de pragmatisme. Il s'agit désormais de combattre les forces du Mal, de défendre le souverain Bien attaqué par des forces rétrogrades. Pierre Elliott Trudeau a eu beau louer le « bon sens » et la « raison » des hommes de 1867 dont les textes ne contiennent pourtant pas d'« émouvante charte des droits[40] », lorsque vient le temps de présenter la finalité de l'expérience canadienne, il quitte le registre de la politique fonctionnelle pour recourir à celui d'une exaltation quasi religieuse.

Il faudrait se demander si Trudeau en était conscient, si le recours à l'utopie universaliste témoignait de convictions intimes ou s'il découlait d'un certain cynisme rhétorique. N'est-ce pas lui qui écrit, en 1964 : « Un des moyens de contrebalancer l'attrait du séparatisme, c'est d'employer un temps, une énergie et des sommes énormes au service du nationalisme fédéral. Il s'agit de créer de la réalité nationale une image si attrayante qu'elle rende celle du groupe séparatiste peu intéressante par comparaison[41]. » En politique rusé, n'a-t-il pas tenté de retourner l'arme explosive du nationalisme contre ceux qui prétendaient l'incarner ? Les historiens qui auront un jour accès à ses documents personnels nous proposeront peut-être des réponses intéressantes. Chose certaine, que ce nouveau patriotisme ait été ou non sincère, la véritable portée de la refondation trudeauiste, qu'inaugure le rapatriement constitutionnel de 1982, est avant tout symbolique. Elle fait du Canada un modèle pour le monde, l'incarnation de toutes les espérances de la modernité avancée. À partir de l'ère Trudeau, le Canada en vient à incarner un idéal moral[42]. Le Canada en sort plus divisé — le Québec n'a pas signé la Constitution —, mais les Canadiens anglais se sentent dès lors investis d'une mission : faire triompher les forces du Bien. La montée du souverainisme qui suit l'échec de l'accord du lac Meech (après que le gouvernement Bourassa eut invoqué en 1988 la clause dérogatoire contre un jugement de la Cour suprême sur la langue d'affichage), au lieu de semer le doute, n'a fait que conforter les convictions des croisés du trudeauisme sur la noblesse de leur cause. En osant se soustraire à la Charte des droits et libertés, symbole d'un nouveau Canada, les Québécois menaient un combat d'arrière-garde. Il fallait en quelque sorte les protéger contre eux-mêmes. Le danger était grand, mais la cause en valait la peine, et la victoire serait d'autant plus méritoire.

L'émergence d'un néosouverainisme

Pendant longtemps, les intellectuels souverainistes n'ont pas ressenti le besoin d'opposer à l'hypermodernisme trudeauiste un autre modernisme radical. D'une part, ils faisaient valoir que le Québec disposait du droit à l'autodétermination des peuples inscrit dans les grandes chartes internationales adoptées au lendemain de la Seconde Guerre mondiale ; ce droit reconnu par toutes les nations constituait un gage suffisant de modernité politique. D'autre part, et cela me semble plus important, les porte-parole du mouvement voyaient dans la souveraineté le meilleur moyen d'assurer la pérennité d'une culture minoritaire sur le continent dont la survie était loin d'être assurée. Pour la grande majorité des intellectuels et des leaders souverainistes, il semblait tout à fait légitime de défendre un particularisme, de réclamer l'autodétermination d'un peuple jugé fragile.

J'oserais même ajouter que les intellectuels québécois assumaient plutôt sereinement la dimension conservatrice du projet souverainiste, qu'ils ne rougissaient pas de ce désir de durée des Québécois d'ascendance canadienne-française. L'universalisme trudeauiste, trop abstrait, les laissait pour la plupart indifférents. Dans leur esprit, la nation ne pouvait être réduite à un simple contrat d'individus volontaires, elle était aussi un héritage qu'il importait de préserver et de faire fructifier. Il était également admis, de manière implicite, que ce projet politique dût être principalement porté par une communauté de mémoire dont les ancêtres avaient su résister à l'assimilation. Sans que cela n'exclue quiconque, il était considéré comme normal que ce projet politique, dont la finalité était d'inscrire l'existence d'un peuple particulier dans la durée, soit défendu principalement par les descendants des Canadiens français.

Après le référendum de 1995, ce relatif consensus quant à la nature du projet souverainiste vole en éclats. Pour être légitime, jugent alors plusieurs intellectuels souverainistes, il fallait désormais que le projet subisse une importante cure de modernisation, qu'il soit délesté de son ancrage historique. Le tournant moderniste s'inscrit évidemment dans un contexte particulier : celui d'attaques répétées contre la nature du nationalisme québécois, jugé trop « ethnique » par des polémistes comme Mordecai Richler, Esther Delisle ou René-Daniel Dubois ; le contexte, aussi, de la déclaration controversée de Jacques Parizeau le soir du 30 octobre 1995 sur les « votes ethniques », qui n'a cessé de hanter les débats québécois par la suite.

Les défenseurs de ce tournant moderniste du souverainisme québécois ont mis de l'avant deux idées qui me semblent fondamentales et qui se situent assez clairement, à mon avis, dans l'horizon de pensée du trudeauisme. Pour être à nouveau acceptable, disent ces hypermodernistes, le discours souverainiste doit : 1) rompre définitivement avec la mémoire longue des événements traumatiques qui précèdent la Révolution tranquille, et 2) se fonder sur l'idée de « citoyenneté », c'est-à-dire, dans leur esprit, sur une vision essentiellement contractualiste de la société. Au fond, ces idées ont une seule et grande finalité : purger à jamais le projet souverainiste du caractère « ethnique » qu'on lui attribue au Canada anglais.

Feu le Canada français !

Gérard Bouchard fut sans conteste l'un des intellectuels-phares de ce tournant moderniste. On lui doit de nombreuses interventions sur le sujet. À partir du début des années 1990, il délaisse l'histoire sociale qu'il pratiquait jusque-là pour se consacrer à l'étude des « imaginaires collectifs ». Cet intérêt débouche sur des réflexions plus engagées sur le devenir de la nation québécoise et, surtout, sur des travaux qui tentent de cerner les carences de la pensée canadienne-française d'avant la Révolution tranquille, pensée qu'il qualifie d'ailleurs d'équivoque, d'impuissante. Ses réflexions sur la nation québécoise et ses travaux sur l'impuissance de la pensée canadienne-française sont indissociables ; il s'agit pour lui d'un seul et même champ d'intérêt.

Au cœur des réflexions de Bouchard sur la nation, il y a le projet de « jeter les souches au feu de la Saint-Jean-Baptiste », c'est-à-dire de ne plus fonder le projet souverainiste sur la « mémoire exacerbée des vexations anciennes[43] ». L'éclipse de la « vieille identité nationale canadienne-française » et l'arrivée récente de nombreux immigrants qui souhaitent conserver leur identité nécessitent, selon lui, une « reconstruction de la mémoire collective et des mythes fondateurs[44] ». Tel qu'il l'explique dans *La Nation québé-*

coise au futur et au passé, petit ouvrage publié en 1999, cette reconstruction doit passer par une remise en question importante de la perspective héritée de Fernand Dumont, jugée trop proche de l'ethnicisme canadien-français, et par la promotion de la nation québécoise comme « francophonie nord-américaine[45] ». Une telle perspective permettrait de respecter la diversité culturelle québécoise, donc d'élargir le « nous collectif » et d'ainsi présenter aux nouveaux arrivants un visage plus accueillant. Pour y arriver, il faut cependant réécrire l'histoire nationale du Québec de façon à « fonder la cohésion collective le plus loin possible de l'ethnicité, hors de l'unanimité idéologique et de l'homogénéité culturelle[46] ». Comment y arriver ? Quel serait le fil conducteur de cette nouvelle histoire nationale ?

C'est ici qu'entrent en scène les travaux de Bouchard sur l'impuissance de la pensée canadienne-française. Car le nouveau récit doit être l'exact opposé de celui proposé par les élites d'avant la Révolution tranquille. Pour être accessible aux nouveaux arrivants, cette nouvelle histoire doit rompre avec la mémoire canadienne-française centrée sur l'ethnie, la culture, la survivance. Il faut proposer un récit plus en phase avec le destin américain du Québec, celui d'un peuple « bâtard » du Nouveau Monde qui, « s'abreuvant à toutes les sources proches ou lointaines, mêlant et dissipant tous ses héritages, répudiant ses ancêtres réels, imaginaires ou virtuels [s'inventerait] un destin original qu'il pourrait enfin tutoyer[47] ».

Lorsqu'on lit l'introduction de *La Grève de l'amiante* et *La Pensée impuissante* de Gérard Bouchard, on est tout de suite frappé par la similitude des arguments invoqués contre la pensée canadienne-française[48]. Tout comme l'essai publié cinquante ans plus tôt par Trudeau, le livre de Bouchard est un réquisitoire sans merci contre une pensée canadienne-française qui aurait été incapable de penser les défis de l'industrialisation et de l'urbanisation. Selon Bouchard, « l'impuissance » de cette pensée — concept qui, convenons-en, a une portée davantage polémique qu'heuristique — tiendrait précisément à son « continuisme », c'est-à-dire à la volonté des élites canadiennes-françaises d'inscrire les combats de la nation dans la fidélité à une mémoire française. Incapable de rompre avec l'ancienne métropole, comme l'ont fait les voisins du sud, cette élite se serait nourrie de chimères. À partir de 1840, « l'inquiétude de la survivance mobilise toute l'attention sur l'ethnie[49] » sur le sort qui est fait à la culture. Pour tout projet politique, déplore Bouchard après Trudeau, l'élite canadienne-française ne propose qu'une reconquête des régions éloignées par la colonisation au lieu de se concentrer sur la vallée du Saint-Laurent et de créer de meilleures conditions de vie pour les masses ouvrières qui s'agglutinent à Montréal ou qui émigrent aux États-Unis. Comme Trudeau, enfin, Bouchard critique l'arrogance de ces élites qui « célèbrent leur attachement envers le peuple, mais [qui] ne cessent de le calomnier, de le rabaisser dans des diatribes où perce du mépris[50] ».

À cinquante ans d'écart, cette charge commune contre des élites paternalistes, des idéologies déconnectées, une pensée « continuiste » a quelque chose d'étonnant. Chacun à sa manière, Trudeau et Bouchard ont assimilé la volonté de s'inscrire dans le temps à un repli ethnique, et vu dans ce réflexe une source d'idéalisme débridé ou d'inhibition. Les deux interprètes croient que les Québécois d'ascendance canadienne-française ne peuvent avancer qu'en renonçant à une présence au monde qui se fonde, en bonne partie, sur un désir de durée. À cinquante ans de distance, Bouchard donne raison à Trudeau : malgré les louables efforts de Fernand Dumont ou de l'école néonationaliste, la pensée indépendantiste-souverainiste a conservé un caractère ethnique ; pour refonder l'identité nationale, il faut rompre avec la mémoire canadienne-française. Les pensées de Pierre Elliott Trudeau et de Gérard Bouchard divergent sur de nombreuses questions, notamment celle de la dialectique individu/communauté, mais les deux hommes ont en commun leur refus de se penser en héritiers.

Si Bouchard est l'intellectuel-phare de ce tournant hypermoderniste, c'est dire que sa perspective fut partagée par nombre de militants souverainistes. Un regard rapide sur l'actualité politique qui suit le référendum de 1995 montre que la volonté de rupture avec le passé canadien-français est omniprésente. Lors d'une entrevue qu'il accorde au *Devoir* en avril 1999, quelques jours avant le Conseil général de son parti, Gilles Duceppe propose que l'on ne présente plus les Québécois comme l'un des deux « peuples fondateurs » du Canada. En soi, la proposition n'étonne guère venant d'un chef souverainiste. Ce qui surprend cependant, c'est l'argument principal invoqué par le chef bloquiste. Selon lui, il faut abandonner la notion de peuple fondateur parce que celle-ci est trop exclusive ; elle restreint le « peuple » aux seuls Canadiens français ; elle ne permet donc pas aux Québécois d'autres origines de se reconnaître dans la nation québécoise[51]. Cette volonté de réécrire l'histoire provoque des remous parmi les militants qui craignent qu'une vision strictement territoriale de la nation ne dépouille le projet souverainiste de sa substance. Dans son discours de clôture, le chef bloquiste balaie ces craintes du revers de la main. L'objectif est d'abord stratégique[52]. La cause est donc entendue, et tous les moyens semblent bons pour affirmer le caractère « civique » du projet souverainiste, y compris le révisionnisme historique.

La question refait surface au congrès du BQ de janvier 2000. Dans le document remis aux militants, on peut lire : « La nation canadienne-française n'existe plus sur le territoire du Québec ; elle a fait place graduellement à la nation québécoise, qui inclut toutes les citoyennes et tous les citoyens[53]. » De nombreux militants s'opposent à ce libellé parce qu'il nie toute référence au groupe majoritaire duquel émane l'ambition souverainiste. Après d'âpres débats, on convient de la formule suivante : « Il ne saurait y avoir de nation québécoise s'il n'existait pas, sur le territoire du Québec, une majorité de Québécoises et de Québécois francophones ayant une langue, une culture et une histoire spécifiques, qui fondent leur identité commune[54]. » L'écart important entre le libellé proposé par l'exécutif du parti et celui qui fut adopté montre bien que la base militante est davantage soucieuse d'inscrire le combat souverainiste dans la durée, qu'elle résiste à l'hypermodernisme de ses chefs.

Prônée par Gilles Duceppe et l'*establishment* de son parti, la volonté de rompre avec la mémoire canadienne-française au nom du caractère civique de la nation québécoise sera réaffirmée par de jeunes militants souverainistes lors de l'affaire Michaud. Parmi ceux-ci, on compte plusieurs fondateurs d'une revue lancée en 2003, *Les Cahiers du 27 juin* — d'après la date de l'adoption de la Charte québécoise des droits de la personne en 1975. Quatorze militants signent une lettre très dure qui assimile les déclarations d'Yves Michaud sur le génocide juif, comparable selon lui à d'autres drames humains du xxe siècle, à un nationalisme « dépassé et ethnocentrique », « défensif et revanchard », qui « a trop souvent tendance à imputer à l'autre [...] les difficultés auxquelles la majorité canadienne-française — soit les « de souche » — est confrontée[55] ». La source du mal, expliquent les signataires, serait cette « réalité canadienne-française » qui, précisent-ils, « ne peut plus et ne doit plus être le moteur des débats politiques au Québec », car elle « présuppose une appartenance à des traditions culturelles et l'adoption d'une vision de l'histoire qui précède la Révolution tranquille ». Cette vision, ajoute-t-on, fut alimentée « par les élites politique, cléricale et médiatique des années trente, quarante, cinquante ». Celles-là mêmes qu'accuse Gérard Bouchard dans *La Pensée impuissante* et que stigmatisait Pierre Elliott Trudeau dans la préface à *La Grève de l'amiante*. Pour être pleinement moderne, estiment les signataires, le souverainisme québécois doit absolument abandonner les rivages de la tradition, tourner le dos à la référence canadienne-française, d'essence ethnique, rompre avec un continuisme inhibiteur.

Un Québec d'ayants droit

Si les références communes au passé des Québécois d'ascendance canadienne-française doivent s'éclipser, quelle optique privilégier ? Comment, concrètement, démontrer le caractère civique du projet souverainiste ? La grande idée des souverainistes hypermodernistes, âprement débattue au tournant du millénaire, fut de créer, de toutes pièces, une « citoyenneté québécoise », avant même que ne survienne la souveraineté du Québec. La portée d'un tel geste, insistait-on alors, ne serait pas tant juridique que symbolique. On signifierait ainsi aux nouveaux arrivants qu'ils sont d'authentiques citoyens de la société québécoise et qu'à ce titre ils peuvent se sentir pleinement concernés par les débats sur son avenir. Cette solution est notamment proposée par Nikolas Ducharme, l'un des signataires de la lettre qui condamnait les déclarations d'Yves Michaud, dans un texte qui a le mérite de la clarté. Cette citoyenneté québécoise, explique Ducharme, s'appuierait sur « trois piliers ». D'abord la charte québécoise des droits et libertés. Bien plus qu'un simple document juridique, elle constitue un patrimoine commun, le symbole qui doit « incarner le contrat social qui nous unit tous au Québec ». Le deuxième pilier, poursuit Ducharme, est l'idéal républicain qui, bien plus qu'un nouveau mode d'organisation politique, constitue un « idéal de vie ». Les Québécois, l'adoptant, pourraient « mettre le Québec à l'heure politique des Amériques » en rejetant pour de bon les symboles monarchiques, en revoyant le mode de scrutin et en élisant le chef de l'État. Enfin, le dernier pilier de la citoyenneté québécoise serait la langue française. Mais attention, précise tout de suite Ducharme, non pas la langue française comme témoignage d'une culture inscrite dans l'histoire, mais bien comme un « *instrument* d'intégration à la vie démocratique », un « *outil* de communication » au service de citoyens de toutes origines qui souhaitent prendre part aux débats de la Cité[56].

Ce texte résume assez bien les intentions des hypermodernistes quant à ce que seraient les fondements d'une citoyenneté québécoise. Cette proposition, faut-il le rappeler, a trouvé preneurs. On la retrouve dans le programme du Bloc québécois adopté par les militants en janvier 2000 et dans le rapport final de la Commission des états généraux sur la situation et l'avenir de la langue française au Québec rendu public en août 2001 (le rapport Larose). Ce qui transpire de ces deux documents, c'est l'idée que la modernisation engendrée par la Révolution tranquille n'ayant pas encore porté tous ses fruits, le Québec en arrive à une nouvelle étape de son histoire. L'heure est venue de se définir une nouvelle identité, de se penser autrement comme collectivité. « Après la survie et l'affirmation, peut-on lire dans la déclaration de principes du Bloc québécois, le temps est venu de s'épanouir et, pour le Québec, de prendre pleinement sa place. […] Le Québec est maintenant prêt pour une nouvelle conception de son identité[57]. » C'est donc dire que l'ancienne conception de l'identité québécoise faisait problème. Dans le rapport Larose, on salue la modernisation de l'appareil étatique et le développement économique, social et culturel du Québec qui se sont opérés depuis les années 1960. Selon les auteurs, il reste cependant à « approfondir la voie identitaire[58]. »

Dans le document du Bloc comme dans le rapport Larose, la redéfinition de l'identité, nécessaire pour donner un nouveau souffle à la modernisation, passe par la proclamation d'une citoyenneté québécoise. Les bloquistes croient que celle-ci permettrait de « préciser les composantes du cadre civique » et offrirait un statut « par lequel, au-delà des distinctions sociales, ethniques et religieuses, tous les citoyens adhèrent à une communauté politique[59] ». Toujours selon le document du Bloc, la Charte des droits et libertés est bien le « cadre de référence que doit partager l'ensemble des citoyens ». Les auteurs du rapport Larose abondent dans le même sens, mais se font plus précis quant à la portée d'une future citoyenneté québécoise. « La citoyenneté, résument les commissaires, peut se voir comme la reconnaissance expresse de l'appartenance à une nation, à une *communauté de personnes qui font le choix de vivre ensemble*[60]. » L'appartenance à la nation est donc volontaire, elle est le produit d'un consentement individuel. Dans un tel contexte, la langue française « appartient à tous », car elle devient le « moyen de communication » de tous les citoyens, le « facteur d'intégration et de participation à la société[61] ».

L'ensemble du rapport Larose se montre d'ailleurs très optimiste quant à l'avenir du français au Québec. Tout se passe comme si la langue française n'était plus en danger, et que son usage faisait consensus chez les nouveaux arrivants, voire même chez la minorité anglophone. Cette dernière, lit-on en effet, « se conçoit désormais [comme] partie prenante de l'affirmation du français comme langue de participation à la société québécoise[62] ». Dans l'introduction du rapport, on rejette du revers de la main toutes ces études démolinguistiques alarmistes qui signalent un recul du français sur l'île de Montréal. Prendre au sérieux ces travaux, estiment les commissaires, « ce serait s'enfermer dans une approche qui comporte des dérives sociales majeures, tel le cloisonnement de la société québécoise en trois catégories : les francophones, les anglophones et les allophones[63] ». Pour les membres de la commission, le Québec est avant tout une société d'individus aux cultures multiples, et « toutes ces influences individuelles[64] » font sa richesse. L'une des voies privilégiées par les commissaires est d'ailleurs celle du constitutionnalisme chartiste. Se conformant à l'air du temps, les commissaires souhaitent que la langue française soit reconnue comme un « droit fondamental », non plus comme un patrimoine fragile qui serait le fruit d'une contingence historique. La langue française n'est plus l'essence d'un être collectif, la preuve d'une filiation qui nous relie aux ancêtres, elle est un droit octroyé à des individus.

L'attrait pour l'idée de citoyenneté gagne également le Parti québécois. En juin 2000, le ministre péquiste des Relations avec les citoyens et de l'Immigration profite du 25e anniversaire de l'adoption de la charte québécoise des droits et libertés[65] pour annoncer la tenue d'un grand forum sur la citoyenneté. Le document produit par le ministère en vue de ce forum tranche cependant avec l'hypermodernisme des positions du Bloc et du rapport Larose. On y insiste surtout sur les responsabilités que confère le statut de citoyen québécois. Telle que présentée par les auteurs du document, la citoyenneté n'est pas une « abstraction pure », elle « s'inscrit dans un milieu, dans une histoire, dans une culture qui [lui] donnent son sens et ses impulsions premières[66] ». Être citoyen, c'est être enraciné dans un milieu, c'est hériter d'institutions et de valeurs acquises de haute lutte. Le débat sur la citoyenneté n'est pas présenté comme l'amorce d'une quelconque modernisation de l'identité québécoise. Il s'agit plutôt de voir ce qui menace la cohésion de cette « communauté de destin ». Or, le plus sérieux danger qui se profile à l'horizon, selon le document, c'est la mondialisation. Parce qu'elle provoque une reconfiguration de la « souveraineté des États nationaux », celle-ci force « la révision de la nature des responsabilités du citoyen à l'égard de la permanence du milieu de vie ». La mobilité des biens et des personnes fragilise les liens sociaux et politiques ; elle explique la « tendance au décrochage civique » et l'émergence de « formes extrêmes d'individualisme ». Ce chacun-pour-soi est une menace pour le patrimoine institutionnel québécois, qui est le « produit des contributions des générations successives, nées sur le territoire ou s'y installant ». Selon le même document, à ce péril s'en ajoute un autre, beaucoup plus grave : celui de la « concurrence des modèles d'intégration », qui provoque un « dualisme des symboles », un « dédoublement des chartes », un affrontement perpétuel entre « logiques identitaires antagoniques ». Cette situation provoque chez les nouveaux arrivants une grande confusion. Pour clarifier les choses et favoriser l'intégration de ces derniers au Québec, le texte ne propose pas, à la manière de ceux du Bloc ou du rapport Larose, l'instauration d'une citoyenneté québécoise. Les auteurs du document optent plutôt pour un « contrat civique » qui serait, de la part des nouveaux arrivants, un « engagement à participer à la construction du bien commun sur la base des acquis du patrimoine civique existant ». Par l'importance qu'il accorde à l'histoire, au patrimoine, à la responsabilité des contemporains à l'égard des générations passées, ce texte ministériel a peu à voir avec l'ingénierie identitaire que proposent les hypermodernistes. Le ton, l'approche, les idées proposées tranchent avec l'air du temps. Rien d'étonnant à ce qu'il ait été fort mal accueilli par la plupart des commentateurs.

Condamnant « l'ultranationalisme » de ce document de consultation, la presse anglophone voit dans le contrat civique une tentative « d'endoctrinement des nouveaux arrivants[67] » et perçoit le Forum sur la citoyenneté comme un exercice de propagande venant d'un parti qui cherche désespérément à faire oublier les déclarations controversées de son ancien chef[68]. Même *Le Devoir* condamne le document. L'éditorialiste Michel Venne, reconnu pour sa sympathie à l'égard des perspectives hypermodernistes[69], se méfie d'une citoyenneté conçue comme un « instrument de cohésion sociale (voire de contrôle) plutôt qu'un outil de liberté ». Ce type de citoyenneté, déplore Venne, « appelle à une "loyauté" exclusive du citoyen envers l'État national québécois. Il appelle également une forme d'unanimisme[70] ». Une position partagée par plusieurs participants au Forum, qui croient que le contrat civique proposé serait par trop « contraignant », voire même contraire à la Charte des droits et libertés de la personne du Québec[71].

En faisant élire André Boisclair à la tête du Parti québécois le 15 novembre 2005, les hypermodernistes ont remporté une victoire importante. Durant la campagne au leadership, le jeune chef branché s'était fait l'ardent promoteur d'un nationalisme civique en stigmatisant les mauvais militants qui défendaient le « droit du sang » plutôt que le « droit du sol », comme si une telle opposition existait vraiment au sein du mouvement souverainiste. L'orthodoxie « civique » du chef péquiste s'est toutefois heurtée au débat sur les accommodements raisonnables.

En mars 2006, la Cour suprême du Canada donne sa bénédiction au port du kirpan dans les écoles, alors que la commission scolaire concernée s'y était fermement opposée. À en juger par les multiples incidents liés aux accommodements raisonnables rapportés dans la presse, la logique chartiste d'une société multiculturelle qui sacralise le droit à la différence semble devenir la norme. Le seul chef politique qui ose critiquer cette logique est Mario Dumont, qui déclare en novembre 2006, sur les ondes de Radio-Canada : « L'égalité des droits, on l'a, et il faut s'en féliciter. [...] Mais il y a une nuance entre ça et s'effacer soi-même et dire que la majorité n'a plus le droit d'exister, d'avoir ses traditions, d'avoir ses façons de faire. Pour moi, c'est un à-plat-ventrisme qui ne mène nulle part. » Le chef de l'Action démocratique du Québec en a surtout contre les « accommodements déraisonnables » qui remettent en cause l'égalité entre les hommes et les femmes. Cette position ferme mais somme toute modérée est condamnée par les hypermodernistes. Michel Venne accuse le chef adéquiste de « tomber dans l'intolérance à l'endroit des minorités ou dans le populisme moral comme celui pratiqué par l'extrême droite européenne ou par la droite républicaine aux États-Unis[72] ». Le chef péquiste n'est pas en reste. Dans une lettre ouverte, André Boisclair accuse le chef adéquiste d'utiliser un « nous exclusif » et d'ainsi diviser les Québécois[73]. Il se refuse à faire un lien entre les accommodements raisonnables et l'identité québécoise, pourtant mise en cause par toutes les demandes venant de franges militantes minoritaires. Incapable de défendre les valeurs de la majorité, et encore moins d'inscrire ces valeurs dans une histoire longue dont le dénouement serait la souveraineté, André Boisclair a vu une partie importante de l'électorat nationaliste lui filer entre les doigts lors de l'élection du 26 mars 2007.

Un an plus tard, la Commission de consultation sur les pratiques d'accommodement reliées aux différences culturelles, présidée par Charles Taylor et Gérard Bouchard, dépose un rapport tout à fait conforme à l'esprit hypermoderniste. Sont pointés du doigt ces « Québécois d'origine canadienne-française » qui feraient preuve d'« insécurité chronique » et de « braquage identitaire ». « Dans une large mesure, déplorent les commissaires, cette crispation a pris pour cible l'immigrant, qui est ainsi devenu, pour une partie de la population, une sorte de bouc émissaire[74]. » C'est donc l'intolérance de la majorité québécoise, encore attachée à son passé canadien-français, qui serait à l'origine de la crise des accommodements raisonnables, et non pas la philosophie du multiculturalisme canadien. Pour assurer une intégration plus harmonieuse des nouveaux arrivants, il faut achever la déconstruction de la référence canadienne-française et poursuivre la rééducation moderniste des Québécois autour de valeurs communes figées dans des chartes.

Société d'ayants droit, le Québec que se représentent les commissaires semble être un marché d'identités multiples d'égale importance. Si la culture de la majorité d'origine canadienne-française « doit peser plus lourd que [celle] d'autres groupes dans l'évolution de notre société, ce sera par le jeu concret des interactions et du débat démocratique, par la force de la contribution, de la créativité et du dynamisme qu'elle saura manifester[75] ». En somme, si la majorité francophone continue de vivre dans le passé, elle sera vite dépassée par d'« autres groupes » et ne devra blâmer qu'elle même. À elle, donc, de prendre le train de la refondation identitaire et de se déprendre de sa gangue conservatrice ; à elle, pour citer à nouveau la formule de Pierre Elliott Trudeau, d'« avancer avec la caravane humaine, ou [de] crever dans le désert du temps[76] ».

*   *   *

Déni d'une mémoire qui renvoie aux événements traumatiques qui précèdent la Révolution tranquille, absolutisation de droits et libertés garantis par une charte, langue vue comme outil de communication, société conçue d'abord comme un contrat d'individus-citoyens, attachement à des valeurs communes plutôt qu'à une culture fragilisée par l'histoire… On croirait vraiment lire le programme de Pierre Elliott Trudeau. Avec la meilleure foi du monde, les hypermodernistes proposent aux Québécois un idéal de société qui existe déjà. Ils opposent au patriotisme constitutionnel trudeauiste un chartisme à la québécoise qui renvoie, dans ses grandes lignes, au même paradigme d'une société d'individus délivrés des pesanteurs de l'histoire. À ce jeu de la comparaison, je suis convaincu que les souverainistes vont perdre au change. À moins que les conservateurs ne remettent en question l'héritage Trudeau, je crois que le Canada va se perdre dans cet universalisme abstrait et que, sous peu, comme l'avait prédit George Grant, l'aventure canadienne n'aura plus de *sens*. En attendant, le Québec rêvé par les hypermodernistes fera bien piètre figure à côté du patriotisme constitutionnel de Trudeau, qui invite au dépassement des cultures et présente le Canada comme l'avant-poste de la concorde universelle. Face à cette utopie, je prédis que le Québec de la charte du 27 juin ne fera pas le poids. Les Québécois assoiffés d'universalisme, qu'ils soient « de souche » ou fils et filles d'immigrants, risquent d'être bien plus attirés par l'utopie universaliste du fondateur de *Cité Libre,* bien plus séduits par « l'ouverture à l'Autre » que propose le Canada de Trudeau.

Il m'arrive souvent de me demander comment des militants souverainistes intelligents et sincères en sont venus à proposer un idéal de société aussi proche de celui de l'ancien premier ministre canadien. Est-ce la recherche désespérée des « conditions gagnantes » ? S'agit-il de faire oublier les fâcheuses déclarations de Jacques Parizeau ? Peut-être les propositions des hypermodernistes naissent-elles en fait de l'éternelle aliénation du colonisé, de la mauvaise conscience du minoritaire qui, pour être accepté par l'autre, préfère renoncer à lui-même[77]. Ou peut-être sont-elles une réaction à l'individualisme exacerbé de nos sociétés modernes, au repli identitaire si souvent commenté par les temps qui courent[78]. Ou encore, peut-être témoignent-elles de la fuite en avant progressiste d'anciens marxistes convertis au multiculturalisme[79]. Toutes ces hypothèses sont intéressantes mais, n'étant ni fin stratège, ni psychanalyste, ni sociologue, j'aurais bien du mal à trancher.

Ce dont je suis certain, en revanche, c'est que l'approche purement civique des hypermodernistes vide le projet souverainiste de sa dimension éminemment *conservatrice*. J'irais même plus loin. Pour paraphraser George Grant, je dirais qu'à bien des égards l'impossibilité du conservatisme aujourd'hui, c'est l'impossibilité de la souveraineté du Québec. Du moins si l'on comprend le conservatisme comme un respect du donné, comme un sain scepticisme face à toutes les vulgates progressistes. Si nous refusons, comme souverainistes, de nous poser en héritiers d'une histoire, nous risquons de dépouiller ce projet de l'un de ses principaux fondements. Ce qui donne vraiment sens à l'indépendance, cela reste le désir de reconnaissance d'une communauté historique, d'une culture précaire mais bien vivante.

La souveraineté n'est pas un « projet de société » au sens où l'entendent les promoteurs de cette formule. Le projet social en vigueur au Québec, du moins pour l'instant, n'est pas si différent de celui de la majorité canadienne-anglaise. Le troublant soutien du Bloc québécois à un gouvernement de coalition formé de libéraux trudeauistes et de néo-démocrates centralisateurs en est une preuve. La souveraineté ne saurait, non plus, être seulement confondue à la fondation d'un nouveau régime politique. Là encore, l'idéal républicain est loin d'être partagé par les seuls souverainistes québécois ; d'autres Canadiens rêvent aussi d'abolir la monarchie. Par ailleurs, il faudrait justifier en quoi le peuple de la nouvelle république devrait être celui du Québec. La refondation républicaine, dans le contexte actuel, serait très difficile puisque la minorité anglophone et les peuples autochtones réclameraient immédiatement, à bon droit, une reconnaissance en tant que communautés nationales. Refuser cette reconnaissance au nom d'un certain jacobinisme républicain, ce serait leur faire subir la même humiliation que nous avons ressentie lors de l'échec du lac Meech, ou risquer la partition du territoire.

En somme, on a beau retourner toutes les pierres, on revient toujours au même point. On revient toujours à cette volonté légitime d'être pleinement reconnu comme peuple, à cette aspiration à durer, laquelle trouve son explication dans l'histoire. Se moquer gentiment de cet acharnement à résister en dépit du rude climat, de la Conquête, de l'union forcée, de l'infériorité économique passée, c'est faire fi du sens profond de la noble cause qu'est l'indépendance du Québec.

6

Duplessis ressuscité au petit écran

Pour bien des gens de ma génération, Maurice Duplessis, c'est Jean Lapointe, et le régime de l'Union nationale, une série télévisée. Même si je n'avais que sept ans à l'époque, j'ai conservé un souvenir très vif de sa première diffusion. Mon père, qui n'écoutait jamais la télévision, n'avait pas manqué une minute des sept épisodes d'une heure présentés le mercredi soir à 21 heures, du 8 février au 22 mars 1978. Mes parents avaient consenti à ce que leur fils veille plus tard que d'habitude pour suivre le destin de ce personnage considérable de notre histoire.

Des années après, j'ai redécouvert la série en participant aux simulations du Parlement jeunesse à Québec. Passionnés de politique, nous prenions plaisir à rejouer certains extraits de la série. Notre jeune « premier ministre » imitait parfaitement la prestation de Jean Lapointe et faisait rire toute la salle avec son fameux « Bru*kési*… Tu m'fais *kier* ! » Pour les politiciens en herbe que nous étions, le Duplessis de cette série était drôle, humain, intelligent, astucieux, une véritable bête politique qui avait plusieurs coups d'avance. Fasciné par la grande trame historique, par le personnage du premier ministre, mais aussi par ceux de Jos.-D. Bégin, Gérald Martineau, Paul Sauvé et Adélard Godbout, amusé par les anecdotes, les réparties du Chef, les traits d'humour, j'ai revu cette série à plusieurs reprises. Peut-être trop souvent : j'avoue avoir longtemps repoussé la lecture des grandes biographies de Duplessis, croyant presque en savoir suffisamment sur lui. Grossière erreur, évidemment, mais qui révèle toute l'importance que peut prendre la télévision dans l'imaginaire collectif.

Essayiste de talent, professeur de communication à l'UQAM, Jean-Pierre Desaulniers avait prévu l'impact qu'aurait la performance exceptionnelle de Jean Lapointe sur les jeunes consciences.

> Bouche escarpée, regard obtus, cigare mouillé, kyste au front, un fantôme, celui de Duplessis, a apparu, s'agitant malicieusement dans la pénombre des salons québécois, une fois la semaine. Désormais, il hantera les dédales de la vie politique. Plus vrai que la personne, il incarnera son nouveau visage dont le bronze du Parlement semblera une falsification [...]. Une simple déformation dramatique par l'accumulation de marques concrètes dépose un sens sur ce nouveau Duplessis à la façon d'une aura[1].

Tout se passe en effet comme si, par la magie du petit écran, le Duplessis historique, objet des lourds reproches de toute une génération qui l'avait combattu, avait été remplacé par un Duplessis imaginaire, espiègle, paternel, sympathique. Étant donné les griefs adressés par une certaine mémoire collective à la Grande Noirceur duplessiste, j'ai voulu comprendre dans quel contexte cette série avait vu le jour, saisir les intentions de ses principaux artisans et analyser la réception de cette œuvre ambitieuse.

Un contexte propice à la réhabilitation

Nous sommes à Québec, le 8 septembre 1977. Plusieurs centaines de personnes sont massées autour de la statue de Maurice Le Noblet Duplessis, décédé dix-huit ans plus tôt sur la Côte-Nord. Parmi les dignitaires, on reconnaît Gérard D. Lévesque, le chef intérimaire du Parti libéral du Québec, Clément Richard, le président de l'Assemblée nationale, Rodrigue Biron, le jeune leader d'une Union nationale revigorée par l'élection inespérée de onze députés, dix mois plus tôt. Le plus célèbre dignitaire est bien sûr René Lévesque, devenu premier ministre à la suite de l'électionsurprise du Parti québécois l'année précédente. La cérémonie a quelque chose d'étrange, voire de surréaliste. Ce jour-là, l'artisan de la nationalisation de l'hydroélectricité rend hommage à l'ancien avocat de la Shawinigan Water and Power, à celui qui avait écarté de son cabinet le bon docteur Philippe Hamel, adversaire résolu du « trust » de l'électricité durant les années 1930. Ce jour-là, l'ennemi juré des caisses occultes, le démocrate convaincu, l'ami des poètes et des intellectuels permet à Maurice Duplessis, chef omnipotent d'une autre époque, incarnation d'une vision paternaliste et autoritaire de la politique, de sortir d'un long purgatoire. Le fossé qui sépare les deux hommes semble si profond, les idées et les convictions si incompatibles que les journalistes hostiles au Parti québécois accusent le nouveau premier ministre d'opportunisme. Marcel Adam y voit une « opération strictement politicienne qui a quelque chose d'un peu cynique[2] » ; Lysiane Gagnon, un « flirt avec les bleus[3] » ; Claude Ryan, une manœuvre pour « élargir ses appuis en vue du futur référendum[4]. » De telles analyses ne sont évidemment pas dénuées de fondements. Élu avec 41,4 % des voix, le nouveau gouvernement du Parti québécois, pour espérer voir triompher son projet de souveraineté-association, doit créer une coalition beaucoup plus large et rallier à sa cause les nationalistes plus âgés qui avaient autrefois admiré Duplessis.

N'en doutons pas, le geste symbolique du gouvernement Lévesque était calculé. Avec le recul, cependant, il y a tout lieu de croire que s'accomplit alors un travail plus fondamental de la mémoire qu'il serait hasardeux de réduire à un simple calcul partisan. Tout indique que, dès cette époque, certains ont jugé que le temps était venu de revoir le grand récit de la Révolution tranquille, comme si plusieurs estimaient que la mémoire honteuse de la Grande Noirceur, en plus d'être malsaine, ne correspondait tout simplement pas à la réalité historique.

Ce désir de continuité, ce travail de mémoire, on le retrouve clairement chez René Lévesque. Le 31 mai 1977, il annonce en Chambre que la statue de Maurice Duplessis, remisée depuis trop longtemps dans les placards de l'oubli, aura une place de choix sur le parterre de l'hôtel du Parlement. Pour justifier cette décision qui prend tout le monde par surprise, le premier ministre insiste sur le « rôle d'une extraordinaire importance dans l'histoire politique contemporaine du Québec » de l'ancien chef de l'Union nationale[5]. Lors du dévoilement de la statue, René Lévesque, dans un discours d'une grande tenue, considère Maurice Duplessis tel « un monument tumultueux de notre histoire[6] ». Par cette cérémonie, son gouvernement entend prendre « acte d'un passé qui fut contestable mais qui est évident, que d'autres gouvernements, probablement parce qu'ils se sentaient trop vulnérables, n'osaient pas regarder en face, même en statuaire ». Or, ajoute le premier ministre, « c'est un très mauvais exercice pour une société que celui de prétendre effacer des morceaux de l'histoire ».

Dans la suite de son discours, le chef du gouvernement québécois s'arroge toutefois le droit d'inventaire et se permet de séparer le bon grain de l'ivraie. S'il réprouve la loi du cadenas, la répression de la grève d'Asbestos ou la confiscation des trésors polonais, il refuse de « blâmer ce lointain premier ministre d'avoir par exemple aidé, et de tout son cœur, la classe agricole, d'avoir travaillé […] à accélérer le développement économique du Québec, d'avoir réussi à force de poignet politique à faire baisser de quelques pour cent la taxation fédérale alors exorbitante au Québec ». Évidemment, René Lévesque voit surtout en Maurice Duplessis une grande figure du nationalisme qui, dès 1938, exprima avant l'heure la nécessité d'être maîtres chez nous et défendit bec et ongles l'autonomie du Québec. À sa façon, et dans le contexte qui fut le sien, Duplessis aurait œuvré à notre « libération nationale », annoncé les promesses de la « souveraineté d'un peuple ». Lévesque, situant le projet de son gouvernement dans une longue filiation de luttes, présente la souveraineté-association comme l'aboutissement le plus achevé de l'autonomisme. Il se pose en héritier d'un combat commencé par d'autres, non comme l'enfant ingrat qui, tels les militants de l'extrême gauche révolutionnaire, tourne le dos à des ancêtres *aliénés*. Dans *Attendez que je me rappelle…*, l'ex-premier ministre évoque toutes ces personnes âgées venues lui serrer la main après la cérémonie. « Du coup, je compris que j'avais ignoré l'essentiel. Pour ces braves gens [...], Duplessis était véritablement l'incarnation du Québec de son temps, avec tous les défauts et les faiblesses aussi bien que certaines qualités. Pour le meilleur comme pour le pire, on s'était reconnu en lui[7]. »

Le renouvellement de la mémoire du duplessisme dépasse la politique et ses conjonctures éphémères. Deux biographies marquantes de Maurice Duplessis, qui font toujours autorité, sont publiées au milieu des années 1970. La première est de Robert Rumilly, historien prolixe, polémiste redouté, admirateur de l'Union nationale. Publié chez Fides en 1973, l'ouvrage en deux tomes retrace le parcours du chef de l'Union nationale dans un récit événementiel, chronologique et sympathique. Rumilly ne manque pas une occasion de faire ressortir les réalisations de l'ancien premier ministre et de prendre le contrepied de la vulgate de la Grande Noirceur. Dans une conférence prononcée devant les membres du Club Renaissance en juin 1977, l'historien octogénaire refuse toutefois d'établir un lien quelconque entre le programme de l'Union nationale et celui des péquistes, « ces gens fanatisés, agitateurs et révolutionnaires qui conduisent à une atmosphère de guerre civile[8] ».

La même année, une autre grande biographie paraît aux Éditions de l'Homme, signée celle-là par le jeune homme d'affaires Conrad Black, un anglophone de Montréal. Son travail est sérieux et moins complaisant que celui de Rumilly. Dans une entrevue accordée au *Devoir,* Black s'en prend explicitement au récit convenu de la Grande Noirceur : « Duplessis fait partie de l'histoire du Québec qu'on le veuille ou non. Par fierté, un peuple doit avoir la connaissance de son passé. Ce passé qui donne plus de mesure à toutes choses. Un des aspects les plus détestables de la Révolution tranquille fut l'idée que tout a commencé au Québec en 1960. Pourtant, il faut être aveugle pour ne pas voir une certaine continuité. » Les libéraux de Jean Lesage sont loin d'avoir inventé l'État du Québec, selon Black. Contrairement à Rumilly, il croit que Maurice Duplessis a préparé le terrain au souverainisme en construisant un « gouvernement autonome et national[9] ».

Genèse d'une série télé

Étudié par les historiens, statufié par le nouveau régime péquiste, Maurice Duplessis intéresse également Radio-Canada qui, en 1977, travaille à la production d'une dramatique d'envergure sur l'ancien premier ministre. Les moyens investis par la société d'État sont considérables : plus de 200 comédiens sont recrutés, 800 costumes confectionnés. La série nécessitera 60 jours de répétition, 55 jours de tournage en studio et 6 en extérieur, de mai à septembre 1977. Dans une note de service interne datée du 14 avril adressée à des cadres de la Société Radio-Canada, Jean-Paul Kirouac, chef de la présentation des programmes télévision, annonce « qu'il s'agira d'une bonne série dramatique qui pourrait se révéler le coup d'éclat de notre programmation ». Entre-temps, les médias sont mis au courant : « La Grande Noirceur revivra à la télé dans une supersérie », titre La Presse. « Les gens de quarante ans et plus jugent en général [Duplessis] avec beaucoup de sévérité, il a retardé le Québec de vingt ans, il a vendu nos richesses naturelles à vil prix, il a présidé à des chasses aux sorcières, etc. » note la critique Louise Cousineau, qui se fait l'écho de la mémoire collective. Sur la défensive, le réalisateur Mark Blandford rétorque : « C'était le René Lévesque de son époque. » Et d'ajouter : « Une société qui veut se remettre en question doit regarder son passé[10]. » Le ton est donné.

Ce souci de la continuité historique, on le retrouve chez les trois principaux artisans de cette grande série. Né en Grande-Bretagne, Mark Blandford est arrivé au Canada en 1963. Il s'installe d'abord à Vancouver, puis découvre la littérature québécoise. Après avoir lu Bousille et les justes de Gratien Gélinas et La Belle Bête de Marie-Claire Blais, il choisit de s'établir au Québec : « Je me suis dit que les Canadiens français avaient l'air bien intéressants[11]. » Il travaille d'abord comme pigiste au journal The Gazette, étudie le cinéma à l'université Columbia et entre au réseau anglais de Radio-Canada en 1970. Pour le compte de la CBC, il réalise The October Crisis, qui remporte le Prix du Cercle des journalistes en 1974. Le projet de la série Duplessis aurait pris forme

l'année suivante, mais c'est en mai 1976 qu'il le soumet officiellement à la direction de Radio-Canada. À Jean-Pierre Tadros du
Devoir, il explique ce qui fut pour lui l'élément déclencheur :

> J'ai vécu cette espèce de refoulement collectif envers Duplessis, et
> j'ai été vraiment surpris de voir comment tous les documentaires
> que l'on faisait sur l'histoire du Québec contemporain commen-
> çaient toujours par les funérailles de Duplessis. C'était devenu un
> cliché. Pourtant, tout s'explique en réaction par rapport à Duples-
> sis. Je voulais donc mieux connaître ce personnage, et c'est un peu
> ma curiosité qui m'a poussé au départ[12].

Un autre artisan clé de la série est l'historien Jacques Lacoursière. Originaire de Trois-Rivières, diplômé de l'École normale
Maurice-L.-Duplessis, Lacoursière est un chercheur autodidacte
qui s'est fait connaître en publiant, avec son collègue Denis Vau-
geois, un important manuel scolaire et en codirigeant le *Boréal
Express*, « journal d'histoire du Canada » publié de 1962 à 1973.
Contrairement à d'autres historiens, Jacques Lacoursière ne reproduit pas le grand récit de la Révolution tranquille. Il traite les
acteurs du passé avec respect, empathie même, évite les jugements
à l'emporte-pièce et refuse de distinguer les bons progressistes des
méchants réactionnaires. Comme le montre la grande synthèse
Histoire populaire du Québec, qui lui a valu de nombreuses distinctions, il a des vues larges et généreuses sur l'histoire du Québec.
En 1976, il a du pain sur la planche. L'historien lit la correspondance de Duplessis, épluche les journaux de l'époque et traque
pendant des mois les mille et une anecdotes qui nourriront l'écriture du scénario.

Le troisième grand artisan de la série est Denys Arcand. Au
milieu des années 1970, celui-ci est perçu comme un cinéaste
engagé. Dès le début du projet, Arcand aurait été le premier choix
de Blandford car, selon ce dernier, il était alors « l'un des rares à
être capable de faire un scénario politique qui ait de l'allure[13] ».
Diplômé en histoire, le cinéaste avait déjà réalisé des documentaires d'une facture très personnelle. Dans *On est au coton* (1970),

qui fut longtemps censuré par l'Office national du film, il dénon-
çait les conditions de travail dans l'industrie du textile ; nous
avons évoqué dans un chapitre précédent *Réjeanne Padovani*
(1973), sur la corruption politique, et *Gina* (1975), sur l'hypocrisie et la décadence de la bourgeoisie. *Québec : Duplessis et après…*
(1972) était bien entendu d'un intérêt tout particulier pour la
production de la dramatique qui nous occupe. Arcand y offrait
un regard original et décapant sur la campagne électorale québécoise de 1970, qui allait porter au pouvoir les libéraux de Robert
Bourassa. La thèse du documentaire est simple : en dépit des
apparences, rien ne change au Québec ; les politiciens d'aujour-
d'hui sont aussi corrompus qu'au temps de Duplessis et proposent essentiellement les mêmes idées, en les habillant autrement.
Le regard de Denys Arcand est ironique en même temps qu'il
témoigne d'une sourde déception, d'une lassitude, même. Il est
certainement permis de voir dans ce film une critique du glorieux
récit de la Révolution tranquille, lequel laissait déjà croire
qu'en 1960 nous aurions collectivement progressé, notamment
sur le plan des mœurs politiques.

Au départ, la série *Duplessis* ne devait compter que quatre épisodes. C'est du moins ce qui ressort d'une réunion tenue le 7 septembre 1976 à laquelle prennent part Jacques Lacoursière, Colette
Raemdonck (script-assistante) et Mark Blandford et dont on
retrouve le compte rendu détaillé aux archives de Radio-Canada.
Dans le premier épisode, Blandford souhaite que l'on perçoive
Duplessis comme « le pur, l'intègre, le nationaliste », celui qui
comprend que le Québec est « en crise nationaliste ». La première
partie doit présenter les prestations de Duplessis devant le Comité
des comptes publics (1936) ; la seconde, les négociations avec les
leaders de l'Action libérale nationale. Il s'agit de « montrer Duplessis la bête politique », de faire voir « comment (consciemment ou
non) il utilise tout ». Le second épisode doit porter sur la campagne de 1939 et ses enjeux. On évoque diverses scènes qui ne se
retrouveront pas dans la série finale : Duplessis et ses conseillers
prenant la décision de boycotter Radio-Canada ; Duplessis, en
colère, se sentant pris au piège par les libéraux qui font du chan-

tage auprès des bailleurs de fonds. On demande à Jacques Lacoursière de trouver un « beau discours de retour au pouvoir ». La
retraite à l'hôpital du chef de l'Union nationale serait insérée dans
cet épisode. La suite de la série n'est pas encore claire. On ne sait
trop comment présenter le chef de l'Union nationale dans l'exercice de ses fonctions. Pour le troisième épisode, on jongle avec
l'idée d'une « journée de Duplessis, imaginaire dans sa totalité,
mais fort probablement véridique dans ses éléments ». On imagine le Chef dans sa chambre du Château Frontenac ou à la messe,
des rencontres avec d'importants hommes d'affaires anglophones,
une réunion du Conseil des ministres. Le dernier épisode est à
peine esquissé. On souhaite présenter un Duplessis qui « n'est plus
au diapason de la province », qui est dépassé par les événements et
accusé de patronage et de malversations.

Fait à noter : à ce stade du développement de la série, on pro-
jetait de retenir les services d'un narrateur — on pense à Bernard
Derome ou à Pierre Nadeau — qui aurait présenté les personnages
et les événements. On comptait également soumettre le scénario
à « une sorte de comité de lecture » dont auraient fait partie les
journalistes Michel Roy, Louis Martin, Claude Ryan, ainsi que
l'historien René Durocher[14]. Si on jongle avec l'idée d'un narrateur et qu'on prévoit soumettre les textes pour consultation, c'est
que Mark Blandford est très préoccupé par l'authenticité des faits
et des événements présentés. Sans nul doute, le défi était immense
et l'exercice, risqué. Pour désamorcer certaines critiques, Mark
Blandford imagine ainsi la première scène de la série :

> *Fade in* sur un studio noir, sauf une table avec un miroir, devant
> lequel un comédien peut-être connu est en train, en t-shirt, de
> commencer son maquillage[15]. Le comédien : Bonsoir. Vous me
> connaissez peut-être. Je m'appelle X. Ce soir, je joue Maurice
> Duplessis. J'aurai besoin de votre indulgence, tellement d'entre
> vous l'ont connu. Personnage pas facile, vous savez. Raison de
> plus de revoir un peu ce qu'il était. Il me semble qu'on le connaît
> trop ou pas assez, au Québec [...]. Les vieux l'ont trop bien connu
> pour se faire une bonne idée de ce qu'il était vraiment. Les jeunes

ne le connaissent pas. Les vieux, ils ont un peu honte, hein ? Comme si on pouvait faire semblant que Duplessis n'avait jamais existé, que Duplessis, c'est pas nous [...]. Mais c'était un personnage intéressant, Duplessis. Complexe. Contradictoire. Comme la plupart des hommes, ni tout à fait bon, ni tout à fait méchant[16].

Cette entrée en matière était astucieuse : elle invitait les plus âgés à mettre de côté leurs idées préconçues, permettait de créer une distance entre l'acteur et le personnage, probablement utile pour les jeunes, et tentait de sensibiliser le public au nécessaire travail de mémoire. De façon explicite, on présentait l'une des grandes ambitions de la série : présenter un Duplessis humain, « loin d'être le personnage qu'a créé la légende ». Mark Blandford souhaitait que le comédien procède à une description du physique de Duplessis : sa cicatrice près de l'œil, son gros nez, ses yeux « pétillants » et « vifs d'intelligence ». Pour le rendre plus humain, il fallait le montrer vulnérable, décrire ses échecs et la traversée du désert « que semblent devoir s'offrir les grands hommes de l'histoire (Churchill, De Gaulle, à un degré moindre Drapeau) avant d'assumer leur destin ». Mettre en scène cette métamorphose de l'homme politique serait cependant difficile : « Il va falloir démontrer ce changement, sans être mélo. » Le réalisateur prévoit de « très belles images à faire de Duplessis dans sa tente à oxygène en 1942, année de cette transformation ». La réunion de travail du 7 septembre 1976 se termine par une série de questions du réalisateur à son équipe de production. Si certaines concernent des aspects purement techniques, d'autres mettent en jeu la nature même de la série.

> Comment communiquer l'idée, demande Blandford, que Duplessis reflétait son temps, son peuple, et son pays. Que la « Grande Noirceur » et autres propos du genre sont des *post facto* et reflètent une sorte de refoulement collectif qu'a connu la mort de Duplessis. [...] Suffit-il de faire répéter au narrateur (dont je suis de plus en plus convaincu de l'utilité) les idées centrales que nous voulons faire passer ?

Peut-on, oui ou non, mélanger dramatique et entrevue en studio ? À ne pas décider tout de suite. Je penche tantôt d'un côté, tantôt de l'autre.

Peut-on, toujours dans le même contexte d'idées, mélanger studio et *stock-shots* ? Faudrait-il mélanger des photos d'époque […] avec des photos que nous prendrons nous-mêmes ?

Je n'ai pas eu accès aux comptes rendus des autres réunions de production, mais il y a tout lieu de penser que la tension entre la forme dramatique et l'angle documentaire a persisté tout au long de l'élaboration de *Duplessis*. Car s'attaquer à un personnage aussi fondamental dans une série télévisée, c'était s'avancer sur un terrain miné.

La série comporte en fin de compte sept épisodes d'une heure. Les trois premiers racontent l'ascension et l'échec de Duplessis (« Les comptes publics », « L'Union nationale », « L'échec »), le quatrième, sa traversée du désert (« La retraite »), et les trois derniers, l'exercice du pouvoir et la chute finale (« Le pouvoir », « Herr Kanzler Duplessis », « La fin »). Contrairement à ce qui avait été envisagé, aucun narrateur ne présente le contexte de l'action. Ce sont les dialogues qui fournissent l'information nécessaire au téléspectateur. Aucun historien ou témoin de l'époque n'apparaît à l'écran et, sauf pour les funérailles de la fin, on ne présente aucune image d'archives. L'option du genre hydride aujourd'hui très répandu, à mi-chemin entre le documentaire et la dramatique, fut donc rejetée. Pourtant, au début de chaque épisode, on peut lire : « Tous les faits rapportés sont véridiques. Pour les besoins de la dramatisation, nous avons parfois effectué quelques modifications dans le temps, l'espace ou le mode d'expression. »

Dans une note de service datée du 20 janvier 1978, le producteur-coordonnateur Claude Désorcy explique aux principaux cadres de la société d'État ce que la série *Duplessis* « veut être » et « ne veut pas être[17] ». Il décrit « une fresque en sept tableaux » sur la vie de l'ancien premier ministre. Mark Blandford et Denys Arcand ont en effet adopté la règle des trois unités : temps, espace et thème. Plutôt que de tenter un résumé trop rapide, on s'attarde à des moments importants de la carrière politique du Chef. Cette série, insiste Désorcy, est « axée avant tout sur le côté humain » du personnage. On présente son problème d'alcool, on le voit blasphémer, on assiste à ses accès de colère, on l'entend répéter qu'il n'a pas un sou de côté, on découvre un irréductible célibataire, on apprend même qu'il souffrait d'une malformation du pénis. Dans le dernier épisode, le personnage de Gérald Martineau, incarné par Donald Pilon, fait état de rumeurs sur la vie privée de Duplessis. Il s'agit, selon Désorcy, de « percer l'homme qui se dissimule derrière le politicien, derrière l'image que lui-même voulait projeter de sa personne ». La série se veut également « une mise en scène de faits historiques qui ne sont pas le fruit de l'invention mais d'événements véridiques ». D'aucune façon, précise le producteur, la série *Duplessis* ne souhaite réhabiliter l'ancien premier ministre. Elle ne prétend pas non plus faire « l'histoire politique ou sociale » du Québec sous Duplessis ni ne se propose de brosser un portrait définitif du personnage. S'il s'agit bel et bien d'une dramatique qui tente « d'apporter un éclairage différent », Désorcy défend l'authenticité des faits présentés. « Dans presque tous les cas, insiste-t-il, une double vérification a toujours été faite des événements rapportés. » Dans la conclusion de sa note de service, il donne sa propre perspective, plutôt prudente :

> Certains voient Duplessis comme un Dieu, d'autres comme un monstre. La vérité se situe probablement au milieu et c'est pourquoi dans cette série nous avons tenté de percer le mystère de cet homme et de pénétrer dans son univers intérieur, c'est-à-dire au cœur de ce personnage pour en dégager un portrait aussi fidèle que possible. On se révoltera aussi facilement qu'on s'attendrira sur cet homme qui a joué un rôle déterminant pour tous ces Québécois. C'est sûrement un des personnages les plus fascinants qui aient existé au Québec.

L'annonce de la diffusion est un événement. N'ayant pas lésiné sur les moyens, la société d'État souhaite en mettre plein la vue. Une grande campagne de publicité est prévue. La revue *Ici Radio-*

Canada publie, tout au long de l'hiver 1977-1978, de nombreux textes sur la série. On mise également sur les annonces achetées dans les principaux quotidiens et hebdomadaires québécois, ainsi que dans *TV Hebdo* et *Échos Vedettes*. Plus de 4 000 affiches et 7 000 dépliants sont imprimés et distribués dans les stations régionales partout au Québec ; à Montréal, 90 panneaux d'autobus sont réservés. Des messages publicitaires sont diffusés en rafale à la télévision et à la radio. Un visionnement de presse du premier épisode est organisé le 24 janvier 1978. À chaque journaliste, on remet une pochette contenant une présentation de la série, des photos du tournage, la fiche technique de l'équipe de production, une biographie de ses principaux artisans, la présentation des personnages historiques clés, les impressions des comédiens sur la série ou sur leur personnage[18]. Dans les jours qui suivent, les journaux annoncent la diffusion prochaine de la série. Tout ce battage publicitaire est si intense, notamment à la radio de Radio-Canada, qu'il « finit par casser les oreilles[19] », se plaint Gilles Constantineau, critique au *Devoir*.

La série connaîtra un succès retentissant. Tout au long de sa diffusion, des observations sur les cotes d'écoute et le profil des téléspectateurs sont remises à la direction de la société d'État. Ces rapports tendent à montrer que, dès le premier épisode, les Québécois sont au rendez-vous. Dans le palmarès des émissions les plus regardées à la télévision de Radio-Canada pour l'année 1977-1978, la série *Duplessis* se classe au sixième rang, avec une cote d'écoute moyenne de 1 702 000 téléspectateurs. La dramatique de Mark Blandford est devancée par des émissions comme *Bye Bye 77* et le téléroman *Grand-papa*. En revanche, *Duplessis* performe mieux que la finale de la coupe Grey, remportée cette année-là par les Alouettes, et que les quarts de finale au hockey. L'épisode le moins écouté fut le quatrième (« La retraite »), avec 1 589 000 téléspectateurs, alors que le plus suivi fut le sixième (« Herr Kanzler Duplessis »), avec 1 910 000 personnes. Selon un document produit par le Service de recherche de Radio-Canada, l'auditoire reflète assez bien la composition de la population en général[20]. Autant d'hommes que de femmes ont suivi la série

Duplessis. Lorsque l'on divise l'auditoire par groupes d'âge, on constate que les 18-34 ans ont été les plus nombreux, alors que les 35-49 ans ferment la marche. Les adolescents et les enfants à qui on permettait d'écouter la série représentent aussi une portion non négligeable de l'auditoire. Les 12 à 17 ans ont été 206 000 à suivre le premier épisode, alors que les 11 ans et moins étaient 32 000[21].

Par ailleurs, divers indices laissent voir une appréciation globalement positive de l'œuvre de Mark Blandford et de Denys Arcand. Une consultation menée auprès de 1 378 personnes par l'Association des téléspectateurs, rendue publique à la fin mars 1978, montre que 76 % des répondants s'estimaient satisfaits ou très satisfaits par la série. En moyenne, la série a reçu des notes de 85 % pour l'aspect instructif, 82,4 % pour l'aspect divertissement, 72,3 % pour l'aspect technique et 59,5 % pour la fidélité au réel[22]. Des téléspectateurs ont aussi acheminé directement leur appréciation de la série au diffuseur. Une note de service du directeur des relations publiques indique que Radio-Canada, pour les quatre premiers épisodes, avait reçu en tout 235 appels : 168 étaient positifs alors que 67 étaient négatifs[23].

Après la diffusion de la série, la société d'État organise des séances de discussion avec deux groupes témoins, chacun composé de onze téléspectateurs ayant suivi la dramatique. Avant et après la diffusion, les téléspectateurs doivent répondre à un questionnaire permettant d'évaluer leurs connaissances factuelles sur Maurice Duplessis. Les résultats montrent que *Duplessis* n'a « pas accru ou changé fondamentalement le bagage de connaissances factuelles qu'on pouvait avoir avant de visionner la série », peut-on lire dans le rapport de recherche, qui précise que « de manière générale, on dit avoir appris peu de chose par la série d'émissions[24] ». Les téléspectateurs semblent avoir bien compris qu'il s'agissait d'une version « romancée » de la vie de Duplessis qui mettait surtout l'accent sur le côté humain du personnage. Plusieurs n'ont pas goûté les scènes où l'on voit Duplessis complètement ivre, non plus que celles où l'on suggère une relation particulière avec une religieuse. Ces scènes, indique-t-on encore dans le rapport, auraient surtout choqué les téléspectateurs plus âgés. Dans l'ensemble, la série aurait été plus appréciée par « les gens les plus scolarisés, ceux qui avaient dépassé le niveau secondaire ».

Une réception contrastée

En plus de couvrir en soi la diffusion de la série, la presse écrite relaie de nombreux commentaires favorables et défavorables. Du 27 avril 1977 au 23 juin 1978, 317 articles consacrés à *Duplessis* ont été répertoriés par le Service de recherche de Radio-Canada : 46 % des textes étaient des chroniques spécialisées ou des blocs-notes, et 33 %, des lettres des lecteurs. Si la presse anglophone produit quelques entrefilets, 97 % des articles émanent des journaux francophones[25].

Les chroniqueurs télé sont en général très enthousiastes. Après avoir visionné le premier épisode, Gilles Constantineau, du *Devoir*, parle d'une « œuvre de magistrale envergure » et loue l'« extraordinaire création dramatique qu'a spontanément accompli Jean Lapointe[26] ». La performance du comédien, craint le chroniqueur, risque même de rendre sympathique l'ancien premier ministre — il voit juste, puisque pendant les quatre premières semaines de diffusion la permanence de l'Union nationale enregistre 1 500 nouveaux adhérents[27]. Au sujet du deuxième épisode (« L'Union nationale »), Constantineau note la « qualité exceptionnelle des textes de Denys Arcand ». Et il ajoute : « N'écrit pas qui veut de semblables dialogues, même avec le meilleur des styles. À plusieurs reprises, sans qu'il y paraisse beaucoup, le texte de M. Arcand soutient à lui seul toute l'action, dans certaines scènes où les plans successifs manquent un peu de relief[28]. » Les articles de Louise Cousineau vont dans le même sens. À ses yeux, « c'est de la grande télévision ». Chaque semaine, note-t-elle, les gens échangent leurs impressions ou s'invitent pour suivre ensemble la dramatique. Si elle trouve que Jean Lapointe grasseye un peu trop, elle est convaincue qu'il « passera à l'histoire avec ce rôle[29] ». Dans un autre article, elle se dit particulièrement impressionnée par le vif échange entre Duplessis et Godbout du quatrième épisode (« La retraite »), qui représente selon elle « la quintessence des deux tendances qui déchirent les Québécois depuis deux générations ». La réaction émotive de Duplessis aux idées de Godbout « n'est pas calculée, n'est pas politique : elle vient du cœur et elle exprime son amour profond pour ce peuple qui n'a jamais fait la guerre, qui a travaillé inlassablement, qui a vécu une histoire sans histoires à répéter les gestes du passé, à travers des hivers terribles. À survivre intact. Cette scène-là, il faudra la revoir et on la reverra sans doute, car elle deviendra un morceau d'anthologie ». Et de conclure :

> Le plus grand impact de cette série sera sans doute de nous faire prendre conscience que nous ne sommes pas nés d'une génération spontanée en 1960 et que la Révolution tranquille en fut une bien plus d'institutions que de mentalité. Et je ne serai sans doute pas la seule à regretter mon ignorance profonde de notre histoire (une ignorance que l'on continue d'entretenir dans nos écoles où l'histoire demeure un sujet très secondaire, sinon inexistant[30]).

Les journalistes politiques sont plus partagés. Au *Devoir*, Michel Roy, qu'on avait pensé consulter aux débuts de la série, ne tarit pas d'éloges. Il salue un « travail remarquable », loue cette « dramatisation qui fait l'économie des longueurs et détails fastidieux mais respecte l'histoire ». Selon Roy, « c'est ainsi qu'il faudrait se mettre à enseigner l'histoire à tous les jeunes Québécois dont la mémoire s'arrête aux frontières des années 1960, quand elle ne commence pas en 1970. Paul Gouin est mort l'an dernier au milieu de l'indifférence générale[31] ». Les éditoriaux du *Nouvelliste* de Trois-Rivières donnent un tout autre son de cloche. Si Claude Bruneau reconnaît un certain mérite artistique à la série, il est choqué par la vulgarité du personnage de Duplessis et dénonce la représentation caricaturale de certains personnages secondaires : « l'attitude niaise et efféminée » du cardinal Villeneuve, par exemple, ou « la bêtise d'Antonio Élie ». Le portrait qui est fait des libéraux des années 1930 le choque aussi : « C'est une vision simpliste que de penser que des chefs corrompus régnaient sur un peuple angélique et vertueux. Comme il y a une certaine tartufferie à juger les mœurs d'une époque avec le critère d'aujourd'hui[32]. » Dans un autre éditorial du *Nouvelliste,* Sylvio Saint-Amant est encore plus mordant. En plus de s'en prendre au « mauvais goût » de certaines scènes — notamment celle du dernier épisode où on évoque des rumeurs sur la vie privée de Maurice Duplessis —, il en a contre la prétention de la dramatique : « La série *Duplessis* reste un mensonge et une fumisterie si l'on veut présenter cette émission dramatique comme un documentaire historique, fidèle aux faits et aux événements[33]. » La ligne éditoriale de *La Tribune* de Sherbrooke est tout aussi sévère. On dénonce avec vigueur la représentation « mesquine » qui est faite de Mgr Cabana dans le sixième épisode (« Herr Kanzler Duplessis[34] »). Sous la plume d'Arcand, l'archevêque de Sherbrooke apparaît comme un personnage obséquieux, efféminé, misogyne, qui s'invite au bureau du premier ministre mais que personne ne veut recevoir. Vincent Prince, de *La Presse,* croit pour sa part que la série est une « succession d'anecdotes généralement vraisemblables » et un « divertissement bien rendu par des acteurs chevronnés », mais il déplore la « simplification » et estime qu'on aurait dû mieux présenter les politiques de l'ancien premier ministre[35].

Pendant toute la série, le *Journal de Québec* publie les impressions de Pierre Chaloult, indépendantiste de la première heure, collaborateur du journal *La Nation* durant les années 1930. Le jugement de cet homme de droite sur la série de Mark Blandford est dévastateur. À ses yeux, tous les personnages secondaires sont caricaturaux : « C'est à croire que les auteurs du film ne les ont pas du tout connus, même en peinture[36]. » Le cardinal Villeneuve a l'air d'un « pitre de vaudeville » et Paul Sauvé, d'un « démarcheur de fond de boutique[37] ». Tout comme Vincent Prince, Chaloult déplore les anecdotes et aurait préféré qu'on présente Duplessis dans son rôle d'« homme d'État ». La caricature lui semble si grossière qu'il y voit une intention idéologique, une vulgaire propagande. « Ça fait comme les prétendus gros bourgeois de Wall Street, tels qu'on nous les présentait, vers 1939, dans les publications soviétiques […]. Ça fait comme les prétendus impérialistes de Downing Street, tels qu'on nous en montrait dans les publications allemandes de l'Allemagne nazie[38]. » Après le sixième épisode, Chaloult se fait ironique. Enfin, écrit-il, il a compris le sens de cette série. « Une trentaine de comédiens ont décidé, il y a quelques mois, de faire une bonne blague qu'ils présenteraient dans la collection Hors Série pour se payer la tête des téléspectateurs[39]. » L'homme est convaincu que les plus jeunes auront apprécié cette dramatique alors que les plus vieux seront placés devant un choix : ou bien renier la série, ou bien renier leur jeunesse.

> Les « anciens » reprochent aux auteurs de ce film de montrer un Maurice Duplessis qui serait de 1978 plutôt que de 1935, de 1944, de 1948, de 1952 et de 1956. Ils leur reprochent de montrer un Duplessis qui penserait et qui réagirait en 1978 comme un « jeune » de 1978 ; qui raisonnerait en son âme et conscience comme un homme d'après la Révolution tranquille. En bref, ils leur reprochent d'oublier le tempérament d'ultramontain de Maurice Duplessis[40].

Difficile de saisir ce que Pierre Chaloult entend par « tempérament d'ultramontain ». Une chose est sûre, cependant, il met le doigt sur l'une des dimensions les plus troubles de la Grande Noirceur. Autant la série de Mark Blandford et Denys Arcand présente une image nuancée de Duplessis, au point de le rendre sympathique selon certains, autant l'Église et son haut clergé font l'objet d'un portrait unidimensionnel. Le cardinal Villeneuve est présenté comme un personnage cynique qui méprise le peuple canadien-français, comme un homme très hostile aux syndicats et uniquement intéressé par le pouvoir. Quant à l'archevêque de Sherbrooke, Mgr Georges Cabana, on le dépeint au mieux comme un insupportable puritain, au pire comme un homosexuel refoulé. La langue de ces deux monseigneurs est châtiée, précieuse, affectée. Ce sont des personnages froids, hypocrites, distants, faux. Impossible de ne pas y voir une autre charge anticléricale, typique du Québec post-Révolution tranquille. Un tel biais, revendiqué par l'historien Jacques Lacoursière[41], n'a pas échappé aux clercs de l'époque. Le jésuite Jacques Cousineau, professeur d'histoire du Québec et opposant reconnu au régime de l'Union nationale, est de ceux qui croient que la série n'est rien d'autre qu'une attaque détournée contre « l'Église d'ici[42] ». Contrairement à ce qui est affirmé au générique, explique-t-il, « la vérité historique a été gravement faussée dans cette reconstitution ponctuelle ». La scène où l'on présente Mgr Cabana en train de faire antichambre tiendrait de la « pure fiction ». De même certains échanges du troisième épisode (« L'échec ») entre Duplessis et le cardinal Villeneuve, lors desquels le prélat aurait suggéré au premier ministre d'avoir recours aux communautés religieuses au sanatorium de Lac-Édouard. Denys Arcand fait dire au cardinal : « Jamais il pourrait se former un syndicat là-dedans. Et même s'il s'en formait : ça négocie bien mal avec quelqu'un qui a fait le vœu de pauvreté. Parce que dites-vous bien une chose : le jour où on aura des syndicats dans les hôpitaux, on n'en sortira jamais[43]. » Selon Cousineau qui, en 1982, publiera *L'Église d'ici et le social 1940-1960*[44], le cardinal Villeneuve n'aurait jamais pu dire une telle chose. « Il faut qu'une idéologie obnubile vraiment l'esprit pour que la caricature d'un personnage soit poussée à ce point. » Sur les rapports du défunt cardinal avec le syndicalisme, l'abbé Gérard Dion, reconnu pour ses philippiques contre le duplessisme, abonde dans le même sens. Selon lui, le cardinal Villeneuve était favorable à la syndicalisation et avait milité pour une meilleure protection des travailleurs. La personnalité du cardinal n'avait absolument rien à voir avec celle du personnage de la série, « mielleux et cauteleux ». S'il comprend les nécessités de la dramatisation, l'abbé Dion dénonce ces « bobards » qui n'auraient « aucun fondement dans la réalité[45] ».

On retrouve là l'argument le plus puissant invoqué contre la série. Mark Blandford et Denys Arcand, secondés par Jacques Lacoursière, prétendent que la série présente des faits véridiques. Or, lorsqu'il s'est agi de montrer le haut clergé en action, on aurait inventé des événements de toutes pièces, ou prêté des propos erronés à des personnages clés. Selon le père Cousineau, « c'est le droit du public à l'information authentique qui est bafoué ». Et il ajoute : « Le peuple de chez nous a le droit de savoir que l'Église d'ici ne s'est pas comportée, dans ses dirigeants, comme la série d'émissions sur Duplessis a voulu la caricaturer[46]. »

Dans une société libre et démocratique, ceux qui estiment leurs droits bafoués disposent d'un recours légal. À la fin d'avril 1978, une plainte est déposée auprès du Conseil de la radiodiffusion et des télécommunications canadiennes[47]. La requête est présentée par Roger Deshaies, un juge retraité de Trois-Rivières, et signée par plusieurs personnalités, dont l'essayiste Victor Barbeau, l'historien Robert Rumilly, l'ancien député libéral Yvon Dupuis, l'indépendantiste Jean-Marc Brunet et quelques centaines de citoyens. La critique est surtout morale et rejoint vraisemblablement les préoccupations d'un certain nombre de téléspectateurs qui ont pris la peine d'écrire dans les journaux pour se plaindre de cette « caricature infecte[48] ». La série aurait « déformé les attitudes de certains personnages jusqu'au degré qui se rapproche de la perversité », expliquent le juge Deshaies et les signataires de la requête. Cette « fiction morbide », cette « corruption de l'histoire », aurait « affiché la nette intention de démolir et de dégrader en bloc les hommes publics à tous les paliers en adoptant comme système de les présenter sous un aspect faux et trop souvent sous un visage dépravé ou ridicule ». Cette dramatique serait rien de moins qu'un « objet de scandale pour la génération des jeunes à qui on a présenté une image infâme de la génération qui les a précédés ». La série Duplessis n'ayant pas respecté le mandat de Radio-Canada de « contribuer au développement de l'unité nationale » et de refléter « la réalité canadienne et québécoise », le CRTC devrait intervenir afin que cette série ne soit pas traduite, exportée ou diffusée davantage.

Dans les archives de Radio-Canada, nul document n'a pu être trouvé qui permettrait d'éclairer les réactions de la société d'État à cette requête. On nous a par ailleurs refusé l'accès aux avis juridiques commandés par le diffuseur sur cette épineuse question. On en trouve néanmoins des échos dans la presse : il semble que ces critiques virulentes aient eu de l'effet. C'est ce que montrent des propos attribués par Gilles Constantineau à Jean-Marie Dugas, directeur de la télévision de Radio-Canada. « Se pourrait-il, se serait demandé ce dernier, qu'on ait trop fortement regroupé le simple vraisemblable en trop peu d'émissions ? Qu'on ait mal perçu l'effet émotif de certains faits ou déclarations, même fondés ? Et qu'on ait trop peu joué certains autres éléments ? Étant donné l'envergure de la série, l'immense effort accompli, le coût et tout le reste, nous n'hésiterons pas à reprendre certains extraits de certains épisodes, pour développer, pour corriger[49]. »

La requête devant le CRTC est immédiatement perçue par certains comme une tentative de censure, voire comme une mise à l'index[50]. Aux yeux de Jean-Paul de Lagrave du *Devoir* qui, quelques mois plus tôt, s'inquiétait qu'on puisse célébrer la mémoire d'un homme qui aurait enfermé le Québec « dans la médiocrité pendant un quart de siècle », cette requête participe d'une « infâme campagne d'intolérance de la part d'un groupe d'intellectuels d'extrême droite[51] ». Le journaliste et historien y perçoit même des relents de l'idéologie ultramontaine défendue autrefois par M[grs] Bourget et Laflèche. Cette attaque range donc De Lagrave du côté des défenseurs de la série, ce qui peut étonner compte tenu de la sympathie pour Duplessis qui se dégage de celle-ci. « Le Québec doit avoir suffisamment de maturité pour accepter son histoire », écrit-il encore. « Elle lui apparaîtra enfin plus humaine[52]. » Même point de vue chez Gilles Constantineau, qui ne comprendrait pas que Radio-Canada ou le CRTC puisse accorder plus d'importance à un « clerc courroucé » ou à des « vestiges d'une époque antérieure » qu'à « trois millions de citoyens heureux[53] ». La riposte des signataires de la requête ne se fait pas attendre. Jacques Cousineau accuse Jean-Paul de Lagrave de pratiquer un « anticléricalisme d'importation[54] », et Robert Rumilly rejette du revers de la main l'argument de la cote d'écoute et déplore la désinvolture des critiques lancées contre des « gens chargés d'expérience[55] ».

Durant les mois qui suivent, la plainte suit son cours. Dans une lettre au juge Deshaies datée du 29 janvier 1979, le président de

Radio-Canada annonce que la société d'État n'entend pas, dans un avenir rapproché, traduire, exporter ou diffuser à nouveau la série *Duplessis*. Le 30 avril suivant, le CRTC rend sa décision. Selon l'organisme fédéral,

> il ne fait pas de doute que, dans le présent cas, la Société a fait défaut de prendre les mesures suffisantes pour indiquer à son auditoire que ce programme n'était pas une étude purement documentaire. Ceci démontre, qu'en outre de l'obligation de pré-senter les programmes de nouvelles et d'information de façon stricte, professionnelle, il y a aussi l'obligation de faire les mises en garde appropriées pour prévenir le public lorsque les circons-tances l'exigent[56].

L'affaire refait surface quelques mois plus tard lorsqu'on apprend que Radio-Canada songe à traduire certains épisodes de la série pour les diffuser au Canada anglais. En avril 1980, Roger Deshaies envoie à nouveau sa requête, signée cette fois par plus de 3 000 citoyens d'un peu partout au Québec, pour bloquer l'ini-tiative[57]. Pour des raisons qui restent à élucider, la société d'État revient sur sa décision de janvier 1979 et procède à l'adaptation anglaise de quatre épisodes qui seront diffusés au prin-temps 1983[58]. La version originale française sera rediffusée inté-gralement en octobre 1984. Plusieurs rediffusions suivront, la toute dernière sur ARTV. La série fera aussi son chemin dans les clubs vidéo du Québec et sera gravée sur DVD par la société Ima-vision.

*   *   *

La série *Duplessis* est produite dans un contexte politique où les souverainistes au pouvoir souhaitent créer une coalition natio-naliste plus large à laquelle se rallieraient les électeurs de l'Union nationale. Pour attirer cet électorat plus conservateur et âgé, le gouvernement de René Lévesque pose un geste hautement sym-bolique en reconnaissant la contribution de Maurice Duplessis à l'histoire du Québec. Cette réhabilitation survient à un moment où le grand récit moderniste de la Révolution tranquille semble s'essouffler. En effet, à travers la figure de Duplessis, c'est le Canada français d'avant 1960 que l'on souhaite redécouvrir et mieux comprendre ; c'est la rupture fondamentale entre un avant et un après qu'aurait introduite l'élection de « l'équipe du Tonnerre » que l'on cherche à revoir, comme si ce passé « refoulé » — terme fréquemment utilisé par Mark Blandford — revenait à l'avant-scène. Notons que ce travail de mémoire coïncide avec un renouvellement de l'historiographie. En 1979 paraît en effet le premier tome de l'*Histoire du Québec contemporain* de Paul-André Linteau, René Durocher et Jean-Claude Robert, ouvrage qui insiste davantage sur la continuité que sur la rupture.

À sa façon, *Duplessis* contribue à ce travail de mémoire, en présentant l'ancien premier ministre sous un jour plutôt favorable et en faisant de lui un authentique défenseur des intérêts du Québec. La réception globalement favorable de la série tend à montrer que les Québécois — notamment les plus jeunes, qui la suivirent en grand nombre — étaient tout à fait disposés à accueillir une telle interprétation. Il serait cependant hasardeux de croire que la vulgate de la Grande Noirceur s'éteint avec cette série. Si Duplessis semble réhabilité, absous, l'Église et son haut clergé continuent de figurer au banc des accusés. Nul besoin d'être un catholique pratiquant pour reconnaître que le traitement accordé au cardinal Villeneuve et à l'archevêque de Sherbrooke tient de la caricature.

À en juger par la plainte déposée devant le CRTC, le traitement défavorable du haut clergé comme la volonté d'humaniser le personnage de Duplessis ont choqué une partie de l'auditoire. Le Service de recherche de Radio-Canada propose une interprétation du phénomène :

> La démystification des représentations du pouvoir est mal acceptée. Pas davantage [ne] l'est la critique des institutions politiques et religieuses. Historiquement, le politique et le religieux n'ont été qu'un aigle à deux têtes que le « sacré », dont il était empreint,

plaçait hors d'atteinte. La démystification d'un pouvoir aussi paternaliste que sacré ne pouvait que bousculer les valeurs du Québécois moyen[59].

Cette analyse en vaut bien une autre. Quoi qu'il en soit, il y a tout lieu de penser que la plainte déposée auprès du CRTC aura eu pour effet de rallier à *Duplessis* ceux qui, quelques mois plus tôt, craignaient une réhabilitation du Chef. Perçue comme une tentative de mise à l'index, la plainte aura créé un effet de diversion tout à fait profitable à la série.

Cette petite controverse n'eut cependant qu'un écho très limité. Mis au courant des quelques erreurs factuelles ou du biais anticlérical de la série, le public aurait-il été moins nombreux à suivre *Duplessis* ? Probablement pas. L'interprétation magistrale de Jean Lapointe et l'excellent scénario de Denys Arcand, qui donnaient à la vie et à l'œuvre du défunt chef de l'Union nationale un caractère à la fois grandiose et tragique, suffisaient pour soutenir l'intérêt des téléspectateurs jusqu'au septième épisode. Mais l'immense popularité de *Duplessis* tient probablement à plus. Ce succès ne témoignait-il pas aussi d'un nouveau rapport au passé ? D'une volonté largement partagée de revoir la vulgate de la Grande Noirceur ? Il y a tout lieu de croire que cette dramatique de Mark Blandford arrivait au bon moment : aux yeux de plusieurs, dont le premier ministre René Lévesque, il fallait sortir Maurice Duplessis du purgatoire dans lequel les révolutionnaires tranquilles l'avaient trop longtemps tenu et ainsi reprendre contact avec une autre histoire du Québec.

7

René Lévesque et l'alliance avec les bleus

Les nombreux appels aux « progressistes » lancés par André Boisclair à la veille du scrutin provincial de mars 2007 et la réaffirma-
tion de l'orientation social-démocrate du Parti québécois lors de
l'intronisation de Pauline Marois à sa tête quelques mois plus tard
confortent l'idée, rarement contestée, selon laquelle le parti fondé
par René Lévesque serait résolument de gauche. Avec le recul
cependant, il semble clair que, n'eût été de sa récupération d'un
certain électorat « bleu », jamais le PQ n'aurait pris le pouvoir
en 1976.

Par électorat « bleu », j'entends un électorat généralement
francophone, vivant surtout en périphérie de la métropole intellectuelle et culturelle ; un électorat issu des classes dites moyennes,
paysannes et semi-urbaines, mais ne bénéficiant généralement pas
des protections des conventions collectives des secteurs public et
parapublic ; un électorat culturellement plus conservateur, attaché
à un modèle familial plus traditionnel, à une école de proximité
où le maître transmet des connaissances, aux valeurs de l'ordre et
du respect de l'autorité — en somme, un électorat pas toujours
enclin à célébrer les mutations politiques et culturelles vécues par
la société québécoise des années 1960 et 1970 ; un électorat clairement nationaliste, attaché à l'héritage des ancêtres, mais plus
« autonomiste » qu'« indépendantiste », prêt à voter pour la souveraineté à la condition que celle-ci n'entraîne pas une rupture
trop brutale avec l'ordre ancien ; un électorat qui, enfin, votait
autrefois pour l'Union nationale, voire même pour les candidats

du mouvement créditiste, et dont les circonscriptions emblématiques seraient Arthabaska (dans les Bois-Francs) et Frontenac, Portneuf ou Champlain (sur la rive nord du Saint-Laurent, entre Trois-Rivières et Québec).

L'histoire de ce transfert de l'électorat bleu et plus conservateur vers le parti de René Lévesque reste à écrire. Elle sera étonnante à bien des égards — que l'on pense à la jeunesse revendicatrice et plus instruite qui investit le PQ dès le tournant des années 1970 ou aux prises de position claires de Lévesque en faveur d'une modernisation accélérée de la société québécoise. Si on ne réduit pas l'histoire à un sous-produit de la sociologie, si on croit que l'histoire est contingence, que rien n'est jamais écrit d'avance, que les femmes et les hommes ont une réelle prise sur le destin de leur pays, le transfert des « bleus » était loin d'aller de soi. Le passage du nationalisme autonomiste à la souveraineté-association n'était pas écrit dans le ciel, et des acteurs ont dû travailler pour qu'une sensibilité commune se dégage, que la chimie s'opère entre divers courants qui n'avaient, *a priori,* rien en commun.

Pour y voir un peu plus clair, il faut revenir au moment de fondation du Parti québécois, très révélateur à mon avis. Le PQ, on le sait, est le fruit d'une alliance entre deux courants déjà institués. D'une part, il y a bien sûr le Mouvement Souveraineté-Association, au cœur duquel on retrouve René Lévesque lui-même et la frange la plus nationaliste du Parti libéral, celle qui avait applaudi la conversion du Parti libéral au « Maîtres chez nous » de 1962 et qui rejetait le nationalisme trop traditionaliste et symbolique de Maurice Duplessis. D'autre part, on retrouve le Ralliement national (RN), un parti qui, malgré qu'il n'eût recueilli que 3,2 % du suffrage lors de l'élection de 1966, joua un rôle important dans le transfert de l'électorat « bleu » vers le Parti québécois. Le RN était lui-même le résultat d'une fusion entre le Regroupement national, né en 1964 d'une scission au sein du Rassemblement pour l'indépendance nationale (RIN), et le Ralliement des créditistes qui, fort de ses succès lors des élections fédérales de 1962 et de 1963, cherchait à percer sur la scène québécoise. Surtout implanté dans les régions des Bois-Francs, de l'Abitibi, de

Chaudière et du Saguenay–Lac-Saint-Jean, le Ralliement national, qui donna des sueurs froides aux organisateurs de l'Union nationale en 1966, fut une rampe de lancement pour des personnages importants dans l'histoire du Parti québécois. Parmi eux on retrouve Lucien Lessard, élu député péquiste de Saguenay en 1970, titulaire de plusieurs ministères de 1976 à 1982 ; Marc-André Bédard, élu député péquiste de Chicoutimi en 1973, ministre de la Justice de 1976 à 1984 ; et Jean Garon, élu député de Lévis en 1976, célèbre ministre de l'Agriculture de 1976 à 1985. Notons au passage que ces figures de proue du RN étaient issues du Regroupement national et non du Ralliement des créditistes.

Si on a beaucoup écrit sur l'échec des pourparlers du mouvement de René Lévesque avec le RIN, on ne s'est jamais vraiment demandé pourquoi les négociations avec le RN avaient été si fructueuses, ni comment elles avaient pu mener à la création du Parti québécois — un nom défendu bec et ongles par l'ancien chef du Ralliement national, Gilles Grégoire. De l'échec des négociations avec le RIN, on a surtout retenu le conflit de personnalité qui opposait René Lévesque, le modéré, résolument hostile aux manifestations violentes, et Pierre Bourgault, le radical, toujours prompt à aller dans la rue pour défier les autorités[1]. On a aussi insisté sur le calcul stratégique de Lévesque, qui aurait souhaité conserver, à sa gauche, un parti plus radical, et donner ainsi de son parti une image plus rassurante[2]. Tout cela est certainement vrai, mais probablement incomplet. Sauf sur la question de l'unilinguisme français d'un Québec souverain, on a trop peu fait état des divergences de fond qui séparaient les dirigeants du RIN de ceux du RN et du MSA. Selon toute vraisemblance, le fossé, immense, qui séparait le PQ de René Lévesque du RIN de Pierre Bourgault tient davantage à des idées, à des principes, à de profondes convictions qu'à une dispute d'*egos* surdimensionnés ou qu'à de la pure stratégie électoraliste.

Lorsqu'on se penche sur les idées avancées dès 1964 par les dissidents du RIN qui fondèrent le Regroupement national, on comprend mieux pourquoi Lévesque n'aurait jamais pu faire alliance avec le RIN ; on comprend surtout mieux pourquoi il allait si facilement s'entendre avec ces hommes politiques « bleus » proches d'un certain Québec français. Cette compatibilité fondamentale entre Lévesque et les dissidents du RIN pourrait être déclinée de plusieurs façons ; je crois qu'on peut la condenser en une idée centrale, omniprésente : le refus de la rupture.

Pour les militants du RIN, l'indépendance était en effet une rupture radicale. Il fallait tout d'abord rompre, bien sûr, avec ce Canada qui n'en avait que pour la nation *Canadian* des Anglais. L'indépendance avait pour eux toutes les allures d'une « révolution » politique. Le choix des mots n'avait rien de fortuit, le concept de révolution renvoyant au lexique de l'extrême gauche. Dans plusieurs de ses textes, Guy Pouliot, un temps président du RIN, explique que les « masses » doivent être « éclairées » par une « avant-garde[3] ». Pierre Bourgault estime, quant à lui, qu'être révolutionnaire, c'est « croire en la vie, croire en l'homme » ; il ajoute : « L'évolution n'est pas suffisante, ça n'est pas assez rapide, car, pendant qu'on *évolue*, des gens crèvent de faim, sont malheureux, ne sont pas éduqués, manquent de tout. C'est pourquoi la révolution est nécessaire pour arriver à changer notre situation le plus rapidement possible[4]. » De passage à Montréal, le sociologue français Jacques Berque fit à l'époque plusieurs rapprochements entre la situation des Canadiens français et celle des Algériens : « Les réformes viennent toujours trop tard : elles arrivent au moment où elles sont dépassées et ne correspondent plus aux besoins réels de la population. […] Certaines personnes ont comme idéal le dialogue — mais un dialogue qui ne conclut rien[5]. » Cette vision est proche de celle du RIN.

Même s'ils consentent à ce que leur mouvement se mue en parti politique, même s'ils acceptent les règles de la démocratie parlementaire, les dirigeants du RIN ne condamnent que du bout des lèvres la violence du Front de libération du Québec qui débute en 1963. Réagissant à l'explosion des premières bombes du mouvement clandestin, Pierre Bourgault dit comprendre « l'intransigeance » de certains qui, comme lui, considèrent le « compromis », la « bonne entente », voire la « modération » comme de la

« lâcheté[6] ». De tels propos ne laissent pas voir un grand enthousiasme pour les règles démocratiques. En somme, la rupture avec le Canada doit être totale. L'indépendance du Québec marquerait le début d'une nouvelle ère, d'un Nouveau Régime sans rapport avec l'ancien[7].

Ce qu'on doit surtout retenir, cependant, c'est que la révolution proposée par le RIN n'était pas seulement politique, elle était aussi — peut-être même surtout — culturelle, au sens le plus large que l'on peut donner à ce terme. Il ne fallait pas seulement se libérer du Canada, il fallait libérer les Canadiens français d'eux-mêmes. Aliénés par deux cents ans de colonialisme, ces derniers se laissaient trop facilement manipuler par les « vieux partis ». « Nous pourrions nous satisfaire d'accomplir la seule révolution nationale », écrit Andrée Ferretti en 1964, alors qu'elle n'est pas encore mise au ban du parti, « mais ce ne serait pas suffisant car il faut viser la « révolution globale[8]. » Pierre Léger, directeur du journal riniste *L'Indépendance*, explique en juillet 1964 que la révolution doit se faire en deux étapes. Si la première est politique et économique, la seconde est plus subtile mais non moins radicale, car il s'agira d'enclencher « la décolonisation de chaque Québécois. En lui. Autour de lui ». De porter la révolution « jusque dans les intelligences confuses de tous les Québécois[9] ». Hubert Aquin, célèbre auteur de *La Fatigue culturelle du Canada français*, est l'un des militants les plus en vue du RIN lorsqu'il écrit, quelques mois avant d'entrer dans la clandestinité : « Dans la révolution, il faut accepter de lutter non seulement contre l'anglophone mais également contre nous[10]. »

On le voit, l'analyse des rinistes n'est pas seulement politique, elle est aussi psychologique. Inspirés par les thèses de Frantz Fanon, les penseurs du RIN croient que le Canadien français souffre des inhibitions typiques du colonisé. Dominé par des patrons anglo-saxons alliés à un clergé autoritaire, il a développé au fil des siècles un véritable complexe d'infériorité. Pour ce Canadien français « né pour un petit pain », l'indépendance constituerait une sorte de thérapie de choc qui lui permettrait de mettre fin à ce conditionnement de perdant, de sortir de sa profonde léthargie.

Les appels à la révolution politique et culturelle des dirigeants du RIN, que l'on retrouve à chaque page de *L'Indépendance* des années 1963 et 1964 et qui assimilent la cause du Québec à celle des Noirs américains, de l'Algérie ou de Cuba, irritent profondément un certain nombre d'indépendantistes[11]. Dans une lettre au docteur René Jutras, futur chef du Ralliement national, l'avocat Paul Sabourin, qui milite sur la Côte-Nord avec Lucien Lessard, se dit « stupéfié » par la rhétorique et les idées professées par le journal indépendantiste. Selon lui, de telles idées annoncent moins des progrès dans l'histoire du Québec que le « triomphe de l'autoritarisme et l'installation d'une dictature à parti unique, dirigée par un groupe de *beatniks*[12]. » Paul Sabourin fait partie des militants du RIN qui, à l'été 1964, décident de rompre les rangs après que la direction eut suspendu Jean Miville-Dechêne et Jean Garon, militants actifs de la région de Québec, pour « indiscipline » et « refus de collaboration[13] ». La scission apparaît au grand jour le 29 août suivant lorsque sept militants rendent publique leur lettre de démission[14]. Ces militants expliquent qu'ils ne sauraient accepter la souveraineté si elle est servie « dans un plateau qui dissimule l'anarchie révolutionnaire ». Selon eux, « le Québec et son peuple ont une culture et un patrimoine qui méritent d'être conservés et développés[15] ». Le 13 septembre suivant — date anniversaire de la défaite des plaines d'Abraham — ces dissidents se réunissent à Québec et décident de mettre sur pied le Regroupement national et de relancer, avec l'accord de Paul Bouchard, indépendantiste de la première heure, le journal *La Nation*.

Parmi les idées les plus importantes qui reviennent sans cesse dans les pages de *La Nation* et dans les discours des dirigeants du Regroupement national, plusieurs avaient tout pour plaire à René Lévesque, quelques années plus tard. Dans le manifeste en dix points qui tient lieu de programme au Regroupement national pendant un moment, on retrouve un parti pris clair et non négociable en faveur de la démocratie et des droits de l'homme[16]. Accepter les règles de la démocratie, c'était d'abord convenir qu'aucun parti n'incarnait à lui seul « les aspirations de la nation ». Le nouveau parti promet de faire du Québec un « État démocratique », de condamner « sans restriction toute forme de violence », de poursuivre ses activités « dans l'ordre et la dignité » et de dénoncer « le totalitarisme sous toutes ses formes », c'est-à-dire autant marxiste que fasciste. Désigné chef du nouveau parti, René Jutras, un pédiatre de Victoriaville père de dix enfants, tient mordicus à ce que l'indépendance soit défendue à l'intérieur des cadres légaux[17]. Le devoir des militants de l'indépendance est de convaincre, de « démontrer l'opportunité » de cette cause, non de l'imposer par la violence et l'intimidation. Il doit être clair pour le peuple que l'indépendance ne sera jamais conquise sans sa pleine adhésion. « Le temps nous presse, explique Jutras, mais nous ne presserons pas le temps, car il ne respecte pas ce qu'on fait sans lui. » Le nouveau parti considère que la cause de l'indépendance doit éviter de se mettre « au service d'une idéologie en particulier ». Jutras précise que son parti « ne sera jamais doctrinaire ni sectaire parce qu'aucun système politique, aucune théorie économique n'est parfaite ». Les solutions aux problèmes du Québec devront être « authentiquement québécoises » ou s'inspirer de pays qui, telles les nations scandinaves, ont beaucoup plus à voir avec le Québec que Cuba ou l'Algérie. Cette largeur de vue quant aux options politiques qui s'offraient alors au Québec, cette volonté de se situer au-delà du clivage gauche/droite[18], correspondaient à la crainte plusieurs fois exprimée par les chefs du RN de voir la cause de l'indépendance instrumentalisée par un courant idéologique particulier.

S'il fallait convaincre le peuple et non pas éclairer les masses, éviter le dogmatisme plutôt que de camper le projet indépendantiste clairement à l'extrême gauche, il importait également aux dirigeants du Regroupement national de faire l'indépendance dans le respect de tous les citoyens vivant sur le territoire du Québec. L'indépendance, peut-on même lire à l'article premier de leur manifeste, « concerne tout citoyen qui habite le territoire du Québec » ; la cause indépendantiste, explique Jutras, interpelle « la conscience politique de tout citoyen honnête [...] sans discrimination de langue et de religion ». À l'article 10, on lit que le RN « s'engage à traiter avec justice les minorités culturelles du territoire du Québec ». D'aucune façon, fait valoir Jutras, qui prend ici ses distances de la position du RIN sur l'unilinguisme français d'un Québec souverain, la souveraineté nationale ne sera-t-elle un « instrument de vengeance ou de persécution » vis-à-vis des minorités. À la minorité anglophone, les dirigeants du RN promettent même une « politique linguistique [...] juste et raisonnable, étant en cela commandée par un sain réalisme ».

Le nationalisme des dirigeants du Regroupement national cherche à faire une synthèse entre tradition et modernité. Les fondateurs ont le sentiment de poursuivre le combat de Pierre Bédard et de Louis-Joseph Papineau, mais aussi celui d'Honoré Mercier, de Louis Riel et de Paul Gouin. Comme l'explique Jean Laurin, le « Regroupement national veut être la synthèse du nationalisme traditionaliste canadien-français et du néonationalisme[19]. » Du nationalisme traditionnel, incarné surtout par René Jutras, admirateur de Lionel Groulx[20], on retient l'idée d'une « piété filiale » à l'égard des ancêtres qui se sont vaillamment battus pour préserver une culture française en Amérique[21]. On retient également l'idée que le christianisme — non pas le catholicisme — est un héritage culturel fondamental à préserver. Réfractaires à l'agnosticisme sinon à l'athéisme militant de plusieurs dirigeants du RIN, dont Pierre Bourgault, les dirigeants du RN souhaitent rassurer les segments plus conservateurs de l'électorat qui associent spontanément « indépendantisme » et« laïcisme ». À ceux qui assimilent l'attachement au christianisme à une adhésion à peine voilée au fascisme, Lucien Lessard répond qu'il est tout à fait sain de « dépouiller l'État de toute prétention sacrée » mais qu'il ne faut pas pour autant tout jeter aux orties. Appelant Jacques Maritain à la barre, Lessard argue que les « valeurs spirituelles [...] héritées de la civilisation gréco-latine, humanisée par l'Église », sont devenues un « ferment de la vie sociale et politique des peuples », une « énergie historique en travail dans le monde » qu'il est essentiel de conserver[22].

Du néonationalisme, surtout incarné par Jean Garon, on retient l'idée que le Québec est libre de ses choix, qu'il doit devenir maître de ses destinées. Inspirés par les historiens de l'école de

Montréal, les dirigeants du RN présentent la Conquête comme un événement dramatique qui aurait brisé « le cours normal de notre évolution[23] ». Du néonationalisme provient également l'engouement pour les prouesses techniques des Canadiens français qui, grâce à la nationalisation de l'hydroélectricité, se sentent désormais capables d'accomplir de grandes choses. Avec de vastes chantiers comme Manic 5, ils découvrent leur valeur, voient peu à peu disparaître leur « complexe d'infériorité ». Manic 5 aurait même produit « un nouveau type de Canadien français, un homme soudain conscient de ses immenses potentialités, un Nord-Américain brusquement devenu l'égal de ses voisins qu'il considère désormais comme de simples concurrents et non plus comme d'invulnérables supérieurs[24] ». Cette association entre modernité et américanité, on la retrouve dans le programme de 1966 après l'alliance avec le Ralliement des créditistes. Le préambule du programme du RN est en effet calqué sur la déclaration d'indépendance des États-Unis[25].

Comment les dirigeants du Regroupement national entrevoyaient-ils les relations d'un Québec indépendant avec le Canada anglais ? Dans un discours qu'il prononce à Québec le 28 janvier 1965, René Jutras explique que son parti « n'exclut pas, en principe, la possibilité d'une nouvelle convention, non interprovinciale, mais inter-États, pourvu toutefois que cette convention ne porte aucune atteinte à la souveraineté des États participants, à l'instar du marché commun européen et du Commonwealth[26] ». Cette position explique pourquoi les dirigeants du Regroupement national n'auront par la suite aucun mal à adhérer au concept d'États associés prôné par le Ralliement des créditistes dès 1964. Aussitôt proposée, cette souveraineté-association avant la lettre fut dénoncée par André d'Allemagne et d'autres militants du RIN, pour qui ce n'était rien d'autre que du « nationalisme de colonisé[27] », une vile stratégie visant « l'élimination d'une indépendance totale[28] ».

En mars 1966, après quelques semaines de négociations[29], deux mois à peine avant l'élection générale, le Regroupement national et le Ralliement des créditistes annoncent leur fusion dans le Ralliement national. L'Union nationale tente de plusieurs façons de se rallier le nouveau parti, car elle craint qu'une part significative de son électorat soit tentée par cette nouvelle proposition politique. Plusieurs organisateurs du parti doivent d'ailleurs choisir entre la nouvelle formation d'inspiration créditiste et leur chef, Daniel Johnson, dont le leadership est encore fragile.

La direction bicéphale du Ralliement national sera assumée par René Jutras et Laurent Legault. L'arrivée des créditistes imprime à l'orientation idéologique du journal *La Nation* un tournant clairement antiétatiste, anticommuniste et traditionaliste au plan des valeurs. L'historien Gustave Lamarche, proche, autrefois, de l'Alliance laurentienne de Raymond Barbeau, apparaît sur les tribunes. Durant toute la campagne de 1966, Legault et Jutras sillonnent le Québec mais n'intéressent guère les médias nationaux. Les quelques échos rapportés dans les journaux laissent voir une altercation entre Jutras et Bourgault au sujet de la réforme de l'éducation qui est en cours. Jutras dénonce la monstruosité des nouvelles cités étudiantes que sont les polyvalentes, les coûts exorbitants du transport scolaire et les nouveaux programmes qui, à ses yeux, rompent avec l'héritage national et classique[30]. Lors du scrutin du 5 juin, les quatre-vingt-dix candidats du Ralliement national obtiennent 3,2 % du suffrage, alors que ceux du RIN en raflent 5,6 %. Quelques semaines après l'élection, René Jutras, ennuyé par des problèmes de santé, quitte la direction du parti, tout comme Laurent Legault. Gilles Grégoire abandonne alors son poste de député fédéral et devient chef du Ralliement national. Flanqué de Marc-André Bédard et de Jean Garon, il prend une part active aux négociations qui mèneront à la création du Parti québécois[31].

*   *   *

Une lecture le moindrement attentive des écrits laissés par René Lévesque nous le montre réfractaire aux idées véhiculées par le RIN, et beaucoup plus proche, dans les faits, de la vision pondérée et réaliste des fondateurs du Regroupement national, dont certains chefs de file allaient devenir des collaborateurs de premier plan. Certains rapprochements sautent tout de suite aux yeux. Qu'on pense au respect des droits acquis de la minorité anglophone ou au projet d'États associés que les leaders du Ralliement national comparent au « marché commun », exactement comme le fera René Lévesque dans *Option Québec* après son exclusion du Parti libéral, au lendemain de l'élection de 1966. Ces affinités sont importantes, mais peut-être moins fondamentales qu'on pourrait le croire. Le rapprochement entre René Lévesque et les premiers dissidents du RIN s'explique par des convergences idéologiques beaucoup plus profondes : un clair parti pris pour la démocratie de même qu'une ferme volonté d'inscrire le projet souverainiste dans une continuité historique.

Allergique aux « chevaliers de la table rase[32] » qui rêvent d'en finir une fois pour toutes avec le passé, à certains esprits doctrinaires qui réclament une cassure avec l'histoire, René Lévesque a toujours été un homme de continuité. Le Québec, moderne et ancien, était à ses yeux une heureuse synthèse entre une fidélité aux racines, à la terre, et un esprit aventurier, une sorte d'attirance pour le grand large. Les Canadiens, ceux de la Nouvelle-France dont il aimait rappeler la mémoire, avaient pris racine dans la vallée du Saint-Laurent, fondé des familles nombreuses, survécu envers et contre tout. Ils avaient découvert et nommé un vaste continent, souvent bien avant les Anglais et les Américains. Ils avaient exporté, par la suite, des missionnaires catholiques aux quatre coins du monde pour venir en aide aux plus miséreux, comme les coopérants d'aujourd'hui. À ses yeux, le paysan autant que le coureur des bois avaient fait le Québec.

Héritier plus impatient qu'ingrat, Lévesque reprochait surtout aux élites d'autrefois d'avoir survalorisé le paysan au détriment du coureur des bois. Certes, comme les nationalistes traditionnels, il fallait s'inspirer de la « volonté de continuer » des prédécesseurs[33], se souvenir que ce peuple était enraciné dans une histoire longue. Mais le temps était venu pour ces racines de donner de meilleurs fruits. La frénésie de changement qui avait cours depuis la Seconde Guerre mondiale, la montée légitime des attentes chez les classes moyennes, interpellaient les Québécois autant que les autres Occidentaux. Pour faire face à ces nouveaux défis, il fallait que les Québécois reprennent confiance en eux-mêmes, qu'ils redeviennent les aventuriers qu'ils avaient été, capables de surmonter les plus grands obstacles, de réaliser les plus grandes œuvres techniques de leur époque, comme Manic 5, qui figurait sur une affiche dans le bureau du chef péquiste en 1969[34]. La Révolution tranquille, dont il fut un artisan exemplaire, par l'élan de confiance qu'elle allait donner au Québec, était donc moins une rupture qu'une façon de renouer avec un passé, celui de la Nouvelle-France, bien sûr, mais d'une Nouvelle-France complètement revisitée, qui avait probablement peu à voir avec celle du chanoine Groulx, qu'il respectait par ailleurs. La nouvelle union canadienne qu'il proposait aux Québécois était une façon pour ces derniers de poursuivre sur leur lancée, celle de la Révolution tranquille, non de rompre avec 400 ans d'histoire et d'« aliénation ».

Ce souci de la continuité, qui fut celui du Regroupement national, puis du Ralliement national, allait de pair avec un respect scrupuleux de la démocratie. S'il dénonce, à plusieurs reprises, les « rois nègres » qui acceptèrent de vendre nos richesses naturelles aux étrangers, s'il reproche à certains riches anglophones de Montréal de se comporter comme des Rhodésiens, s'il reconnaît parfois que le Québec présente certains des traits d'une société coloniale, René Lévesque ne recourt que très peu à la psychologie du « colonisé », comme si ce type d'analyse le laissait un peu froid[35]. On chercherait en vain chez lui cette ambition démiurgique de révolutionner les esprits, de reprogrammer les consciences individuelles de tout un peuple. Il fait plutôt montre d'une confiance sereine dans le bon jugement de ses compatriotes, fussent-ils les plus modestes, les plus humbles. Dans une entrevue à la revue *Parti pris* publiée à l'automne 1967, il s'en prend aux doctrinaires du RIN qui regardent de haut l'électorat du Ralliement national : « Il ne faut pas bâtir des systèmes théoriques en se fichant du peuple », explique-t-il à Gilles Dostaler[36]. Devant une assemblée de militants à Laval, le 13 septembre 1968, René Lévesque déplore la condescendance des « beaux esprits » à l'endroit des militants du Ralliement national.

Ce que je tiens à souligner chaleureusement, c'est qu'il s'agit de toute une couche de notre population québécoise qui, depuis des années, donne sans compter le plus incroyable — et sans doute le premier — exemple d'action politique totalement désintéressée, inlassablement persistante, et *progressive d'instinct* parce qu'elle s'attaque — là où elles se trouvent — à certaines des pires injustices locales ou régionales de notre société[37].

Sévère envers ceux qui réduisaient les élections à un « piège à cons », il ne pouvait que réprouver sans l'ombre d'une ambiguïté le « fanatisme glacial » des felquistes qui avaient assassiné Pierre Laporte. Lorsqu'on relit les discours et les écrits des leaders du RIN d'avant la démission des fondateurs du Regroupement national, on est frappé par l'omniprésence de l'idée de révolution, par l'agressivité des propos. Ceux qui dépeignent trop facilement les indépendantistes hostiles au RIN comme des réactionnaires renfrognés, voire comme des partisans des régimes autoritaires, oublient que la guerre froide n'opposait pas alors le communisme au fascisme, largement discrédité depuis la Seconde Guerre mondiale, mais bien le totalitarisme au monde libre. On sait maintenant que, durant les années 1960, plusieurs révolutions nationales, tout à fait légitimes par ailleurs, pensons à Cuba et au Vietnam, ont été instrumentalisées par l'extrême gauche. C'est ce que craignait par-dessus tout René Jutras, qui croyait même à l'incompatibilité théorique du communisme et du patriotisme. Si René Lévesque était sûrement moins prompt que Jutras à crier au loup communiste, il ne partageait pas moins ses craintes de voir le mouvement souverainiste prendre la voie de l'affrontement violent. Son respect de l'ordre et de la démocratie correspondait-il à une volonté de séduire les notables et de rassurer les bien-pensants ? C'est ce qu'a longtemps cru Pierre Bourgault. On pourrait aussi y voir un authentique parti pris en faveur d'un débat éclairé, une foi bien sentie dans l'intelligence des gens, la conviction apparemment inébranlable que les arguments les plus complexes sont à la portée de tous, à condition de les expliquer clairement. N'est-ce pas ce que René Lévesque a toujours tenté de faire ?

8

Octobre ou la thérapie de choc

Les historiens de demain, qui auront plus de recul que nous, écriront peut-être que les années 1960 furent le théâtre d'une révolution culturelle sans précédent. La jeunesse d'alors procède à une contestation radicale des normes traditionnelles et des grandes institutions qui, jusque-là, faisaient autorité[1]. Parmi ces institutions, il y a l'Église catholique qui, malgré les réformes du concile Vatican II, est considérée par la grande majorité des baby-boomers comme une institution archaïque et dépassée. À l'ère de la société de consommation et de la quête infinie de liberté, du structuralisme et de la pilule, l'Église catholique, même réformée, ne semble offrir aucune réponse satisfaisante à celles et à ceux qui cherchent à relever les défis de la société moderne. Dans tous les pays catholiques, les églises se vident, l'ordination des prêtres ne cesse de décliner et bon nombre de clercs retournent à la vie civile[2]. Cette rupture culturelle avec l'institution religieuse ne doit toutefois pas aveugler. Si l'Église ne semble plus répondre aux attentes de la population, y a-t-il pour autant une éclipse du sacré ? N'assiste-t-on pas, durant les années 1960, comme le croit le philosophe Marcel Gauchet, à « une révolution du croire[3] » ? Les attentes spirituelles disparaissent-elles ou sont-elles investies ailleurs ? L'étude du nationalisme québécois le plus radical des années 1960 peut fournir quelques pistes de réponses.

Peu d'événements ont autant marqué l'imaginaire québécois et canadien que la crise d'octobre 1970. On ne compte plus les références à ces quelques journées troubles dans la littérature et le cinéma québécois. De même, on dispose de plusieurs témoignages de felquistes importants et de ceux qui les ont pourchassés[4]. Si les événements sont connus, si les souvenirs ne manquent pas, on a pourtant bien peu étudié les militants felquistes eux-mêmes : leur provenance géographique — étaient-ils des citadins déracinés ? ; leur origine sociale — appartenaient-ils à une frange de ce qui sera la « nouvelle classe[5] ? » ; leur niveau d'éducation — étaient-ils des produits des collèges classiques ? De même, les origines intellectuelles du felquisme et l'évolution de son discours idéologique au cours des années 1960 sont méconnues.

Je propose d'examiner d'un peu plus près l'évolution du discours felquiste à travers son organe officiel : *La Cognée*. J'ai voulu examiner la nature de cette « idéologie de la rupture[6] », savoir dans quelle mesure l'évolution des idées qu'on y trouve annonce la crise qui survient en octobre 1970. Publié à intervalle régulier entre 1963 et 1967, ce journal est une source très riche qui, en plus de décrire les multiples péripéties vécues par les felquistes, nous permet de suivre leurs analyses de la situation québécoise, d'étudier les solutions qu'ils proposent pour améliorer le sort du peuple et de comprendre leurs dilemmes dans l'action. Au départ, une centaine d'exemplaires de *La Cognée* étaient imprimés, mais le tirage allait atteindre 3 000 exemplaires au milieu des années 1960[7]. Publié deux fois par mois de façon artisanale, l'organe felquiste n'avait aucunement l'intention de formuler une nouvelle doctrine d'action sociale. Avant tout, *La Cognée* était un bulletin de liaison circulant sous le manteau qui visait à informer les militants des directives du leadership. Cela n'en fait pas un matériau moins précieux pour autant, car ce genre de militantisme clandestin et violent est d'un type nouveau dans l'histoire du Canada français. C'est dans le feu de l'action que les militants écrivent ce bulletin, sans grand souci de cohérence. L'objectif est ici de mobiliser les énergies, non de construire un système de pensée. Les collaborateurs de *La Cognée* écrivaient sous pseudonyme et prenaient bien soin de ne laisser filtrer aucune information qui aurait permis aux autorités policières de les dépister[8].

Une lecture rapide de *La Cognée* nous laisse voir deux tendances au sein du FLQ. Le premier courant, qui dominera jusqu'au milieu des années 1960, situe l'action révolutionnaire dans le long terme. L'individu s'efface derrière le groupe, la structure, le parti ; il sert la Cause et obéit à la hiérarchie. La vie, dans un tel contexte, compte peu en regard du succès de la Lutte finale. Cette grande victoire ne sera possible qu'après un travail méthodique de préparation qui vise à réunir les « conditions objectives » de la Révolution. Le second courant, celui qui s'imposera finalement, est dit « spontanéiste ». Inspirés des guérilleros latino-américains, les spontanéistes croient qu'il est urgent d'agir. Les coups d'éclat, prédit-on, éveilleront chez les masses la conscience nécessaire à l'action révolutionnaire. La spontanéité place le vaillant militant au premier plan, car seuls les plus courageux sont capables d'accomplir les actions héroïques nécessaires à la réussite. La fougue militante d'un chef, voire d'une *cellule,* imprégnée du sens de l'Histoire, fournira le modèle exemplaire de courage et de bravoure face aux forces bourgeoises. C'est animée de telles convictions que la cellule Libération passera à l'action le 5 octobre 1970.

Mon hypothèse est que le premier courant est animé d'un esprit millénariste alors que le second se confond avec le contexte contre-culturel de la fin des années 1960. Cette hypothèse n'est pas facile à démontrer, puisque le premier courant semble avoir été composé de militants plus enclins à la réflexivité et à l'écrit, alors que les adeptes du spontanéisme semblent avoir préféré le maniement des explosifs à celui de la plume ! En effet, les « spontanéistes » ne voyaient pas l'utilité de réfléchir au sens profond de leurs actions. Pour comprendre leur sensibilité, il faut observer l'évolution du felquisme après 1967, non pas seulement s'en tenir à la lecture de *La Cognée.*

La veine millénariste

Une lecture rapide de *La Cognée* donne à penser que nous sommes en présence d'une idéologie de rupture tout à fait conforme à l'ère que *Parti pris* inaugure en 1964. Comme la plupart des militants radicaux des années 1960, ceux du FLQ nourrissent envers l'Église catholique un violent ressentiment. Bien plus que Duplessis, dont on mentionne à peine le nom, les curés du passé furent les véritables « rois nègres » qui auraient maintenu le peuple canadien-français dans les ténèbres. On reconnaît bien là la vulgate de la Grande Noirceur qui fait florès à l'époque. Ces militants felquistes ont de surcroît le sentiment de disposer d'une clé d'analyse très puissante : le marxisme. Possesseurs d'une vérité nouvelle, ils jugent sévèrement les anciens clercs qui prêchaient une vie en dehors du conflit politique. Eux n'ont pas peur de l'affrontement, et le temps de la résignation est bien terminé. « Jamais une génération n'a été aussi politisée », écrivent les leaders felquistes de la première heure. « Jamais une génération n'a mieux saisi la dynamique de l'exploitation coloniale ; d'où la nécessité d'agir. » De l'action des nouveaux partis indépendantistes qui acceptent les règles du régime démocratique, un militant écrit : « La nouvelle génération sait très bien à quoi s'en tenir sur ces niaiseries. [Elle] a compris que ce n'est pas avec des gueuletons et de la parlotte qu'on va botter le cul des patronneux, les mettre dehors et prendre leur place[9]. » En apparence, cette lecture du passé canadien-français, ce ton vindicatif, ces lourds griefs au sujet du rôle de l'Église ont toutes les allures d'une idéologie de la rupture. En jetant aux poubelles l'héritage religieux, on ouvre de nouvelles perspectives tournées vers l'avenir. Résolument moderne, l'idéologie felquiste serait en soi une preuve de la sortie du religieux.

Cette lecture de premier degré ne permet cependant pas de saisir toute la densité mystique de l'engagement felquiste des premières heures. Il suffit de lire attentivement et d'être ouvert à un certain langage pour s'apercevoir que ces militants puisent au millénarisme. Par ce mot, je me réfère à l'eschatologie judéo-chrétienne selon laquelle il existerait une fin absolue de l'Histoire, un écoulement irréversible du temps. Selon le livre du prophète Daniel sur l'Apocalypse, une époque d'oppression où le Mal régnera en maître sera suivie par la Libération. Mais avant que celle-ci ne survienne, un prophète aura redonné espoir aux peuples bafoués. Il aura donné un sens à la mort des nombreux martyrs vaincus par les forces du Mal. Au jour de la Libération, tous les sacrifiés ressusciteront et une paix s'instaurera sur Terre pour mille ans. On retient de ce récit, que l'Église officielle a eu tôt fait de déclarer hérétique, l'idée d'une *attente*. L'insatisfaction radicale face au monde annonce une période de révolte intense. Lorsqu'elle est vécue dans la foi en des lendemains heureux, l'attente est récompensée par l'instauration d'un âge d'or. Pour le croyant, le salut ne viendra pas nécessairement de son vivant, mais dans la réalisation d'un nouvel ordre terrestre grâce auquel la paix et la justice règneront[10]. Le sacrifice sera alors reconnu ; l'attente n'aura pas été vaine.

L'espoir millénariste d'un Québec nouveau, libéré de ses oppresseurs, uni dans l'harmonie d'un monde sans classes et célébrant ses prophètes courageux, traverse les premières pages de *La Cognée*. On est loin de la prose bien léchée des penseurs personnalistes ou de l'ardeur combative mais néanmoins bon enfant des militants de l'Action catholique. Les militants felquistes ne semblent aucunement influencés par l'esprit du catholicisme social ou du personnalisme. Dans *La Cognée*, nulle référence à un patrimoine religieux qui soit positive. Nous avons affaire à des gens de la même génération que ceux de *Parti pris* ; l'événement marquant n'est pas la crise des années 1930, mais bien la Révolution tranquille. Les premiers felquistes jugent les réformes insuffisantes ; ils utilisent les mots les plus crus pour dénoncer ceux qui maintiennent toujours le peuple dans l'obscurité. Mais si leur prose n'a rien à voir avec celle des personnalistes, si l'action prend d'autres formes beaucoup plus extrêmes, l'inquiétude existentielle n'est pas moins grande, la volonté de créer un monde radicalement nouveau n'est pas moins sincère. Nous pourrions même aller plus loin. Parce qu'ils jouent leur va-tout en posant des bombes et en commettant des actes illégaux, les militants felquistes de la première heure ont besoin de donner un sens très fort à leurs actions. Ils ont besoin de croire que leur cause est celle du peuple, que leurs actes sont des gestes d'amour, que leur sacrifice est le plus grand qu'ils puissent consentir pour le salut de la patrie.

Cela dit, il faut être prudent. Si ces premiers felquistes ont besoin de croire, si leur attente du Grand Soir s'apparente à une forme de gnosticisme, on aurait tort de penser que le premier FLQ invente une « religion séculière ». Comme le souligne Alain Besançon dans *Les Origines intellectuelles du léninisme*, « au fondement des religions de foi, il y a un non-su conscient[11] ». En dernier recours, le chrétien où le musulman s'en remet à une force supérieure ; il admet son incapacité de comprendre certains ressorts de la mécanique sociale. Par contre, ceux qui épousent une idéologie vraie — tel est le cas de ces premiers felquistes — ont l'intime conviction de disposer de tout le savoir nécessaire à la transformation de la société.

Si ce premier FLQ — tel que nous l'avons perçu dans *La Cognée* — n'emprunte pas le langage traditionnel du religieux, on détecte ici et là quelques indices d'un millénarisme d'un genre nouveau au Canada français. J'en ai relevé quelques-unes : le rapport au passé et à l'avenir ; le rôle du savoir et de la connaissance dans la marche de l'Histoire ; la place de l'individu par rapport au groupe.

Les militants felquistes de la première heure, s'ils sont sévères à l'égard des anciennes élites bourgeoises et cléricales, ne font qu'un usage très exceptionnel de l'expression « Grande Noirceur ». S'ils se croient investis d'une nouvelle mission et se considèrent plus éclairés quant au sens réel du parcours québécois, ils ne se perçoivent pas comme une génération spontanée qui serait venue au monde pour sauver un peuple avili. Nous sommes loin de la rupture définitive avec le passé. Au contraire, ce militantisme nouveau se veut une réponse à un nouvel éclairage sur le passé. À plusieurs reprises durant les premières années de *La Cognée,* on insiste sur la poursuite du « combat des ancêtres » et on évoque la « lutte de nos pères » pour donner un sens au combat du présent. Dans le premier numéro du journal qui annonce le programme du Front de libération du Québec, on lit : « Nous luttons aussi en mémoire d'Asbestos, de Murdochville, de Louiseville, autant que des conscriptions de 1917 et 1943 et que de Saint-Eustache et des plaines d'Abraham[12]. » Il ne faut donc pas faire table rase du passé. L'histoire du Québec fourmille de luttes héroïques, de personnages courageux, de caractères déterminés. À l'égard des héros des plaines d'Abraham et de ces pères courageux morts la fourche à la main lors de la rébellion de 1837, on doit le respect à ceux qui, avant tout le monde et en dépit de leur époque, avaient compris le vrai sens de l'Histoire. Les traîtres sont ceux qui ont toujours bloqué « le chemin du progrès ». La notion de progrès renvoie ici à une vision linéaire et téléologique de l'Histoire. L'histoire s'écrit en effet avec un grand *H,* c'est celle des peuples qui cheminent vers leur libération. Les grands mouvements sont ceux qui savent détecter les moments où il faut passer aux actes afin que l'Histoire accomplisse son véritable destin.

Si l'Histoire a un sens, elle n'est pas fatalité pour autant. Contrairement aux « pères » d'autrefois, les nouveaux militants disposent d'une méthode scientifique permettant de grandes avancées sur le chemin du progrès. C'est d'ailleurs là qu'ils se distinguent des héros d'hier. Ceux-ci ne savaient pas l'Histoire qu'ils étaient en train de faire alors qu'eux, mieux outillés, ont appris les lois du devenir. L'Histoire leur a enseigné la marche à suivre[13].

Forts de cet enseignement, les felquistes ont désormais pour tâche de réunir les « conditions objectives ». Distribuée aux militants felquistes, *La Cognée* répète avec insistance qu'il faut « procéder scientifiquement ». Le militant Paul Lemoyne invite les felquistes à « ne jamais jouer avec l'insurrection[14] ». Inspirés par les actions révolutionnaires menées dans plusieurs pays du tiersmonde, les animateurs du journal croient que l'action efficace commande une méthode rigoureuse. La Révolution suit invariablement quatre étapes : la préparation organisationnelle ; l'entraînement, l'agitation et la propagande ; l'épreuve de force ; et enfin, la prise du pouvoir[15]. Ici et là, on explique le rôle de l'agitateur[16], on enseigne « l'usage technique de la bombe[17] » et on fait valoir qu'une vraie guerre est toujours « soumise aux lois scientifiques », que la Révolution possède ses propres techniques[18]. Dans la mesure seulement où tous ces enseignements seront bien compris et intégrés à la *praxis* felquiste, le Grand Soir sera à portée de main.

Mais, on le devine bien, il ne suffit pas de connaître les lois de l'Histoire ni de disposer des « techniques » de la Révolution pour que cette dernière se produise. La foi scientiste ne saurait suffire à l'éclosion du nouvel homme québécois. La libération nationale ne sera possible que si les fils les plus courageux acceptent de sacrifier leur vie pour le salut de tous. Car c'est dans le sang et dans la violence que l'Histoire produit ses plus beaux fruits. Avant la synthèse harmonieuse des nouveaux commencements, il faut vaincre physiquement l'ennemi, au corps à corps, pour ne plus jamais qu'il se relève. Dans leur programme de 1963, les felquistes citent en exergue cette phrase de Chénier : « Des nôtres seront tués ; vous prendrez leurs fusils. » *La Cognée* reviendra à plusieurs reprises sur cette idée du sacrifice possible et de la mort obligée des frères ennemis. L'honneur de la patrie, insiste-t-on, est parfois fils de la tragique nécessité. La vie compte donc peu en regard de l'œuvre collective à accomplir, et l'ultime sacrifice peut s'avérer utile à la victoire de la Nation. Le FLQ n'est donc pas un mouvement d'aventuriers romantiques en quête d'émotions fortes ; il incarne la masse du peuple, et chacun de ses membres doit s'effacer devant la cause commune. Ceux qui acceptent de tout sacrifier — soit leur liberté, soit leur vie — accéderont un jour au panthéon des libérateurs du peuple. La mémoire de leurs actes héroïques sera la récompense suprême. Dans un tel contexte, on se méfie du « schème personnaliste », c'est-à-dire de ceux qui voudraient personnifier la Révolution mais qui ne seraient au fond que des rêveurs ou des romantiques en quête de gloire personnelle[19].

À ceux qui accusent le FLQ d'être un groupe terroriste, *La Cognée* répond que ce ne sont pas ses militants qui terrorisent le peuple, mais ceux qui l'exploitent depuis la Conquête. Le terrorisme du FLQ est en fait un humanisme, « un vaste front d'amour et de fraternité[20] ». S'il faut vaincre ses peurs personnelles, user de violence pour aller au bout de la logique révolutionnaire, c'est par amour pour un groupe d'hommes et de femmes à ce point aliénés qu'ils en sont venus à considérer leur infériorité matérielle et politique comme une supériorité morale. Seul le salut du groupe permettra aux individus qui en font partie de se libérer de leurs chaînes.

Sans trop forcer le trait, je pourrais dire que ce discours de *La*

Cognée des premiers moments s'apparente assez aux idées millé-
naristes décrites par Yves Couture dans son ouvrage, cité plus haut,
sur le discours nationaliste radical des années 1960. On sent
d'abord chez les premiers militants felquistes une insatisfaction
radicale à l'égard de la société dans laquelle ils vivent. D'où l'attente d'un Québec libéré ; d'où l'espoir d'un renouveau radical,
d'un changement de vie pour l'homme d'ici. Car après cette vie
collective misérable, un jour nouveau se lèvera : celui de l'indépendance. « Ce jour-là, écrit-on dans *La Cognée*, notre peuple cessera
de survivre et commencera à vivre, simplement, comme toute
nation libre où règne la justice[21]. » On reconnaît bien là l'eschatologie judéo-chrétienne. Ce nouveau commencement est en fait la
fin de l'Histoire québécoise.

L'attente du Grand Soir sera longue, nous disent les premiers
militants felquistes. Avant de purger le Québec de sa clique d'exploiteurs, il faudra bien des sacrifices, bien des martyrs, bien des
échecs. Mais après cette attente longue, difficile, semée d'em-
bûches, le triomphe de la Libération ne sera que plus glorieux
pour l'avant-garde éclairée qui l'aura préparé. Les premiers felquistes sont de véritables mystiques. Inspirés par les idéologies
tiers-mondistes de la décolonisation, ils communient à un espoir
millénariste d'un genre nouveau. Avec eux, une nouvelle gnose
émerge qui investit de nouveaux lieux. Le FLQ première mouture
est un cas d'espèce intéressant qui donne à penser qu'on fait peut-
être fausse route en présentant la Révolution tranquille comme
une sortie du religieux.

La veine spontanéiste

Cet investissement mystique placé dans le Grand Soir à venir, ce
sens du sacrifice anonyme, cette foi dans l'Histoire ne sont cependant pas le lot de tous. Ici et là, une tonalité un peu différente se
fait entendre concernant l'action à mener, l'avenir du mouvement et le sens du combat au quotidien. Les tenants de cette lecture divergente se préoccupent bien peu de maîtriser la science de

la Révolution et n'ont que faire des lois de l'Histoire ou des conditions objectives ; tout ce qu'ils veulent, c'est agir, frapper en plein visage ceux qui tiennent le peuple dans l'aliénation. Car c'est dans la spontanéité de l'action que les masses reconnaîtront leurs vrais défenseurs, non dans les réflexions fumeuses sur le marxisme. Si les finalités semblent les mêmes, les moyens changent donc de nature.

Il paraît clair que cette *praxis* coïncide avec une façon nouvelle de concevoir l'action révolutionnaire. C'est du moins ce que quelques livraisons de *La Cognée* laissent voir avant que le journal disparaisse en 1967. Cette transformation a cependant moins trait à une nouvelle philosophie longuement mûrie qu'à un contexte où une vision « thérapeutique » de la société gagne de nombreux adeptes parmi l'élite canadienne-française des années 1960[22]. Face aux résultats électoraux de 1966 et de 1970, beaucoup de militants felquistes estimeront que l'attente a assez duré. Après la mystique millénariste des premiers moments, le temps est venu d'appliquer à ce peuple inconscient de sa véritable aliénation une vraie thérapie de choc.

Moins réflexif que les militants de la veine millénariste, on peut dire que ce second courant spontanéiste est plutôt anti-intellectuel. Ses adeptes ne se réfèrent jamais à un maître à penser ni ne fournissent d'accréditation théorique à leur *praxis* révolutionnaire. Le spontanéisme a toutes les allures d'une frénésie virile de l'action directe, qui a eu de nombreux avatars à la fin des années 1960. Très hostiles aux animateurs de *Parti pris,* accusés de préférer la poésie à l'action révolutionnaire, les spontanéistes ne peuvent pas supporter ces jeunes « qui perdent leur temps à jaser[23] ». Selon eux, l'élan généreux du militant n'a pas à être intellectualisé pour donner des résultats concrets. De plus, les théories sur l'action révolutionnaire sont souvent éphémères et contradictoires, alors que les actions laissent des empreintes plus profondes sur les esprits. « Toute doctrine est dépassable et virtuellement dépassée », écrit-on quatre ans jour pour jour avant la crise d'Octobre.

Sans contredit, l'année 1966 est un point tournant pour les militants indépendantistes de la gauche révolutionnaire. L'élection de l'Union nationale en juin marque à leurs yeux un net recul, voire un retour aux années Duplessis. Durant la campagne électorale, Daniel Johnson avait lourdement critiqué l'expansion de l'État québécois comme un facteur de dissolution des « corps intermédiaires » (famille, Église). Aux yeux de plusieurs, la victoire de l'Union nationale est un retour au cléricalisme d'antan. Pour les rédacteurs de la revue *Parti pris,* l'élection de 1966 marque un « revirement » important par rapport aux années précédentes[24]. Cette « réaction cléricale » est perçue comme une crise de la conscience québécoise. Or, pas de Révolution sans vraie laïcité. À *Parti pris,* on s'interroge. Avant de changer la société, de proposer des structures nouvelles, peut-être faut-il d'abord changer l'homme ? Pour parvenir à la société socialiste et indépendante, peut-être faut-il rééduquer les Québécois, leur inculquer une nouvelle conscience ? Pour y arriver, la revue propose de mettre l'accent sur l'animation culturelle à la base. La désaliénation procède ainsi d'abord, aux yeux des rédacteurs, d'une réforme des consciences, non d'une transformation des structures d'encadrement de la société.

Chez les militants du FLQ, l'élection de l'Union nationale est perçue de la même manière. Ce retour en arrière donne quelques munitions aux partisans de l'action directe et immédiate. Non seulement les conditions objectives sont-elles hors d'atteinte, mais on a en plus le sentiment d'être les témoins d'une régression de la conscience nationale. Cette conjoncture a tout pour accroître le sentiment d'urgence des spontanéistes. Encore plus aliéné qu'on l'imaginait, le peuple a besoin d'être saisi des vrais enjeux. Après l'élection du 5 juin, un militant décrit « l'existence d'un malaise grandissant au Québec » : le marasme agricole, le mécontentement ouvrier, l'insatisfaction étudiante et la crise du système politique sont selon lui autant d'indices d'un éclatement prochain. Le FLQ doit passer aux actes et assumer pleinement son rôle d'avant-garde[25].

Les dernières éditions de *La Cognée* expriment de multiples façons cette urgence d'agir. En décembre 1966, on condamne le « prodigieux gâchis » des états généraux du Canada français que l'on assimile à un autre de ces exercices de « parlottes » et de « palabres » sans grande utilité[26]. Seules la force et l'action directe permettront aux Québécois de sortir de l'impasse. Dans l'avant-dernière livraison du journal, datée du 15 janvier 1967, les militants felquistes font le vœu de continuer le « combat clandestin » et « l'agitation politique » tout au long de l'année 1967. Et surtout, prévient l'un d'eux, qu'on ne « s'attende pas à des déclenchements fantastiques ou à des jour J spectaculaires [car] il est bien certain que nous n'attendrons pas de compter sur une réserve de 100 000 maquisards dans les camps secrets pour agir ». Avant tout, il faut mettre en place une « organisation authentique » capable de passer rapidement à l'action.

L'ultime livraison de *La Cognée* paraît le 15 avril 1967[27]. Il n'est plus possible de suivre l'évolution des idées spontanéistes après cette date, signe peut-être que les militants felquistes miseront tout désormais sur les actions d'éclat.

À défaut de traces écrites, il faut se rabattre sur le contexte de la fin des années 1960, fort bien décrit par Jean-Philippe Warren, qui offre le spectacle d'une convergence vers l'action directe[28]. Il y a tout lieu de croire que les felquistes de la mouvance spontanéiste percevaient cette convergence comme une confirmation de leurs prédictions. Les leaders étudiants de cette époque semblent eux aussi en avoir assez de la « parlotte ». Après les débrayages d'octobre 1968, un vent de radicalisation emporte tout sur son passage. Début 1969, les dirigeants de l'Association générale des étudiants de l'Université de Montréal décident de saborder leur association. Parmi les raisons invoquées, le souci d'un retour à la base comme moyen de « favoriser en chacun le développement de la conscience d'homme responsable[29] ». Le même phénomène se produit à l'Union générale des étudiants du Québec. L'UGEQ décide de se saborder après que les militants, lors d'un congrès houleux, eurent opté pour le courant le plus radical. Les partisans du sabordement favorisent eux aussi un retour à la base. Avant de défendre leur propre bien-être, les militants étudiants doivent se préoccuper de « la politisation des masses » et « mettre sur pied une société révolutionnaire autogérée[30] ».

Ces idées de retour à la base, de politisation des masses et de développement de la conscience révolutionnaire donneront naissance à de nouvelles organisations tout à fait typiques de l'époque. Dans quelques quartiers montréalais ouvriers, on voit émerger des comités d'action politique, ou CAP, qui ont pour mission de soutenir les travailleurs dans leur effort d'affranchissement. D'autres associations du même type poussent comme des champignons, comme les Travailleurs étudiants du Québec et le Front de libération populaire. Dans la jeune UQAM naît le Mouvement syndical politique, le MSP. Les animateurs de ce petit regroupement se perçoivent comme une « minorité agissante », expression très en vogue à l'époque. D'aucune façon le MSP n'entend se substituer à la défunte UGEQ, car « c'est à la base que se fait le travail véritable[31] ».

Toute cette activité militante — à bien des égards complètement nouvelle — alimente le courant spontanéiste. Ceux des militants felquistes qui désiraient passer à l'action voient leur sentiment d'urgence accrédité par des militants étudiants désireux de faire bouger les choses beaucoup plus rapidement. « Contester, écrit un militant du MSP, c'est pas critiquer, c'est démolir ; contester, c'est pas réformer, c'est abattre, révolutionner ; contester, c'est pas bâtir ensemble pour faire mieux, c'est éliminer ce qu'il y a de pire [...]. On ne veut plus de votre société de pourris, d'exploiteurs, de fraudeurs avec bonne conscience[32]. » La rhétorique *joualisante* de la révolte à répandre diverge quelque peu de la veine millénariste. L'attente patiente d'un âge d'or est remplacée par un appétit d'action, une frénésie du désordre, une fascination pour la violence. De la Révolution, on passe à la révolte ; du sacrifice des uns pour le salut de tous, on passe au *trip* du coup d'éclat. On rompt avec les institutions d'hier (comme l'AGEUM) pour vivre dans l'instant son militantisme révolutionnaire. On largue les amarres d'un passé qui n'a plus rien à offrir et on se jette dans l'action. D'espoir d'un renouveau pour l'homme, l'action militante révolutionnaire semble devenir une fin en elle-même ; elle n'est plus inscrite dans le temps long de l'Histoire. Si on se sent justifié d'agir ainsi, c'est que le peuple est malade de son passé et vit aliéné dans son présent. Toutes les avant-gardes et toutes les « minorités agissantes » qui ont pour mission de guérir les consciences ne sauraient suffire à la tâche. Il faudra marquer le coup, saisir les imaginations, secouer la torpeur ambiante.

Dans un tel contexte, il n'est pas exagéré de comparer l'action du FLQ en octobre 1970 à une thérapie de choc. Après la victoire des libéraux de Robert Bourassa en avril et les résultats décevants obtenus par le Parti québécois, on ressent le besoin de frapper un grand coup. Durant l'été qui suit, quelques militants organisent un plan d'enlèvement qui ne fera pas l'unanimité parmi les felquistes. Qu'à cela ne tienne, le 5 octobre 1970, la cellule Libération passe à l'action et enlève l'attaché commercial britannique James Richard Cross. C'est après un bref séjour aux États-Unis que les membres de la cellule Chénier auraient appris la nouvelle à la radio. Dans *Pour en finir avec Octobre*, Francis Simard se souvient de la déception qu'il a alors ressentie devant l'improvisation de leurs camarades de la cellule Libération. Lui, les frères Rose et Bernard Lortie passent à l'attaque à leur tour et enlèvent le vice-premier ministre du Québec, Pierre Laporte. La suite de l'histoire est connue. Incapable de donner une issue cohérente à ces gestes improvisés, le FLQ sera rapidement neutralisé, ses leaders emprisonnés ou envoyés à Cuba.

Las des discussions théoriques et des petites bombes isolées qui n'émouvaient plus personne, plusieurs felquistes avaient décidé que l'*attente* avait assez duré. Pourtant, les felquistes ne disposaient que d'une poignée de militants, n'avaient d'influence sur aucun des grands médias et n'avaient pas de groupe armé organisé. Comment, dans un tel contexte, espérer la victoire ? « On était vraiment pas prêts en termes d'organisation pour assumer des événements comme ça », expliquera Paul Rose à Marc Laurendeau plusieurs années plus tard. « C'était quand même suicidaire d'arriver puis de faire des enlèvements, comme ça, et puis de ne pas être capables d'en faire d'autres[33]. » Intellectuel phare du felquisme au milieu des années 1960 et leader de la gauche marxiste-léniniste durant les années 1970, Charles Gagnon écrivait quelques années avant sa mort, dans un texte aux allures de testament : « Le

FLQ était demeuré un mouvement essentiellement spontanéiste, où on mythifiait l'action directe, immédiate, au détriment de la réflexion politique, d'une pensée stratégique articulée aux conditions sociales et culturelles ambiantes. [...] La jeunesse révoltée ne voulait rien savoir de ces débats sur la voie du socialisme, sur la stratégie, sur les conditions objectives et subjectives, etc. La jeunesse voulait de l'action, elle a agi et s'est cassé la gueule sur la muraille de l'ordre établi[34]. »

*　　*　　*

L'étude de la pensée et de l'action des militants felquistes tend à confirmer la lumineuse intuition de François Ricard en 1984, à un moment où le mouvement souverainiste était à son plus bas. Constatant que nombre de militants, hier encore pleins d'ardeur pour la Cause, se sont repliés dans leur douillette sphère privée, Ricard se demande alors si cette dérive de l'idéal souverainiste ne tiendrait pas à son inspiration foncièrement « narcissique ». Durant la décennie 1960, l'idéal indépendantiste avait fait l'objet d'un « vaste retournement de sens ». L'inquiétude humaniste des précurseurs avait été remplacée par un « nouvel esprit », par « l'expression d'un pur désir de libération sans objet », par un « vague goût du Québec ». Le sérieux des premiers indépendantistes, leur gravité devant l'effort collectif, avait fait place à un lyrisme débordant où le militantisme devenait un immense *trip* narcissique. D'un projet de structuration pour contrer la fatigue culturelle des Canadiens français, l'indépendance était devenue une vaste fête, un grand *party*[35]. En somme, nous dit Ricard, la souveraineté prônée par le Parti québécois s'était départie de son caractère sacré.

L'assimilation du spontanéisme à un narcissisme demanderait de plus amples développements. Néanmoins j'observe, tout comme Ricard, un « retournement de sens » dans la militance felquiste des années 1960. On est gagné par l'impression que les militants de 1963 ne donnent pas le même sens à leurs actions que ceux de 1970. Les premiers felquistes pratiquent sans le savoir les trois grandes vertus théologales décrites par Jean-Marc Piotte, soit le dévouement, la foi dans un nouvel idéal et l'espérance d'un monde radicalement nouveau. L'hypothèse de Piotte est que ces militants cherchaient à reconstituer la « communauté primitive » — le village — faite de stabilité, de chaleur affective, de partage, mais aussi de contraintes[36]. Les militants de la deuxième époque ne sont pas de la même eau. Leur action ne se situe plus dans le long terme. Ils sont plus pressés d'agir que de réussir. Aux sources de cette mutation, il y a le sentiment d'urgence attisé, me semble-t-il, par une vision thérapeutique de la société. Pour les militants felquistes, la politisation des masses ou l'émergence d'une conscience libre demandait une thérapie d'un style particulier. Après deux élections générales — celles de 1966 et 1970 —, le peuple avait besoin d'un électrochoc. Les conséquences de cette thérapie n'avaient pas d'importance ; il fallait avant tout agir, brasser ce corps malade pour qu'il se réveille enfin.

La découverte du cadavre de Pierre Laporte aura un retentissement extraordinaire. Les imaginations en seront saisies, mais l'événement n'aura pas l'effet escompté. Il marquera au contraire la fin du spontanéisme et d'un certain romantisme révolutionnaire québécois.

9

Ethnie : terme fâcheux…

Parmi les questions posées aux « nationalistes d'aujourd'hui » dans ce colloque consacré à la pensée politique d'Hubert Aquin, il y a la suivante : « Sommes-nous sortis de l'ethnicisme[1] ? » Cette question, tendancieuse, n'est pas nouvelle. Depuis toujours, elle place les nationalistes québécois sur la défensive. Jusqu'en 1995, ceux-ci avaient, à la manière d'Hubert Aquin, balayé l'accusation du revers de la main. Le Québec, ou le Canada français, était pour eux une réalité « polyethnique », une « culture globale, cohérente, à base différentielle linguistique[2] ». L'universalisme trudeauiste fondé sur le rejet du passé et le contractualisme libéral laissait la plupart des nationalistes indifférents. L'idéologie de Trudeau, que l'on retrouve dans « La nouvelle trahison des clercs », à quoi répond « La fatigue culturelle du Canada français », ne suscitait ni mauvaise conscience ni inhibition particulière. Après le référendum de 1995, cependant, le doute semble avoir gagné nombre de politiciens et d'intellectuels souverainistes. Comme l'ont montré de multiples colloques, débats et tables rondes, plusieurs d'entre eux ont même eu tendance à opposer le « civique » à l'« ethnique », le « sol » au « sang », l'avenir au passé. Pour que le souverainisme soit à nouveau acceptable, il fallait le dépouiller de sa référence canadienne-française, faire disparaître toute trace d'ethnicisme. La question qu'on pose aux « nationalistes d'aujourd'hui » doit être située dans ce contexte de doute, de remise en question, de morosité.

Ma contribution à la discussion sera celle d'un historien. Pour être pertinent, je n'ai cependant d'autre choix que de transformer la question. Au lieu de me demander si nous sommes sortis de l'ethnicisme — question à laquelle un ethnologue ou un anthropologue pourrait répondre mieux que moi —, je me demanderai, en me fondant sur l'historiographie récente, si nous y sommes jamais *entrés*. Pour répondre à cette nouvelle question, je vais me référer à deux moments de l'histoire québécoise : le moment patriote et le moment conservateur. Même si je sais qu'on ne doit pas confondre ethnicisme et racisme, même si je n'ignore pas que le concept d'ethnie ne renvoie pas seulement au sang, à l'hérédité ou à la dimension biologique de l'appartenance à une communauté nationale, je vais tout de même utiliser le concept d'ethnie dans ce sens-là, c'est-à-dire dans son acception la plus radicale. Cette réduction au biologique me semble être la plus courante, même chez les chercheurs ou les intellectuels. On renvoie généralement à l'appartenance ethnique lorsqu'on cherche à montrer que l'identité se définit par la filiation biologique, non par le territoire ou la loi. C'est ainsi que l'on distingue, la plupart du temps, le Canada français ethnique traditionnel du Québec civique d'après la Révolution tranquille.

Le moment patriote

Pendant longtemps, la principale interprétation des rébellions de 1837-1838 a été inspirée par celle de Lord Durham. Dans son rapport rendu public en 1839, on peut lire cette phrase célèbre, citée *ad nauseam* par la suite : « Je m'attendais à trouver un conflit entre le gouvernement et le peuple ; je trouvai deux nations en guerre au sein d'un même État ; je trouvai une lutte non de principes, mais de races[3]. » Cette interprétation « ethniciste » des Rébellions sera reprise, beaucoup plus tard, par l'historiographie antinationaliste. Chef de file de l'école de Québec, l'historien Fernand Ouellet a défendu une thèse similaire à celle de Lord Durham, à ceci près qu'il a estimé que tous les ingrédients étaient réunis en 1837 pour lancer une véritable « révolution démocratique et bourgeoise[4] ». La crise agricole des années 1830, la rareté des terres, l'accroissement des charges seigneuriales, la précarité économique des urbains auraient pu engendrer un soulèvement populaire de grande envergure. Si cela ne s'est pas produit, explique Ouellet, c'est parce que l'élite patriote a procédé à une « spoliation idéologique[5] » du mouvement social en émergence. Les leaders patriotes défendaient avant tout leurs intérêts de classe contre une bourgeoisie de marchands anglais qui tenait le haut du pavé. Incapable de tirer profit de la nouvelle dynamique capitaliste, la petite bourgeoisie canadienne aurait développé un véritable complexe d'infériorité. Au lieu de se faire le porte-parole du peuple, de devenir la championne de l'antiféodalisme, d'épouser les idées libérales d'avant-garde, l'élite patriote préféra opter pour un discours ethnique et revanchard en défendant les institutions traditionnelles d'une nation menacée.

Cette perspective longtemps dominante — celle d'une lutte « de races, non de principes » — est contredite depuis une quinzaine d'années par plusieurs historiens[6]. L'étude la plus convaincante sur ce sujet est probablement celle de Louis-Georges Harvey, qui publiait en 2005 *Le Printemps de l'Amérique française*. Harvey est l'un des premiers historiens à s'en prendre ouvertement à la vision ethniciste de la Rébellion, omniprésente dans notre historiographie depuis le fameux rapport Durham. Selon l'historien, l'envoyé britannique aurait « balay[é] du revers de la main les assises civiques de la république bas-canadienne qui avaient été établies dans le discours patriote[7] ». Pour mieux saisir les griefs des patriotes contre le pouvoir colonial, il est essentiel, selon Harvey, de situer ce mouvement politique dans son contexte américain. Tout comme les leaders anticolonialistes d'Amérique du Sud de la même époque, les patriotes souhaitaient rompre avec une métropole dont les institutions politiques paraissaient rétrogrades et qui, le plus souvent, n'avantageaient outrageusement qu'une petite caste. C'est pourquoi les patriotes proposèrent une critique morale du régime en place qui desservait mal, selon eux, une société du Nouveau Monde où régnait une égalité naturelle entre les hommes.

En bons républicains, les patriotes privilégiaient également le pouvoir du talent par rapport à celui de l'argent. Si certains d'entre eux prirent la défense des institutions seigneuriales, ce fut à la manière d'un Jefferson, qui vantait les vertus du propriétaire terrien, capable de résister aux tentations de la vile corruption. Les patriotes, explique Harvey, accordèrent aux Juifs leurs droits civiques, rêvèrent de fonder un système d'écoles publiques et de créer des prisons qui favoriseraient la réhabilitation des criminels ; s'ils n'adoptèrent pas le credo libéral et capitaliste, c'est parce qu'ils privilégiaient une autre modernité que celle que proposaient les marchands. « Loin de présenter un archaïsme, la critique patriote du capitalisme marchand se situe au centre d'une contestation de ses effets politiques qui anticipait sur la critique socialiste ; elle s'appuyait cependant sur une analyse morale plutôt que matérielle et s'attardait aux conséquences pour la démocratie d'une modification fondamentale des mœurs politiques et civiques[8]. » Anticolonial et républicain, le mouvement patriote n'avait donc rien d'un mouvement racial ou ethnique. Inspirés par les révolutionnaires américains, les patriotes souhaitaient rallier à leur cause tous ceux qui adhéraient aux principes contenus dans leurs 92 Résolutions. L'adhésion des frères Nelson ou d'Edmund O'Callaghan semble montrer que, pour prendre part au mouvement, il importait peu d'avoir du sang français, le critère « racial » n'ayant vraisemblablement aucune importance.

Sans contredit, le mouvement patriote participe de l'éveil d'une conscience nationale. Et comme l'a bien montré l'historien Gilles Laporte, la mobilisation des patriotes et des loyaux durant l'année 1837 a beaucoup à voir avec des rivalités locales fondées sur l'appartenance nationale[9]. Cela dit, pour revenir à la question posée, si nous sommes un jour entrés dans l'ethnicisme, ce n'est certainement pas en 1837. C'est du moins la conclusion qu'on peut tirer à la lecture de l'ouvrage éclairant de Louis-Georges Harvey sur les intentions politiques du parti de Louis-Joseph Papineau.

Le moment conservateur

Que nous ne soyons pas entrés dans l'ethnicisme dans les années 1830, cela ne surprendra probablement personne. Pour les néonationalistes québécois des années 1960 et 1970 et pour les souverainistes d'aujourd'hui, le mouvement patriote reste une référence incontournable, une façon de se raccrocher au passé. Cela explique pourquoi, en novembre 2001, le gouvernement péquiste de Bernard Landry a décidé de remplacer la fête de Dollard des Ormeaux par la Journée nationale des patriotes. Dans le discours prononcé à l'Assemblée nationale en faveur de cette nouvelle fête, le premier ministre expliquait que le mouvement patriote « n'a pas réuni que des Canadiens, comme on appelait à l'époque les Québécois francophones. […] Ce qui veut dire que la tradition rassembleuse du Québec, la tradition civique qui était celle du Bas-Canada et qui est aujourd'hui la nôtre n'est pas une invention récente. Il est dans la fibre nationale même du peuple québécois d'être une société civique composite et ouverte sur le monde[10]. » Dans l'imaginaire politique d'aujourd'hui, le mouvement patriote est clairement associé au pluralisme, à l'ouverture à l'autre, bref, à tout ce qui n'est pas « ethnique ».

Si on se tourne maintenant vers la conception de la nationalité que se seraient faite les Canadiens français conservateurs, on aurait bien du mal à convaincre qu'elle ne fut pas ethnique. C'est que le Québec « moderne », conçu comme une communauté de citoyens habitant un territoire donné, s'est en grande partie construit contre ce Canada français prétendument ethnique, replié sur lui-même, soi-disant fermé au pluralisme. Dans le mythe de la Grande Noirceur, il y a bel et bien cette idée d'un ethnicisme un peu honteux que certains condamnent sévèrement et que d'autres historicisent avec une certaine empathie, même s'ils se réjouissent d'avoir pour de bon quitté les rives de cette sombre époque. Se demander si nous sommes « sortis de l'ethnicisme », n'est-ce pas, au fond, se demander si nous sommes sortis de ce vieux Canada français conservateur ? J'aimerais nuancer quelque peu cette interprétation moderniste que trop de gens tiennent pour acquise. Des ouvrages récents donnent à penser que, même chez les penseurs nationalistes canadiens-français les plus orthodoxes, l'adhésion à une culture comptait davantage que l'hérédité biologique.

Dans *Le Québec au siècle des nationalités*, l'historien Marcel Bellavance déplore la pauvreté du débat sur la nation qui a pris place au Québec après le référendum de 1995. Selon lui, le couple ethnique-civique est trop réducteur ; il rend mal la conception que les romantiques allemands du XIXe siècle se faisaient de la nation. Revisitant, à la suite du philosophe Alain Renault, le classique *Discours à la nation allemande* de Fichte, Bellavance soutient que les romantiques allemands distinguaient clairement la culture, transmissible par l'éducation, de l'ethnie ou de la race, transmissible uniquement par le sang. Pour éviter les confusions ou les condamnations sans nuances, estime Bellavance, il est donc impératif de ne pas confondre « communauté des citoyens », « communauté de culture » et « communauté de nature ». Entre une appartenance purement formelle au sol et une filiation qui ne se définit que par le sang, il y aurait eu une voie mitoyenne, celle de la culture. Or, cette culture pouvait être transmise par l'école. Au centre de la pensée des romantiques allemands, souvent caricaturée par les libéraux, on retrouve ce « principe d'éducabilité », soit l'appropriation de la grammaire d'une nation par l'apprentissage de sa langue et de son histoire.

Fort de cette analyse, Bellavance, dans le second chapitre de son livre consacré à la nation et au nationalisme, se penche sur la pensée d'un des chefs de file de l'ultramontanisme canadien-français : Louis-François Laflèche (1818-1898), évêque de Trois-Rivières à partir de 1870. Grand allié d'Ignace Bourget dans sa croisade antimoderniste et admirateur, tout comme le deuxième évêque de Montréal, du pape Pie IX, Laflèche fut certainement l'un des conservateurs les plus orthodoxes du XIXe siècle[11]. Si l'on se réfère à la vulgate de la Grande Noirceur, il devrait donc être l'un des plus « ethnicistes », l'un de ceux qui auraient été les plus réticents à ouvrir le cercle de la nation aux « étrangers ». Or, l'analyse de *Quelques considérations sur les rapports de la société civile avec la religion et la famille*, traité théologico-politique publié en 1866 alors que Laflèche n'est qu'un jeune abbé, ne permet pas de soutenir une telle idée. À la manière de Fichte, il défend une conception culturelle de la nation, ouverte aux nouveaux arrivants dans la mesure où ceux-ci veulent bien s'approprier sa langue, ses mœurs et sa foi. À cette fin, l'éducation jouait à ses yeux un rôle clé car elle permettait de transformer ceux qui n'étaient pas nés ici en véritables Canadiens français. Méditant sur le sort des immigrés de son époque, Laflèche écrit : « Au point de vue national, ils ne sont plus ce que la naissance les avait faits, Allemands, Écossais ou Irlandais, mais ils sont Canadiens, c'est-à-dire que l'éducation les a faits[12]. » La naissance, l'hérédité biologique, quoique importante, n'étaient donc pas pour Laflèche le seul critère d'appartenance à la nation, ni même le plus important. Comme il l'écrit lui-même : « L'éducation encore plus que la naissance fait la nationalité[13]. »

Si la nationalité canadienne-française telle que définie par Laflèche tenait avant tout à la langue, aux mœurs et à la foi, si ces critères d'appartenance étaient transmissibles par l'éducation, pouvait-on, en certaines circonstances, perdre sa nationalité, ne plus être Canadien français ? Que se passait-il si un Canadien français ne maîtrisait plus sa langue maternelle, s'il tournait le dos aux us et coutumes de sa nationalité ou, pire encore, s'il abjurait sa foi ? Pouvait-on encore le considérer comme un Canadien français ? Si le sang plutôt que la culture avait tenu lieu de critère déterminant d'appartenance à la nation, nul doute que Laflèche aurait affirmé haut et fort que, peu importe les circonstances, un Canadien français restait un Canadien français puisque son hérédité, sa filiation biologique, l'aurait amené à penser et à agir d'une certaine manière. Or, la citation suivante montre bien que Laflèche ne voyait pas les choses ainsi, que sa conception culturelle de la nation pouvait même aller très loin :

> Allez les visiter [les Canadiens français] dans leur nouvelle patrie [américaine], entrez dans leurs maisons, qu'y trouverez-vous ? Un père, une mère canadiens-français, nés et élevés catholiquement dans le Bas-Canada. Interrogez les enfants, faites-les parler.

Le père et la mère vous répondront qu'ils ont quitté le Canada depuis quinze ans, vingt ans ; que, depuis, ils ont parfaitement appris l'anglais ; qu'ils s'appelaient autrefois Boisvert, Lamontagne, mais qu'aujourd'hui on les nomme Greenwood, Mountain. À vos questions en français, les enfants, un peu étonnés d'entendre cette langue, vous regarderont en répondant : « *I don't understand.* » Suivez-les le dimanche, vous verrez qu'un certain nombre ne fréquentent aucune église [...]. Or, je vous le demande, une famille canadienne-française où on ne parle plus la langue française, où l'on n'est plus catholique, où l'on a adopté les mœurs et les coutumes des Américains, à quelle nationalité appartient-elle ? Que lui reste-t-il de la nationalité de ses ancêtres ? Rien. Ils sont Américains et nullement Canadiens[14].

Quand on sait avec quelle férocité les ultramontains rejetaient le modèle américain, on ne se surprend guère de voir Laflèche évoquer cet exemple. Un Canadien français qui n'apprenait plus le français à ses enfants, négligeait sa pratique religieuse et se vautrait dans le matérialisme yankee ne pouvait que perdre son âme ! Cela dit, une telle perspective nous oblige à nuancer l'ethnocentrisme canadien-français, du moins tel que nous l'entendons depuis la Révolution tranquille. Pour un penseur aussi traditionnaliste que Laflèche, l'appartenance à la culture nationale, et ce, même pour les Canadiens français « de souche », ne dépendait pas seulement de la naissance. Le patrimoine culturel était aussi un héritage à conquérir et à entretenir.

Le lecteur honnête m'accordera peut-être que le cas de Laflèche est intéressant, mais il ne manquera pas de remarquer qu'il est probablement isolé. Sûrement, ce lecteur de bonne foi rétorquera que Laflèche n'est pas le plus représentatif des penseurs canadiens-français et que, pour être plus convaincant, il faudrait surtout se pencher sur la pensée de Lionel Groulx, davantage emblématique de l'ethnicisme canadien-français tant pourfendu par les héritiers de la Révolution tranquille. Les études groulxiennes étant un continent en soi, il n'est pas aisé de traiter un aussi vaste sujet sans tomber dans les raccourcis risqués. Les recherches récentes sur la pensée du chanoine sont nombreuses et très riches[15]. Pour évaluer l'ethnicisme de Groulx, je me référerai surtout à l'analyse que propose Frédéric Boily dans *La Pensée nationaliste de Lionel Groulx,* ouvrage publié en 2003 et salué par les experts.

« Il en est du rapport à Lionel Groulx comme du rapport à l'histoire québécoise dans son ensemble : il fait régulièrement problème », écrivait l'historien Julien Goyette dans son introduction à une anthologie[16]. L'un des problèmes les plus sensibles à propos du chanoine, surtout à partir du début des années 1990, fut de savoir si, oui ou non, sa pensée avait communié à l'antisémitisme des années 1930. Il ne s'agissait donc pas seulement de savoir si sa pensée avait été « ethniciste », ce qui semblait aller de soi pour tout le monde, Grande Noirceur oblige, mais bien de voir s'il avait été « raciste », ce qui est évidemment beaucoup plus grave. Dans *Le Traître et le Juif,* un livre-pamphlet consacré à la pensée de Groulx durant la décennie de la Crise, Esther Delisle a défendu une thèse très controversée qui assimilait le groulxisme au délire antisémite de l'extrême droite des années 1930, voire au nazisme[17]. S'en est suivi un débat passionné. Avec rigueur et distance, Frédéric Boily a souhaité reprendre la question du début.

Comme beaucoup d'hommes de sa génération, Groulx utilisait le concept de *race* pour désigner un peuple ou une nation. Lorsqu'on se reporte à ses conférences des années 1930, on constate rapidement que l'hérédité biologique jouait un rôle important quand venait le temps de décrire ce qu'était, profondément, un Canadien français à ses yeux : « Par notre naissance, par le sang que nous portons dans nos veines, par les hérédités dont notre être est chargé, nous sommes prédestinés à certaines façons de penser et de sentir[18]. » Comme le montre également Boily, Groulx représentait souvent le Canada français comme un « être ethnique », c'est-à-dire comme un être vivant qui disposait de sa propre personnalité. Autre élément à noter, Groulx a beaucoup insisté, dans son œuvre historienne, sur le fait que les premiers colons français ne s'étaient pas mariés aux autochtones, façon un peu troublante de dire que la « race » canadienne-française était restée pure, que les Canadiens français pouvaient tirer une grande fierté de leurs origines puisqu'ils étaient les héritiers directs d'une grande civilisation, celle de la France de Louis XIV. Boily voit dans ce « réel souci pour la qualité du sang des fondateurs » une « mixophobie » tout à fait caractéristique de sa pensée[19]. Le rapport de Groulx aux Juifs fut aussi trouble. Doit-on, pour autant, qualifier Groulx d'antisémite ? Cela dépend de la définition que l'on donne à ce mot. Si par *antisémitisme* on entend une doctrine, une idéologie qui fait de la question juive la matrice principale permettant de rendre compte des grands malheurs de la nation, la réponse serait non. Pour Groulx, les difficultés politiques, économiques et culturelles de la nation canadienne-française n'étaient pas les conséquences directes et fatales de l'action des Juifs. En revanche, si on se réfère à des allusions plus ou moins fréquentes mais régulières au « problème juif », alors la réponse serait oui.

Comme bien des intellectuels de son époque, Groulx déplorait que cette communauté refusât de se solidariser avec la communauté majoritaire. Il lui arrivait de la présenter comme un bloc mû par des intérêts bassement matériels, par un appétit effréné de l'argent[20]. La façon qu'il avait d'inviter parfois les Canadiens français à imiter la solidarité ethnique des Juifs est typique de ce regard ombrageux porté sur une communauté dont on admirait la cohésion, mais que l'on considérait comme un corps étranger[21]. Comme l'ont montré Max et Monique Nemni dans leur biographie de Pierre Elliott Trudeau, une telle perspective était très répandue parmi l'élite canadienne-française. On la retrouve dans la pièce *Les Dupés,* écrite par Trudeau lui-même et créée au printemps 1938 au collège Brébeuf ; elle met en scène des Canadiens français un peu candides, incapables de faire preuve de solidarité entre eux, contrairement aux Juifs[22].

Si l'hérédité occupait une place non négligeable dans la pensée de Groulx sur la nation, elle n'occupait cependant pas toute la place, ni même peut-être une place centrale. Comme l'explique Boily : « À trop poursuivre la biologisation raciale, force lui [aurait été] de conclure, essentialisme biologique oblige, à l'identité raciale entre le Français et le Canadien français[23]. » Or les Cana-

diens français, malgré leurs origines françaises, malgré leur faible
métissage au contact des autochtones, n'étaient plus des Français.
Le milieu et surtout l'histoire les avaient façonnés autrement.
Selon Groulx, un Canadien français était « un Français canadia-
nisé. Un Français, d'origine et de culture, mais modifié, diversifié
par trois cents ans d'existence, en un milieu géographique et historique original[24] ». Si l'hérédité avait son importance, elle n'était
pas déterminante chez Groulx ; il n'y a pas, dans sa pensée, d'essentialisme racial. C'est du moins ce qu'il fait valoir de façon on ne
peut plus explicite lors d'une conférence sur l'éducation nationale
prononcée le 5 décembre 1936, alors que le régime nazi suscite une
troublante admiration dans certains milieux de droite : « Contrairement […] à ce que prétend certain fabricant d'épouvantails
nationalistes pour exercices aristocratiques de tir, nous ne plaçons
pas l'essence ni la grandeur de la nationalité dans le fétichisme du
sang ou de la race ; chrétiens, catholiques, nous les plaçons dans
la justesse et la finesse de la raison, dans la grandeur morale de la
volonté, dans la hauteur spirituelle de l'âme et de la culture[25]. »

Plus tard, dans ses *Mémoires,* Groulx se défendit encore d'avoir
fondé ce qu'il appelait la race « uniquement sur le sang, à la façon
animale ou biologique[26] ». De plus, comme en font foi les différentes versions de *La Naissance d'une race,* Groulx refusa de hié-
rarchiser les races, de distinguer, à la manière des nazis, les races
supérieures des races damnées. Chaque nation était différente et
la richesse de l'humanité tenait à cette diversité souhaitée par le
Créateur. En somme, comme le rappelle fort judicieusement
Boily : « En soulignant ainsi le caractère culturel du nationalisme
groulxiste, on sort du piège intellectuel de la *reductio ad hitlerum,*
caractéristique d'une certaine pensée qui voit du nazisme plus ou
moins explicite dans pratiquement toute idéologie politique et
conduit paradoxalement à la banalisation du mal politique que
furent les camps du régime nazi[27]. » Comme les nationalistes
romantiques (Herder, selon Boily), c'est davantage la langue et la
culture que la race ou l'hérédité pure qui font la nation chez
Groulx.

*   *   *

Il faudrait bien plus que ces quelques incursions dans notre historiographie récente pour régler le cas de l'ethnicisme dans le Québec d'avant la Révolution tranquille. Il y a d'ailleurs là un champ de recherche encore inexploré qui attend ses historiens. Aussi curieux que cela puisse paraître, le Québec n'a pas vraiment trouvé l'historien du nationalisme qui, tel un Raoul Girardet, explorerait ses différentes manifestations, les situerait dans leur contexte. Dans notre historiographie, le nationalisme est le plus souvent analysé comme la composante d'une idéologie globale, non pas comme l'un des ressorts fondamentaux de notre conscience collective. Une véritable histoire du nationalisme québécois permettrait, je crois, un peu comme j'ai tenté de le faire dans cet essai très schématique, de nuancer certains jugements à l'emporte-pièce.

L'un de ces jugements consiste à affirmer que ce qui ne communie pas explicitement au libéralisme moderniste ou à un universalisme désincarné penche à coup sûr du côté d'un ethnicisme rétrograde. Il est vrai, par exemple, que les patriotes et les conservateurs ont été, chacun à leur façon, d'ardents critiques de l'individualisme libéral et des dérives possibles d'un capitalisme anomique. Il est vrai qu'ils ont, chacun à leur façon, adhéré à une vision « communautarienne » de la société qui aurait refusé de considérer la nation comme un simple agrégat d'individus protégés par des chartes. Il est aussi vrai que patriotes et traditionalistes refusaient le déracinement, les uns en protégeant l'institution du régime seigneurial au nom d'une certaine vision de la propriété, les autres en idéalisant les explorateurs et les mystiques de la Nouvelle-France. En somme, il est probablement vrai que les porte-parole de la nation canadienne puis canadienne-française d'avant la Révolution tranquille n'ont jamais explicitement adhéré au progressisme libéral de Lord Durham ou de Pierre Elliott Trudeau. Pour autant, ont-ils été des ethnicistes ? Ont-ils réduit la nation à une tribu dont l'appartenance ne dépendait que du sang ? Je ne le crois pas. Une conception de la nation et du nationalisme qui ne se réclame pas explicitement du libéralisme moderniste ne débouche pas fatalement sur l'ethnicisme.

Depuis toujours, mais particulièrement depuis l'émergence du mouvement indépendantiste moderne, ce soupçon ethniciste qui pèse sur le nationalisme québécois a été une arme redoutable. En juillet 1968, à peine un mois après l'élection de Pierre Elliott Trudeau comme premier ministre du Canada, André Belleau demande à Hubert Aquin de collaborer à un projet de dictionnaire politique et culturel du Québec pour le compte de la revue *Liberté*. Belleau souhaite qu'Aquin propose des définitions pour certains concepts sensibles comme *ethnie, nationalisme, peuple*. Et Belleau d'ajouter : « La dialectique fédéraliste leur a fait subir une dégradation sémantique telle qu'on n'ose plus les employer. C'est là la véritable violence : faire croire que le menacé est menaçant, le lésé le lésant, lui enlever de la bouche les mots exprimant ses appartenances les plus primordiales et les retourner contre lui, le réduire en borborygmes. Serais-tu d'accord pour aborder ces articles de ce point de vue[28] ? » Aquin accepte de se prêter au jeu. Non sans ironie, il propose, quelques mois plus tard, la définition suivante du concept d'ethnie : « Terme fâcheux qualifiant un groupe linguistique et culturel. On arrive vite à ethnocentrisme pour désigner les aspirations nationalistes normales des Québécois ; et, on a beau faire, ethnocentrisme a une certaine connotation péjorative[29]. »

Écrivain célébré de son vivant, virtuose de la langue française, Hubert Aquin fait bien voir dans cette définition que l'emploi du concept d'ethnie renvoie, pour l'essentiel, à un procédé rhétorique. Les souverainistes ont beau déployer toute l'énergie possible pour montrer patte blanche, *ethnie* connotera toujours l'ethnocentrisme ou l'ethnicisme. Se demander, aujourd'hui, si nous sommes sortis de l'ethnicisme, n'est-ce pas faire crédit à la rhétorique du soupçon ? N'est-ce pas penser le nationalisme québécois à partir d'une catégorie fournie par l'un de ses plus redoutables adversaires ? N'est-ce pas montrer que Pierre Elliott Trudeau a peut-être gagné la bataille des mots ?

10

Un jésuite au ministère de l'Éducation

Que l'on soit un militant actif de la coalition « Stoppons la réforme », un enseignant incapable de pratiquer la « pédagogie différenciée » devant une classe de trente élèves ou un simple citoyen sceptique face aux prétendues vertus du socioconstructivisme, oser critiquer le « renouveau pédagogique » du ministère de l'Éducation, des Loisirs et du Sport — la politique officielle du gouvernement québécois depuis le début du millénaire —, c'est courir le risque d'être qualifié de nostalgique-du-collège-classique. Peu importe le forum, les meilleures démonstrations se heurtent presque toujours à cet argument d'autorité qui tombe comme un couperet, discrédite moralement toute forme d'opposition à la *doxa* pédagogiste. Pour plusieurs, oser remettre en question cette énième « réforme scolaire », c'est forcément plaider pour une forme d'éducation désuète, celle-là même qui régnait sans partage durant cette horrible Grande Noirceur dominée autrefois par des clercs dispensant un savoir abstrait, désincarné, du haut de leur chaire, sans trop se soucier de « l'apprenant ».

Sans que cela soit toujours clairement dit, on associe la pédagogie traditionnelle à l'ancien régime catholique et clérical. D'une certaine manière, la victoire de la nouvelle pédagogie consacrerait le triomphe des Lumières contre l'obscurantisme religieux. Un tel amalgame fait fi des recherches récentes sur les origines catholiques de la Révolution tranquille. Le « renouveau pédagogique » que nous subissons depuis quelques années doit beaucoup au personnalisme chrétien de toute une génération de catholiques.

Parmi les penseurs les plus influents de cette génération, on retrouve le jésuite Pierre Angers (1912-2005), qui inspira une nouvelle conception de la pédagogie dite active et fut l'une des premières têtes pensantes du Conseil supérieur de l'éducation, institué en 1964.

Dans les dernières décennies, de nombreux travaux sur l'industrialisation, le mouvement ouvrier et le libéralisme ont permis de montrer que le Québec d'avant les années 1960 était en profonde transformation. Dans ces travaux comme dans notre mémoire collective, il semble convenu que ces changements économiques, sociaux et culturels avaient pris forme à l'extérieur d'une Église catholique qui défendait pied à pied la tradition et un ordre condamné. La thèse des origines catholiques — ou personnalistes — de la Révolution tranquille, défendue de brillante façon par l'historien Michael Gauvreau[1] et par les sociologues E.-Martin Meunier et Jean-Philippe Warren[2], est venue nuancer considérablement ce portrait. Ce que montrent ces travaux, c'est que la modernisation culturelle du Québec résulte, en partie du moins, d'une mutation de l'éthique catholique à l'intérieur de l'Église elle-même. À partir des années 1930, une nouvelle génération de catholiques canadiens-français subit l'influence de penseurs comme Charles Péguy, Jacques Maritain et Emmanuel Mounier — fondateur de la revue *Esprit*, lancée en 1932, et principal penseur du personnalisme. La jeune génération rejette un catholicisme trop axé sur l'observance conformiste des rites et critique sévèrement une Église centrée sur les clercs plutôt que sur les laïcs. Elle s'en prend aussi à cette Église qui prêche une obéissance aveugle à l'autorité et qui réduit le message chrétien à une apologie de la tradition au lieu de former des apôtres du changement.

Plus globalement, la nouvelle éthique catholique prend le contrepied de l'éthique traditionnelle conçue à l'époque de la Contre-Réforme pour embrasser deux principes clés de la modernité culturelle qui transformera le XXe siècle. D'abord, à leur façon, les adeptes de cette éthique personnaliste prônent une rupture radicale avec le passé. Durant les années 1930, les aînés, souvent associés à ces bourgeois hypocrites qui prêchent une chose et font le contraire, sont accusés d'avoir failli. Porteuse de renouveau, la jeunesse est investie d'une mission sacrée : celle d'opérer la révolution spirituelle, laquelle permettra à chacun de vivre plus authentiquement sa foi[3]. C'est ce désir presque obsessif d'authenticité, omniprésent dans les écrits de cette génération personnaliste, qui constitue l'autre idée phare de la modernisation culturelle. Une nouvelle approche du message chrétien, pensait-on, permettrait à la personne de faire ses propres choix, de vivre avec intensité des expériences librement choisies, et d'éviter ainsi les conformismes aliénants ou les routines paresseuses.

Au Québec, cette nouvelle éthique catholique semble avoir préparé les esprits à la modernité culturelle en prenant pour cible deux institutions fondamentales : la famille et l'école. Comme le montre bien Michael Gauvreau dans les chapitres les plus convaincants de son ouvrage[4], plusieurs jeunes militants laïcs de l'Action catholique ne se gênèrent pas pour critiquer la famille traditionnelle qui imposait à l'homme et à la femme un rapport hiérarchique et obligeait le couple à avoir de nombreux enfants. Les services de préparation au mariage, animés le plus souvent par les mêmes laïcs, en vinrent à considérer la famille non plus comme une institution qui devait transcender les individus, mais bien comme une communauté de proximité, essentielle à l'équilibre intérieur et affectif de la personne. S'il fallait se marier, fonder une famille, ce n'était plus par devoir ou pour continuer la revanche des berceaux, mais bien pour vivre des expériences enrichissantes. L'harmonie des familles dépendait désormais d'une sexualité satisfaisante tant pour l'homme que pour la femme, de nouvelles méthodes d'espacement des naissances — qui n'excluaient pas, jusqu'à l'encyclique *Humanae Vitae* (1968), la pilule contraceptive —, de la possibilité pour la mère de se réaliser à l'extérieur du foyer et de rapports plus égalitaires entre les parents et les enfants.

Ces rapports plus authentiques qu'il importait d'introduire dans la famille devaient-ils également prévaloir à l'école ? Les personnalistes prônèrent-ils de nouvelles méthodes d'enseignement, une nouvelle pédagogie ? Étonnamment, Gauvreau n'aborde pas cette question. Pourtant, selon E.-Martin Meunier, la révolution personnaliste procédait d'une « intention pédagogique[5] ». L'autorité des clercs, l'enseignement magistral, la répétition routinière de formules apprises par cœur, si elles commandaient le respect, suscitaient chez le fidèle un conformisme que déploraient les personnalistes. Une foi authentique, incarnée, ne pouvait être transmise de l'extérieur. Il fallait plutôt la voir éclore à l'intérieur de soi, à la suite d'un long cheminement intime. Les personnalistes firent peser un lourd soupçon sur l'enseignement traditionnel de la foi, encore là trop centré sur les clercs plutôt que sur les fidèles, ainsi que sur l'institution médiatrice qu'était l'école et son représentant en classe, le maître. Pour comprendre les implications de cette intention pédagogique, il vaut la peine de s'arrêter sur l'œuvre de Pierre Angers, à qui l'on doit l'un des avis les plus célèbres du Conseil supérieur de l'éducation : *L'Activité éducative* (1971). La genèse intellectuelle de ce texte montre que le « renouveau pédagogique » actuel n'a finalement rien de bien neuf…

Un personnaliste bien de son temps

Pierre Angers naît en 1912 dans un milieu aisé. Fils d'un juge, il fréquente une école primaire de Westmount[6]. Après des études classiques aux collèges Sainte-Marie et Brébeuf, il entre officiellement chez les Jésuites en août 1930. Pour reprendre une distinction précieuse apportée par Jean Gould, l'Église à laquelle appartiendra Pierre Angers n'est pas celle de la paroisse, enracinée dans les villages et les quartiers canadiens-français, mais bien celle des œuvres, située surtout dans les grandes villes, disposant d'un impressionnant réseau international développant, après la Seconde Guerre mondiale, de grandes bureaucraties et formant des contingents d'experts[7].

Considéré comme un grand penseur de la pédagogie moderne, Pierre Angers n'a pas fait d'études universitaires en psychologie, en épistémologie ou en anthropologie. Il obtient plutôt une licence en théologie de l'Université de Montréal en 1944, et une licence en lettres trois ans plus tard au même endroit. En 1949, il obtient un doctorat en littérature française de l'Université de Louvain, pour une thèse consacrée à *L'Art poétique* de Paul Claudel, laquelle est publiée la même année au Mercure de France. Retour d'Europe, Pierre Angers se consacre à l'enseignement. Il sera professeur et directeur des études au Collège Brébeuf de 1951 à 1965, et professeur de lettres à l'Université de Montréal de 1945 à 1961. Après la publication en 1959 du recueil d'essais *Foi et Littérature,* sur lequel nous reviendrons, toute son activité intellectuelle est consacrée à la question de l'éducation. Il publie coup sur coup *Problème de culture au Canada français* (1960), *L'Enseignement et la société aujourd'hui* (1961) et, surtout, *Réflexions sur l'enseignement* (1963), des textes qui font de lui une référence incontournable. Ces courts ouvrages regroupent des conférences publiques ou des mémoires écrits pour le compte de la Compagnie de Jésus dans la foulée des consultations de la Commission royale d'enquête sur l'enseignement dans la province de Québec présidée par Mgr Alphonse-Marie Parent. À partir de cette époque, Pierre Angers collabore au Service de la recherche de la Fédération des collèges classiques et publie quelques textes remarqués dans *Prospectives,* un périodique fondé en 1964 par la Fédération. Qu'il appartienne à la première cohorte nommée au Conseil supérieur de l'éducation, auquel il siégera de 1964 à 1972, n'a donc rien de surprenant.

De 1968 à 1971, Angers participe également aux travaux de l'Opération Départ lancée par la Direction de l'éducation permanente du ministère de l'Éducation, dont le volumineux rapport paraît en 1971, la même année que *L'Activité éducative.* De 1971 à 1977, il agit comme conseiller du recteur de l'Université du Québec à Trois-Rivières, où il poursuit, avec Colette Bouchard et l'équipe du Centre de recherche prospective en éducation, ses réflexions sur l'activité éducative. À la fin des années 1970, il préside une importante commission sur l'avenir de l'enseignement supérieur. Ses multiples nominations dans des instances clés, ses trois doctorats *honoris causa* décernés par des universités québécoises (Sherbrooke, Laval, UQAM) montrent l'indéniable influence du personnage, qui s'éteint le 26 décembre 2005. L'ancien président de l'Université du Québec Pierre Lucier, tout comme Angers théologien et homme d'appareil, rend alors un vibrant hommage à celui qui a « contribué au développement d'une pensée éducative d'abord soucieuse de ses fondements et de ses finalités[8] ». Lucier range *L'Activité éducative* parmi ses réalisations les plus fondamentales.

Bien que ses ouvrages dussent recevoir l'imprimatur de ses supérieurs, ce qui explique probablement le ton prudent de ses premiers écrits, Angers adopta plusieurs des idées chères à la génération personnaliste. Comme bien des catholiques de son temps, il a été un fin lecteur de Péguy, à qui il consacre un chapitre de *Foi et Littérature*[9]. Ce qu'il retient de *Notre jeunesse*, probablement l'essai le plus connu de Péguy, c'est la « pureté », l'« acuité du regard », la « fraîcheur d'âme », la « spontanéité indomptable et primesautière » de la jeunesse[10]. Avec des accents qui rappellent davantage Rousseau que Péguy, il demande aux adultes, encombrés d'idées reçues, de ne surtout pas corrompre ces jeunes esprits qui portent en eux les vertus les plus nobles et qui sont l'espérance du genre humain. « L'expérience n'est courageuse que là où la jeunesse survit ; la maturité n'a de caractère que si la force anime ses décisions ; la prudence tourne en faiblesse dès que l'audace ne l'enhardit pas. La sagesse est une jeunesse confirmée[11]. » Ce qu'Angers apprécie chez la jeunesse, c'est cette bonté originelle qu'un monde gouverné par la raison n'aurait pas encore corrompue.

Comme bien des personnalistes, et comme Mounier lui-même, Angers critique sévèrement le rationalisme moderne ; il rêve à sa façon de « refaire la Renaissance », fait souvent preuve de nostalgie pour la chrétienté du Moyen Âge. Ce qu'il apprécie chez Paul Claudel, c'est le témoignage d'une expérience intime de la foi. Lire Claudel, c'est ressentir l'expression d'une mystique chrétienne sans les interférences des logiques abstraites et désincarnées. Le grand mérite de *L'Art poétique* serait de poursuivre et d'achever « la tâche d'assainissement de la raison », d'offrir une critique radicale du positivisme des Taine et des Renan qui régnait en maître à la fin du XIXe siècle[12]. Claudel et Péguy sont pour Angers les « poètes et dramaturges du renouveau catholique »,

ceux qui renouent avec « l'ampleur des conceptions et de l'imagerie médiévales », pour qui la « vision de la vie s'harmonise avec
celle de la foi ». En creux, ces éloges renvoient à ce qui lui déplaît le
plus dans cette « religion toute rationaliste et abstraite [qui] a
perdu le sentiment intense et vivement éprouvé des mystères de la
foi et de la valeur terrienne des événements surnaturels[13]. » Ce
qu'il reproche à la religion catholique de son temps, c'est de s'être
soumise à l'humanisme classique, c'est-à-dire au culte païen et
naturaliste des Anciens, abandonnant ainsi la puissance symbolique contenue dans la Bible. « Cette rupture avec l'imagerie chrétienne, écrit-il, a réduit la Révélation à un corps de principes abstraits et un ennuyeux code de morale », où la Bible serait « devenue
un répertoire de textes pour étayer le savoir des théologiens, un
manuel de piété à l'usage des dévots[14] ». Les chrétiens, plaide
Angers, doivent renouer avec « les valeurs plus subtiles, plus
cachées de l'âme, la suavité du chant intérieur », et mettre de côté
les exercices de scolastique. Le père jésuite interprète d'ailleurs le
romantisme comme un sain « retour aux réalités intérieures […]
né d'un malaise de l'âme comprimée par la raison trop envahis-
sante[15] ».

Ce plaidoyer en faveur de la jeunesse, cette invitation à renouer
avec la symbolique chrétienne du Moyen Âge, cette condamna-
tion sans équivoque du legs rationaliste de la Renaissance sont
commandés par les défis du présent, et non par quelque nostalgie
d'esthète. Là encore, Angers reprend à son compte bien des critiques adressées à l'Église par les adeptes de l'éthique personnaliste. S'il est une chose qu'il dénonce avec constance, c'est bien
l'idée d'une Église-forteresse qui permettrait aux gardiens de la
tradition de résister à la marée montante de la modernité. Comme
les personnalistes, Angers semble croire que la survie de l'Église
dépend de sa capacité à se renouveler. Plutôt que de proscrire ceux
qui bousculent les idées reçues, les clercs catholiques devaient
prendre part aux grands débats métaphysiques[16].

Le vent de changement qui souffle sur Rome sous le pontificat
de Jean XXIII conforte ses convictions les plus profondes. Angers
souscrit complètement aux grands principes adoptés par le concile

Vatican II, allant même jusqu'à proposer des transformations radicales du rôle de l'Église dans l'enseignement. Ce qu'il retient surtout de Vatican II, c'est le passage de l'Église-institution centrée sur les clercs, qui fondait son autorité sur le contrôle et la hiérarchie, à l'Église-missionnaire conçue comme une communauté de fidèles en perpétuelle édification[17]. Grâce à ce « progrès doctrinal », l'Église redeviendrait cette grande « communauté fraternelle [...] fondée sur l'égalité substantielle des personnes », ce « peuple de Dieu réuni dans le Christ à qui toutes les nations et tous les hommes sont donnés en héritage[18] ».

Cette mutation doctrinale est prometteuse et arrive à point nommé, selon le père Angers. Alors que les églises commencent à se vider, que les prêtres sont nombreux à défroquer, et qu'une partie significative de la jeunesse est séduite par le marxisme et l'athéisme, l'Église du Québec doit faire les bons choix. « Nous vivons au Québec, écrit Angers en 1968, la fin d'une époque : la chrétienté québécoise est en voie d'extinction. » Ce phénomène colossal peut donner un nouveau souffle à l'Église, car il lui permet de reprendre « conscience, avec une acuité accrue, de sa nature communautaire, du caractère spécifique de sa mission, de son rôle dans la société ». Dans ce nouveau contexte, l'Église est « appelée à exercer dans la société une forme nouvelle de présence, moins institutionnelle et plus communautaire, moins autoritaire et plus fraternelle, moins orgueilleuse et plus dépouillée, dans la probité du dialogue[19]. »

Homme d'avant-garde, Pierre Angers propose même de faire disparaître la structure confessionnelle du système scolaire. Selon lui, la confessionnalité traditionnelle étouffe la liberté religieuse, trahit la nouvelle vocation œcuménique de l'Église prescrite par Vatican II et, surtout, ne permet plus de faire face aux défis du pluralisme. L'Église catholique doit plutôt négocier l'accès à une école qui, tout en pratiquant une laïcité tolérante, serait désormais non confessionnelle. Cette école nouvelle serait le grand défi d'une Église redevenue missionnaire qui agirait « comme messagère de salut et animatrice de la foi ; non comme promotrice de civilisation[20] ». L'adhésion à la religion catholique ne serait plus alors commandée par la contrainte sociale, elle interviendrait à la suite d'une conversion personnelle[21].

Pour arriver à de tels résultats, l'Église doit enseigner autrement la catéchèse, développer une « pastorale authentique » :

> Nous avons pratiqué une pastorale un peu courte, centrée sur la réception des sacrements. Il conviendrait de réfléchir sur la pastorale de la parole et de l'évangélisation centrée sur l'approfondissement progressif de la foi et sur le cheminement intérieur de la conversion. La vie chrétienne est autre chose que le rattachement à l'Église pour des mobiles sociologiques. C'est un acte de foi personnel au Christ, procédant d'une libre adhésion de la personne et impliquant une transformation progressive de toute la vie. [...] Le cheminement de la foi chez un homme n'a rien d'un endoctrinement, ni d'un conditionnement, ni d'une relation de dépendance à l'égard d'une autre personne, fût-elle prêtre ou laïque. Il s'agit d'un itinéraire spirituel, d'une montée vers la liberté et le mystère pascal, où la route de chacun suit des cheminements singuliers[22].

À bien des égards, la préoccupation pour une « pastorale authentique », illustration parmi d'autres de l'adhésion de Pierre Angers à l'intention pédagogique de la révolution personnaliste, annonce les réflexions contenues dans *L'Activité éducative*.

Une école au service de la technique

Dans ses ouvrages du début des années 1960 consacrés à l'avenir du système d'enseignement, Pierre Angers annonce une rupture avec les temps anciens. La révolution industrielle ou celle des communications sont les indices les plus révélateurs d'un temps qui s'accélère comme jamais auparavant, d'un « changement perpétuel [...] devenu la condition permanente[23] ». Cette société nouvelle serait « progressive », préférerait « la référence à l'avenir au maintien du passé », croit Angers qui vante à plusieurs reprises les bienfaits d'une « pensée prospective[24] ». Ces progrès incessants correspondent selon lui en partie à l'entrée en scène d'une jeunesse qui voit les choses autrement. S'il se défend bien de prôner un quelconque déterminisme historique, s'il croit que la liberté humaine reste « l'un des principaux facteurs de l'histoire », il estime tout de même que ce déroulement est « irréversible[25] ».

La tâche la plus urgente est de décoder ce déroulement, de s'adapter à ces changements obligés, certainement pas « de se replier par le rêve dans l'idéalisation du bon vieux temps ». Toute forme de scepticisme est donc à proscrire, car « la nostalgie d'un passé mort tourne au durcissement inhospitalier et ferme le cœur à l'accueil du temps présent. Elle comporte de graves dangers : vécu par des personnes qui ont des responsabilités de direction, le refus d'accepter l'évolution et ses conséquences entraîne, en fin de compte, une réaction violente[26] ». Le conservatisme a ici toutes les allures d'une pathologie qu'il faudrait, pour le plus grand bien de tous, guérir au plus vite. Dans ce contexte de transformations, Angers croit que l'ancienne culture humaniste, trop proche de la nature, c'est-à-dire de la terre, de la famille ou de la corporation, trop « organique », en somme, n'est plus du tout conforme aux défis qui se profilent à l'horizon et ne convient plus au « type d'homme adapté au climat du monde scientifique[27] ».

> Nous devons accepter le monde nouveau de la révolution industrielle, poursuit Angers, lui donner notre adhésion, sans ingénuité, mais avec la liberté d'un cœur qui a pesé les choses, parce que notre place est dans l'avenir et que notre responsabilité d'homme est de modeler le monde en train de s'accomplir. Ce serait trahir que de s'enfermer dans la nostalgie blessée de ceux qui regrettent les charmes du monde passé. Notre première fidélité, nous ne la devons pas au passé, mais à notre temps constitué par toutes les fibres de notre âme[28].

L'avènement d'un « âge technique » serait la cause principale de cette accélération historique sans précédent. Ce nouvel âge rend presque caduques les œuvres et les traditions anciennes et oblige les hommes à réviser complètement leurs manières de voir le monde. Le nouveau monde de la technique « ignore l'histoire », dépasse les frontières et serait même en train de façonner un « homme nouveau[29] ».

Ce triomphe salutaire de la technique témoigne de deux grands phénomènes. En premier lieu, il s'agit de la victoire d'une science qui, pour l'humanité, « possède les clés de son destin[30] ». Grâce à la science, l'homme peut conquérir la nature, transformer le monde dont il hérite. « L'ère du regard contemplatif sur un cosmos débordant de sens divin est une période close », prédit-il. L'homme peut désormais « être observé, manipulé, transformé comme un objet[31] ». Les grandes conquêtes scientifiques, explique Angers, comme s'il anticipait la critique, ne sauraient être assimilées à des « ambitions matérialistes, ni à un manque de respect à l'égard de l'ordre établi par la Providence ». En effet, « la recherche scientifique et l'effort technique n'ont été rendus possibles que par le christianisme », plaide Angers, qui estime que « la grande idée biblique sur l'homme, c'est qu'il est créé à l'image de Dieu, c'est-à-dire à l'image du Créateur. Il est fait pour dominer et transformer la nature[32] ». Dans une note de bas de page révélatrice, il présente la science comme un nouvel humanisme :

Plusieurs s'imaginent que l'ancienne culture humaniste était plus favorable à l'épanouissement de la foi chez l'homme que la civilisation technicienne, orgueilleuse et matérialiste. D'un point de vue religieux, et finalement absolu, l'évolution de l'Occident vers la technique est alors tenue pour une décadence de l'humanité. [La] civilisation industrielle a ses tentations ; mais l'âge humaniste a eu les siennes et il y a largement succombé. Il a souvent connu un christianisme d'apparence plus que de fait, il a connu toutes les possibilités d'injustice et de destruction du monde contemporain ; mais il était moins outillé que l'homme d'aujourd'hui pour donner à ses instincts la même puissance offensive. Enfin, la religion s'est souvent teintée de croyances et de pratiques superstitieuses[33].

L'autre grand phénomène à l'œuvre dans ce nouvel âge technique est l'avènement des masses, la montée générale des attentes, une certaine « mystique de la démocratie ». L'ère de la technique rend caduques les hiérarchies traditionnelles, croit Angers, car « le règne de la machine et du planisme » permet un meilleur régime d'égalité. Cette nouvelle société « se compose d'un ensemble d'individus qui se veulent de droits égaux. Il s'ensuit que chaque individu ressemble au rouage d'un appareil : chacun est indispensable aux autres et tous sont rassemblés dans une dépendance réciproque[34]. » S'il est conscient des écueils qui guettent chacun dans ce monde émergent, il croit que la nouvelle organisation du travail, moins hiérarchique et plus démocratique, permettra de tendre « vers un ordre social plus communautaire, dépassant le collectivisme et l'individualisme, trop mécanique, et d'un rendement médiocre[35] ».

Le salut par la science et l'avènement des masses comportent leur lot de dangers, admet Pierre Angers, qui met à quelques reprises son lecteur en garde contre les dérives de l'utopie. Parmi les tentations les plus dangereuses, il y a celles de l'athéisme, de la perte du sens de l'homme et de la volonté de puissance qui, dans certains cas, ont conduit au totalitarisme. Désormais capables d'organiser le monde et de planifier son développement économique, social et culturel, plusieurs hommes pourraient s'éloigner de Dieu ou mener une existence profane sans relation avec le divin et développer ainsi un rapport purement utilitaire au savoir et à la culture[36]. C'est précisément pour éviter de tels écueils que les catholiques et l'Église doivent prendre la mesure des transformations radicales qui sont à l'œuvre et s'y adapter.

Tous ces changements, martèle Pierre Angers, dans un contexte où le Québec s'apprête à vivre une véritable révolution scolaire, ne sauraient être assimilés à une idéologie particulière, car ils n'ont absolument rien de politique. Lorsque vient le temps d'examiner les transformations à opérer afin de mieux outiller les générations futures pour faire face aux défis techniques de demain, les idéologies ne sont d'aucune utilité.

Il importe de conserver un regard objectif devant cette vaste mutation de la société qui s'opère sous nos yeux. Ici, l'écueil le plus séduisant et le plus perfide est d'être marqué à son insu par une idéologie. Toutes idéologies, comme un grand nombre d'anciennes philosophies, sont le fruit d'une réflexion sur un monde périmé. Les théories libérales de l'école anglo-saxonne, le socialisme doctrinaire de la fin du XIXᵉ siècle et des débuts du XXᵉ siècle, le laïcisme (je ne dis pas la laïcité) et ses diverses formes dans l'école et la vie publique sont des idéologies rigides et durcies, contemporaines de structures économiques et politiques d'une époque stable. Elles furent conçues et établies avant l'ère de la planétarisation, avant l'interdépendance universelle de tous les hommes, avant la concertation de tous avec tous[37].

Le temps de l'affrontement, du choc des idées, des grands débats est bel et bien terminé. Ceux qui persistent dans cette voie font perdre un temps précieux aux hommes de bonne volonté. « Il serait temps de classer les discussions sur le libéralisme et le socialisme dans la même catégorie que celles qui concernent le sexe des anges[38]. » En plus d'être vaines, ces « innombrables tribulations politiques ont été impuissantes à relever le niveau de vie des masses qui vivaient dans la misère : la mortalité infantile était élevée ; les années de famine étaient fréquentes ; les épidémies causaient régulièrement des ravages[39] ».

Pour les Canadiens français, l'entrée dans l'ère technique demandera un véritable changement de culture. Jusqu'aux grandes guerres, déplore le père jésuite, le Canada français vivait en « autarcie culturelle », offrait « un climat inhospitalier aux nouveautés et pauvre en substance doctrinale[40] ». Depuis la Seconde Guerre mondiale, les Canadiens français auraient enfin compris « qu'il n'est plus question de discuter si le changement est souhaitable, mais seulement de savoir ce qu'il doit être et ce à quoi il doit aboutir[41] ». Si Angers reconnaît qu'une tradition populaire a pu rendre de fiers services au peuple canadien-français « actif, industrieux, souple à s'adapter à des conditions de vie inédites[42] », il estime que son élite a erré en valorisant une culture « longtemps bercée avec complaisance d'un idéal abstrait, doucement nébuleux » et qui « reposait sur la certitude de prolonger une tradition qui s'enracinait dans la France prestigieuse du XVIIᵉ siècle ». Cette culture, déplore Angers, s'enlisait dans la routine, survalorisait les humanités littéraires, les langues anciennes et une philosophie chrétienne encroûtée dans la scolastique, et regardait de haut les sciences, la gestion et l'économie[43]. De plus, cette culture déficiente était le lot d'une toute petite « élite bourgeoise » faite de prêtres, de juristes et de médecins, parfois de politiciens, et se méfiait de la grande aventure technique du siècle[44].

La culture ancienne des Canadiens français, déplore encore le père Angers, en était une de surface car elle fournissait des certitudes plutôt que de nourrir l'inquiétude salvatrice : « Nous avons fini par croire, avec la plus grande tranquillité de conscience, que l'œuvre de la connaissance se réduit à la possession d'une somme de renseignements exacts et objectifs, qu'il suffit d'énoncer des certitudes pour les comprendre et les faire passer dans sa vie. [...] Nous avons vécu dans la sécurité de posséder la vérité, oubliant que le mystère des êtres ne se laisse pas cerner par nos concepts et que la Sagesse est d'abord la quête spirituelle d'une vérité toujours à découvrir[45]. »

Ce problème de culture, Angers l'impute surtout à la manière de transmettre les matières à l'étude, à la pédagogie des maîtres du collège classique. Les notions de philosophie, d'histoire, de littérature grecque furent trop longtemps apprises par cœur au moyen de « recettes faciles[46] ». Le changement répugnait aux éducateurs de cet ancien régime, qui craignaient l'innovation et se durcissaient « au moindre souffle de nouveauté, installés dans le confort fictif d'un ordre imaginaire », préférant consacrer leur temps à d'« odieuses querelles de clocher » ou à des « polémiques stériles, chargées d'émotion et de ressentiment », plutôt que de repenser leur pratique pédagogique. Il régnait chez les éducateurs canadiens-français un « style individualiste du XIXᵉ siècle[47] », et leur grand défaut était de ne pas coopérer entre eux, de ne pas suffisamment mettre en commun leurs efforts. Il fallait au plus vite tourner le dos à cette culture et revoir les méthodes d'enseignement, car l'avenir appartenait aux peuples éduqués et prospères qui auraient vraiment pris acte des transformations en cours.

Bien avant le gouvernement libéral de Jean Lesage, Pierre Angers défend à sa façon l'adage *Qui s'instruit s'enrichit*. La prospérité d'une nation, fait-il remarquer, ne dépend plus désormais de son secteur primaire, c'est-à-dire de ses richesses naturelles, mais de son secteur tertiaire. La compétence scientifique et l'expertise technique, celles, en somme, des « géologues, ingénieurs, administrateurs, financiers », deviennent la seule vraie richesse des nations[48]. Dans un tel contexte, l'éducation n'est pas une dépense, mais un investissement dans un capital humain, qui rapportera davantage d'ailleurs que l'investissement dans les ressources naturelles, voire dans le commerce ou l'industrie[49]. Chiffres à l'appui, Angers s'applique à démontrer qu'un travailleur illettré produit beaucoup moins qu'un travailleur qui dispose de quelques années d'études[50]. Nos voisins du sud l'auraient bien compris, eux qui sont « devenus un pays riche parce qu'ils ont investi des sommes importantes dans l'enseignement[51]. »

L'école nouvelle de l'âge technique devra enseigner un « nouvel humanisme » en phase avec les nouveaux défis des temps modernes[52]. « La tâche de la culture à venir, c'est de maîtriser la technique. Et dans cette vue, loin de souhaiter l'arrêt du progrès de l'outillage, il faut au contraire accélérer cette marche, espérer une technique plus forte et plus imprégnée d'humain[53]. » L'école ne devra surtout pas vouer un culte à la tradition, du moins si on réduit celle-ci à un « attachement à une vérité durcie », aux « répétitions de formules immuables » et à la « passivité d'une mémoire qui se contente de retenir[54] ». La culture générale aura toujours sa place, à la condition de n'être « plus seulement le signe d'une excellence personnelle » ; elle devra surtout devenir « un instrument d'efficacité et de rendement[55] ». La véritable culture ne devra plus n'être qu'affaire d'apparat, un vernis pour épater la galerie. Il faudra qu'elle se développe « à partir d'un effort de la pensée pour comprendre les choses et les posséder dans l'expérience intérieure la plus vitale qui soit ».

La culture authentique, selon le personnaliste Pierre Angers, est un « engagement » à l'égard de certaines valeurs, elle est « intuition et raisonnement, perception et jugement, ouverture au monde et faculté de mettre en ordre[56] ». Seuls des maîtres compétents, empathiques, sensibles à cette quête intérieure pourront en favoriser l'éclosion. Au lieu de passer pour d'admirables savants, au lieu de préserver une distance intimidante, ces nouveaux enseignants auront tout avantage à s'inspirer de l'attitude des compagnons qui, dans les ateliers du Moyen Âge, instruisaient les apprentis[57].

Ce changement de mentalité, ce nouvel humanisme fondé sur une culture du dialogue et de l'ouverture ne pourront jamais voir le jour si la « pédagogie de la pression » continue de prévaloir[58]. Dans un monde en perpétuel changement, rien de pire, selon Angers, que de « faire ingurgiter des connaissances toutes faites » et d'imposer « des notions, des formules, des règles, des procédés conventionnels, des jugements définitifs sur les œuvres[59] ». Si, « même dans une société démocratique », le maître « domine toujours son élève », si cette « relation fondamentale entre un supérieur et un inférieur ne saurait être abolie », le véritable rôle de l'enseignant sera désormais d'éveiller la curiosité, non d'inculquer des notions toutes faites[60]. À plusieurs reprises, Angers vante les mérites des méthodes de la « classe active » introduites par des enseignants américains dans de nombreuses écoles. Ces méthodes qui privilégient le dialogue et les exposés oraux permettent à l'élève de devenir plus audacieux, de prendre plus de risques. Pour préparer ses exposés, l'élève est amené « à s'informer, à recourir aux sources de documentation », à visiter la bibliothèque[61]. Ces méthodes, insiste un Pierre Angers qui ne s'appuie toutefois sur aucune étude empirique, provoquent « la passion de la recherche, le développement du sens critique et l'apprentissage de la vraie liberté[62] ». Le grand atout de la pédagogie active est de mettre surtout l'accent sur les méthodes d'apprentissage plutôt que sur l'acquisition de connaissances, une approche beaucoup mieux adaptée, selon Angers, aux défis de la civilisation technique. « À l'origine des méthodes actives de la pédagogie contemporaine, explique-t-il, il y a une conception de la vie liée au progrès technique du monde d'aujourd'hui. Il y a la conscience qu'il reste à l'homme beaucoup de choses à découvrir ; que nos connaissances d'aujourd'hui seront sujettes à révision avec le cours du temps[63]. »

Parce que les savoirs d'aujourd'hui risquent d'être périmés demain, les pédagogues avant-gardistes « se donnent pour objectif principal d'apprendre à apprendre » plutôt que de simplement communiquer des connaissances à leurs élèves. Il ne s'agit donc plus de connaître beaucoup de choses, d'emmagasiner de nombreuses données, mais de savoir comment les trouver. Angers est catégorique : « Quand nos finissants quittent l'école, ils possèdent un ensemble de connaissances souvent plus étendues que les jeunes Américains du même âge, mais ils ne savent pas se poser des questions, ils n'ont pas découvert le prix de la recherche et de la curiosité intellectuelle[64]. » Les méthodes actives ont su, elles, tirer parti des recherches menées au cours « des cinquante dernières années sur la psychologie de l'intelligence[65]. »

L'Activité éducative

Prendre acte d'une accélération sans précédent de l'histoire, adapter l'école aux impératifs de la technique, voilà des idées que partagent beaucoup de gens dans ce Québec bouleversé par la Révolution tranquille. On retrouve d'ailleurs plusieurs idées de Pierre Angers dans le chapitre 4 du premier tome du rapport Parent, qui est rendu public en avril 1963. Le travailleur d'aujourd'hui, insistent les auteurs, a besoin d'un nouveau type de formation, « non plus manuelle mais intellectuelle ». « L'ouvrier, qui avait succédé à l'artisan, cède maintenant la place au technicien », peut-on lire encore[66]. Dans l'esprit de bien des Québécois de cette époque, ouvrir des écoles, construire des universités, élaborer des programmes plus conformes aux réalités du monde moderne et embaucher des enseignants par milliers permettra de former les ouvriers qualifiés, les administrateurs, les ingénieurs qui, par leur expertise technique, mettront fin à l'infériorité économique des

Canadiens français. Pour les chefs de file de cette époque d'effervescence, il en va de l'éducation comme de la nationalisation de l'hydroélectricité : on rêve de reprendre possession du territoire et de ses richesses, de faire des affaires en français, de voir se multiplier les grands travaux comme ceux de Manic 5. L'explosion des effectifs scolaires est grandement encouragée par cette ambition nationale. De sorte que, à la fin des années 1960, l'accès universel à l'école est presque un fait accompli et la démocratisation de l'enseignement supérieur est largement admise. Si, par ses écrits, Pierre Angers s'est fait l'écho de ces aspirations, s'il a encouragé le développement accéléré du système éducatif québécois, l'homme de foi ne saurait en rester là. Comme le montre *L'Activité éducative*, ses ambitions sont à la fois plus simples et plus profondes.

L'Activité éducative est le titre du quatrième rapport du Conseil supérieur de l'éducation, qui couvre une période de grandes mutations culturelles en Occident (du 1er septembre 1969 au 31 août 1970). L'essai de soixante-quinze pages rédigé par Pierre Angers avec la collaboration des membres du Conseil se trouve dans la première partie du rapport. Parmi les membres, on trouve le président, Léopold Garant, un pionnier du syndicalisme enseignant, le vice-doyen de la Faculté des sciences de l'éducation de l'Université Laval, des représentants des universités et des milieux collégial et secondaire, des porte-parole du milieu syndical et patronal, et un étudiant. Sous-ministre de l'éducation, le sociologue Yves Martin assiste aux délibérations comme « membre-adjoint », et Pierre Angers est décrit comme le « chargé de projet de l'Opération Départ ».

Comme on l'a vu, l'intérêt du père Angers pour l'activité éducative n'est pas nouveau ; on en trouve même des traces dans certains de ses écrits des années 1950[67]. En mai 1967, il publie avec le psychologue Yves Saint-Arnaud, pour le compte de la Fédération des collèges classiques, une « brochure d'éducation » intitulée *Propositions sur la relation maître-élève*. Plusieurs des idées que l'on retrouvera quatre ans plus tard dans *L'Activité éducative* sont déjà présentes. Les auteurs de la brochure estiment que l'élève « possède en lui-même les ressources de sa croissance, le principe vital et spontané de la connaissance ». Un bon maître doit être à l'écoute de l'enfant et « respecter les voies que suit librement l'intelligence dans ses propres opérations ». L'état d'esprit de l'enseignant doit être celui d'un « agent coopérateur » qui évite de juger, de blâmer, voire d'évaluer en fonction de critères qui ne sont pas ceux de l'élève lui-même[68].

L'avis de Pierre Angers se veut une réflexion sur les fondements du système d'éducation, non pas une étude fondée sur des recherches empiriques. La thèse présentée dans *L'Activité éducative* est relativement simple. Le système scolaire fonctionnerait sur « trois plans » bien distincts. Le premier est celui des structures administratives qui, comme dans la grande entreprise, doivent gérer les ressources octroyées par l'État, voir au bon fonctionnement d'une organisation efficace. Le second plan est celui du régime pédagogique, c'est-à-dire les cours et les programmes dispensés dans les écoles, le temps accordé à chaque discipline, « le morcellement des matières à apprendre en tranches annuelles, trimestrielles, hebdomadaires et horaires ». Le régime pédagogique accorde, selon Angers, une place prépondérante au cours magistral, oblige les élèves à assister aux cours, prévoit les critères pour évaluer « la compétence de l'étudiant[69] », la progression par matière, le cloisonnement et l'intégration des sections, l'équivalence des diplômes, etc.

Le troisième plan du système scolaire est moins aisé à circonscrire car il renvoie à des réalités plus diffuses mais néanmoins essentielles. Ce troisième plan « se situe dans la vie intérieure de la personne qui s'éduque ». L'éducation, postule Angers, est toujours le fruit d'un cheminement individuel, une donnée fondamentale que néglige le régime pédagogique[70]. Aux yeux du penseur personnaliste, malgré qu'il fût de loin le plus important, ce troisième plan aurait été largement délaissé au cours des années 1960. Dans ce grand système éducatif en proie aux divisions, aux vains affrontements idéologiques, aux intérêts multiples, il importe de revenir à l'essentiel, à l'acte éducatif. Par « activité éducative », Pierre Angers entend les « expériences d'apprentissage, d'acquisition de connaissances, de savoir et de savoir-faire » vécues par l'élève. En fait, toute la réussite du système d'éducation dépend de cet acte primordial, de « la qualité des expériences d'apprentissage et d'enseignement qui y sont faites[71] ». La réussite de l'activité éducative assure « la croissance et l'épanouissement de la personnalité de celui qui s'éduque », une fin qui « importe plus que l'acquisition d'un contenu ».

Selon Pierre Angers, il existe deux manières bien distinctes de considérer l'activité éducative. La première, inspirée par une « philosophie rationaliste », est qualifiée par lui de *mécaniste*[72]. Selon cette conception, l'enseignement serait un processus de transmission, et l'apprentissage, un processus de réception. L'image retenue par Angers est celle du « transvasement des connaissances d'un contenant dans un autre contenant ». L'enseignant est perçu comme un personnage « supérieur en expérience et en connaissances », il est celui qui « émet des informations » alors que l'étudiant est un « récepteur qui enregistre[73] ». Ces mécaniciens de l'enseignement se contenteraient de transmettre « des formules de connaissances toutes faites » et traiteraient les élèves comme des êtres passifs qui ne peuvent apprendre que sous la contrainte.

L'autre conception, celle qu'évidemment Angers privilégie, est *organique*. Cette approche particulière de l'activité éducative repose sur une conception rousseauiste de l'enfance esquissée dans l'essai qu'il consacre à Péguy. Le postulat philosophique fondamental de cette approche est que « le centre de la nature humaine, les régions les plus intérieures de la personne, le dynamisme vital de la personnalité sont quelque chose de positif ». Cette perspective est étrangère au système scolaire actuel et, par conséquent, « révolutionnaire dans ses implications[74] ». C'est qu'avant même d'arriver à l'école, les enfants auraient développé leur propre autonomie ; grâce à une créativité innée, spontanée, l'enfant se placerait naturellement en situation d'apprentissage. C'est d'ailleurs sans effort, presque sans contrainte, qu'il apprend à parler la langue de ses parents. Des expériences américaines novatrices montrent que des « structures logiques et mathématiques » complexes, souvent abstraites, peuvent être apprises facilement lorsqu'elles « partent des intérêts spontanés des enfants et de leur curiosité naturelle ». C'est lorsque l'enfant, et plus tard l'élève, « découvre lui-même ce qu'il apprend », lorsque les éducateurs « s'efforcent de respecter les démarches spontanées de l'activité éducative », que la réussite est au rendez-vous[75]. Il importe donc de considérer l'apprentissage comme une « expérience active » dont l'élève est « l'agent principal », sinon « l'expert ». « Le maître ne peut que coopérer de l'extérieur à l'activité éducative », explique Angers qui reprend ici le concept d'« agent coopérateur » pour désigner les enseignants[76].

Pour donner les fruits escomptés, l'approche organique nécessite un « profond changement des attitudes[77] ». Pour produire quelque résultat, « il ne suffira pas que changent les structures administratives et le régime pédagogique ; chacun est appelé à changer et à voir les réalités éducatives avec d'autres yeux : le président d'une commission scolaire appelé à élargir les horizons de sa pensée au-delà du territoire de sa région ; le professeur appelé à substituer à ses méthodes traditionnelles d'enseignement une pédagogie active ». La tâche n'est pas mince, reconnaît Angers, car « il faut changer les systèmes familiers de référence auxquels la population fait généralement appel ; il faut changer le contenu des anciens concepts, changer le style de relations entre les personnes et les groupes, entre les autorités et les enseignants, les autorités et les parents, les autorités et les étudiants[78]. » Mais sans ce tournant radical, la réforme scolaire risque d'entrer dans une impasse. Le grand défi du système scolaire est donc avant tout pédagogique. Seule une activité éducative renouvelée, modernisée, attentive aux besoins de l'élève, permettra de poursuivre et d'achever le processus de démocratisation entamé dans les années 1960.

Aux yeux d'Angers, la finalité n'est plus d'apprendre quelque chose de précis, mais d'être en mesure de s'adapter à un monde qui change sans cesse. « Ce que l'étudiant doit apprendre, ce n'est pas un contenu défini de connaissance (en premier lieu), ni telles habiletés particulières, c'est de demeurer [sic] actif et mobile ; ce n'est pas de changer une fois, c'est de se disposer à se transformer sans cesse. » Seule une véritable révolution pédagogique permettra peut-être un jour cette « création perpétuelle de soi-même[79] ».

Les propositions plus concrètes de Pierre Angers découlent tout naturellement de ce dessein révolutionnaire. Puisque l'enfant doit être considéré comme un agent actif de ses apprentissages, il importe absolument de revoir les programmes, trop compartimentés et standardisés, trop « axés sur les exigences intrinsèques de la discipline » et, surtout, trop abstraits. Pour que l'apprentissage redevienne une « expérience authentique », il faut réécrire tous les programmes au plus vite afin qu'ils aient quelque résonance « dans l'expérience vécue de l'étudiant ». Angers cite en exemple les « programmes-cadres » qui laissent à l'agent coopérateur une plus grande part de liberté : « Ce sont là des innovations avantageuses pour l'activité éducative[80]. » Si apprendre est essentiellement un acte individuel, l'école et le système d'éducation dans son ensemble ne doivent plus prendre en charge l'élève, mais laisser ce dernier cheminer à son rythme. « Un apprentissage authentique n'est jamais forcé ni imposé de l'extérieur. L'étudiant n'apprend et ne retient que les connaissances qu'il découvre par lui-même et qui prennent pour lui une signification personnelle dans sa vie quotidienne[81]. »

Angers attribue en partie la révolte de la jeunesse à une pédagogie de la contrainte et à un savoir étranger à la vie intérieure de l'élève. En plus de revoir les programmes, il faut aussi transformer les modes d'évaluation. Pour que ces derniers soient judicieux, pertinents, on doit évaluer l'élève en tenant compte de ses aspirations. « L'évaluation de ce qui est produit ou accompli relève d'abord de la personne qui a fait ces choses. Est-ce que j'ai accompli quelque chose qui me satisfait ? Est-ce que cela exprime une part de moi-même — de mes émotions, de mes aspirations, de mes pensées, de ma souffrance et de ma joie ? » Il faut aussi recréer à l'école la même atmosphère qui règne dans les familles lorsque les enfants, sans même s'en rendre compte, en jouant entre eux, découvrent les rudiments du langage ou les règles élémentaires d'une bonne hygiène de vie :

> Par contraste, imaginons le résultat que l'on obtiendrait de cet enfant si on le mettait dans une école en ne l'autorisant à quitter

sa place qu'en des temps réglementés, en ne lui présentant qu'un petit nombre de mots par séance, en le soumettant à des exercices de prononciation, en lui enseignant la grammaire, en lui prescrivant des devoirs, en l'assujettissant à des contrôles périodiques, et en lui inculquant qu'apprendre n'est pas un jeu mais un travail pénible. Placé dans une ambiance psychologique de cette nature, l'enfant perdrait la voie de la facilité d'apprendre une langue ; et il éprouverait autant de difficulté et de dégoût qu'un adolescent dans une salle de cours ordinaire de l'enseignement secondaire[82].

Pour contrecarrer ce dégoût de bien des adolescents pour l'école, l'innovation pédagogique, informée par l'approche organique, est la seule voie de salut. Le ministère de l'Éducation doit donc « procéder dès aujourd'hui à des expérimentations et à des recherches », encourager la création d'un « environnement éducatif nouveau », financer des recherches qui seront menées par des professeurs en sciences de l'éducation[83]. Le ministère doit aussi investir massivement dans les nouvelles technologies. Les connaissances, explique Angers, ne sont plus transmises seulement par les professeurs, elles « traînent partout, sur les ondes de la radio et de la télévision, dans les livres de poche, les périodiques, les revues et les bibliothèques. Combien d'élèves, combien d'étudiants ont appris à utiliser ces moyens pourtant à leur disposition, à y puiser de façon judicieuse les ressources dont ils ont besoin ? Combien ont appris à apprendre par eux-mêmes et à se servir à bon escient de l'immense réservoir d'information qui s'étend autour d'eux[84] ? » De tels outils, en plus de correspondre aux « exigences de la civilisation technologique », permettront d'adapter l'école aux différentes formes d'intelligence[85].

Les investissements du Ministère dans ces technologies, ainsi que dans la recherche en sciences de l'éducation, permettront donc à terme de transformer l'activité éducative. La diminution du ratio enseignant/enseignés étant beaucoup trop onéreuse[86], constate Pierre Angers, seule une transformation radicale de la pédagogie pourra permettre la création d'un environnement plus stimulant dans la classe. Avant tout préoccupés par le « rendement élevé » du système d'éducation, les administrateurs auraient tout intérêt à investir dans la recherche en pédagogie[87].

> Le système scolaire est une grande entreprise, ne serait-ce que par l'ampleur des budgets qui [lui] sont consacrés et par le rôle essentiel qu'il remplit dans la société. À cet égard, il doit avoir un souci constant de haute productivité. Or, à venir jusqu'à ces derniers temps, le système scolaire était une entreprise sans étude de marché, une entreprise sans service de recherche et une entreprise de caractère artisanal. Il l'est demeuré dans une bonne mesure. Il faut, pensons-nous, sortir de cette situation et donner à la recherche en éducation le rôle capital qui lui revient pour faire progresser le système scolaire[88].

Si Pierre Angers se méfiait autrefois des utopies, la conclusion de son essai est lyrique :

> Ce que l'on a appelé hier « la formation générale » était en réalité un type d'éducation spécialisé qui ne prépare pas à répondre aux urgences du monde actuel. Désormais, la situation le commande : les hommes doivent apprendre à vivre paisiblement au sein d'un changement qui les atteint en profondeur ; apprendre non la spécialisation, mais la diversité des vues, des sentiments, des états de conscience ; non le conformisme intolérant et restreint, mais l'originalité et la singularité des êtres et des individus ; non l'agression et le conflit, mais l'échange ; non l'âpre accumulation du savoir et des richesses, mais la joie du partage ; non l'isolement et la fermeture, mais la communication entre personnes de différents âges, de diverses cultures et de diverses croyances religieuses. En vue de tendre à ces objectifs centrés sur l'épanouissement de toutes les possibilités de la personne, l'éducation doit élargir son champ d'action et entrer d'emblée dans ce que nous avons appelé le modèle organique de l'activité éducative[89].

On retrouve dans ce passage, en condensé, plusieurs des grandes convictions d'Angers : la fatalité des changements ; la nécessité, pour les affronter, de les accepter, non de les politiser ; le refus de la nostalgie ; l'éducation vue comme croissance intérieure, comme épanouissement.

Les écrits ultérieurs d'Angers montrent qu'il est resté fidèle à cette conception à la fois généreuse et utopique de l'éducation et de la pédagogie. Dans un ouvrage publié en 1993, dans lequel il est interrogé par des disciples, il persiste et signe. Sa critique de la culture classique s'est toutefois muée en relativisme. Les anciens éducateurs, déplore-t-il, croyaient à l'existence d'une seule et même culture, voire à l'existence d'une nature humaine atemporelle ; ils ne s'intéressaient pas à la « diversité des peuples et des cultures. » Or, « il y a autant de cultures qu'il existe de systèmes de valeurs et de significations », d'où la nécessité de voir émerger une culture pluraliste, « branchée sur l'intériorité[90] ». Le grand défi des temps nouveaux, défi qu'auraient négligé les auteurs du rapport Parent, était « d'inventer une conception et une pratique de l'apprentissage et de la pédagogie qui soient en harmonie avec les exigences du mode de vie et de la culture du monde contemporain[91] ». Il ne fallait pas seulement voir se multiplier les écoles pour atteindre une véritable démocratie éducative, il fallait miser sur des méthodes plus actives d'apprentissage, « capables de rejoindre tous les enfants, y compris les plus distants et les moins préparés par leur éducation familiale[92] ». Pierre Angers continue de prôner une méthode axée davantage sur les processus que sur le contenu lui-même. « La juste manière d'apprendre et la maîtrise de la méthode sur laquelle elle repose importent davantage que toutes les connaissances contenues dans les programmes, car elle seule permet de les comprendre à fond et de les utiliser avec discernement[93]. » Jusqu'à la fin, Angers a misé sur une pédagogie de la découverte, sur un apprentissage qui, selon lui, faisait appel

> à l'activité réelle et spontanée des enfants ; qui créait en classe un contexte d'activité autonome où les enfants, orientés et sans cesse stimulés par le maître, découvraient eux-mêmes les notions à apprendre ; qui établissait un environnement d'activité intellectuelle où les enfants travaillaient ensemble, échangeaient entre

eux, collaboraient à une œuvre commune, s'entraidaient par des stimulations réciproques et un contrôle mutuel ; un contexte où ils avaient l'occasion de former leur conscience en apprenant à comprendre et à respecter les droits, les libertés et les points de vue des autres[94].

*   *   *

Quelles conclusions tirer du parcours intellectuel de Pierre Angers, de ses réflexions sur l'activité éducative ? Elles sont nombreuses…

Le cheminement du père Angers est emblématique. Il n'était pas nécessaire d'être athée, de militer au sein du Mouvement laïque de langue française ou d'être un jeune activiste d'extrême gauche pour réclamer, au milieu des années 1960, une réforme radicale de l'école. Cette volonté de voir émerger un nouveau rapport entre le maître et l'élève n'était pas seulement promue par les psychologues d'avant-garde, et elle ne peut être rattachée à la seule révolution culturelle de la seconde moitié de la décennie[95].

Ainsi, pour saisir la genèse de ce révolutionnarisme pédagogiste, il n'est pas inutile de revisiter certains courants de pensée très influents au sein de l'Église catholique, et qui furent à l'origine de plusieurs des principes de Vatican II. Au sein même de l'Église, on retrouvait de grands lecteurs de Péguy comme le père Angers, arrivé à l'âge adulte dans les années 1930, et convaincu d'appartenir à une génération à qui il incombait de rompre avec un passé obscurantiste. Dominé par l'hypocrisie d'une bourgeoisie qui se rendait à l'église par respect des convenances plus que par conviction, par les superstitions d'un peuple qui comprenait mal la portée du message de Jésus, et par une Église qui valorisait une pratique conformiste des rituels plutôt que de chercher à faire surgir chez les fidèles une foi authentique, ce passé n'avait plus rien à nous apprendre. Cette révolution spirituelle à laquelle a tant rêvé la génération personnaliste nécessitait une grande réforme, non seulement de l'Église, mais de la société.

Le but des personnalistes n'était pas la sécularisation, encore moins l'abandon de la religion. Les réformes qu'ils proposaient visaient au contraire un renouveau religieux, une redécouverte de la foi. Or, pour ceux qui, comme le père Angers, communiaient à la nouvelle éthique personnaliste, l'intensité de la foi ne pouvait être transmise de l'extérieur par un clerc en possession tranquille de la Vérité. La foi était avant tout une expérience personnelle, une quête spirituelle, laquelle ne pouvait être décortiquée dans des manuels, formatée dans un enseignement magistral, encore moins évaluée en fonction de critères externes. Inquiet de sa destinée terrestre, le fidèle était accompagné par le clerc dans un cheminement qui ne regardait que lui. Cette pédagogie personnaliste de l'accompagnement, respectueuse de la vie intérieure du fidèle, fut tout naturellement transposée à l'école par le père Angers. Plutôt que de dispenser un savoir désincarné du haut de sa chaire, le maître devenu « agent coopérateur » devait partir du vécu de l'élève, de sa vie intérieure, de sa réalité, pour l'accompagner dans ses apprentissages.

Ce qui frappe aussi lorsqu'on lit les écrits de Pierre Angers, c'est la volonté de dépolitiser le débat sur l'école et la pédagogie, cette manière de présenter les changements et les réformes proposés comme des fatalités. Si le croyant qu'il était se garde bien de souscrire au déterminisme historique, son plaidoyer sur la civilisation technique en a toutes les allures. Il en est de même de son postulat sur la démocratisation de l'éducation qui, à ses yeux, devait nécessairement passer par une révolution pédagogique. Des arguments d'autorité comme le progrès, la science, l'efficacité ou le bien de l'enfant sont tour à tour invoqués pour justifier des propositions qui, jamais, faut-il le rappeler, ne reposent sur des études empiriques. Constamment, Angers assimile la critique des mutations du système d'éducation à une sorte de peur pathologique du changement, à de vaines fixations sur un passé révolu. Sauf dans quelques notes de bas de page, Pierre Angers ne discute d'ailleurs jamais sérieusement les arguments des autres. Il y a dans ce refus du débat quelque chose de paradoxal pour l'époque. Si le gouvernement libéral a fondé un ministère de l'Éducation, n'était-ce pas précisément pour que la société et ses citoyens se réappro-

prient un champ qu'on avait laissé à quelques évêques ? Tout se
passe comme si on était passé, avec Pierre Angers, « des bons pères
aux experts », pour reprendre l'heureuse formule de Jean Gould.
Les clercs d'antan invoquaient la morale, un savoir philosophique
et théologique ; ceux de la génération d'Angers invoqueront
désormais une expertise technique et scientifique, celle des sociologues tournés vers la prospective ou des psychologues dernier cri.
Les premiers invoquaient Dieu, les seconds la Science, et les uns et
les autres eurent tendance à réduire la contradiction à de la *mauvaise foi*. Dans l'esprit d'Angers, le rôle du ministère de l'Éducation
et celui du Conseil supérieur de l'éducation étaient de mettre en
œuvre ce qui était tenu pour vrai, non de tenir compte des différentes positions en présence ou de tenter des compromis. Non
seulement l'État devait planifier le développement du système scolaire, il devait changer les mentalités, apprendre aux gens comment penser l'acte d'éduquer dans un monde en pleine mutation.

S'il réduit les idéologies à des querelles sur le sexe des anges,
Angers tient pourtant pour évidentes des idées qu'il aurait été prudent d'exposer aux lumières de la critique. Pour lui éviter un mauvais procès, on pourrait certes dire que ses idées sur l'enfance sont
généreuses, pleines d'idéalisme. Sont-elles vraies pour autant ?
L'école à laquelle il rêve est centrée sur l'épanouissement de l'enfant, tenu pour un être pur, désintéressé, intègre. Quiconque a eu
des enfants, quiconque a enseigné devine les limites d'un tel postulat. À sa manière, Pierre Angers est un maître du soupçon. Il
semble tenir pour acquis que le maître, que l'école, que la société
même, ont été créés pour embrigader l'enfant, contenir sa liberté
créatrice, corrompre sa belle innocence. L'œuvre d'Angers, comme
du reste celle de plusieurs autres personnalistes, a une forte teneur
contre-culturelle en ce sens qu'elle offre des munitions à une critique radicale de l'idée d'institution.

L'auteur des *Réflexions sur l'enseignement* rêvait ainsi d'abolir
toutes les médiations entre l'élève et l'extérieur. Dans *L'Activité
éducative*, il évoque à quelques reprises « celui qui s'éduque », mais
on ne retrouve pas encore le célèbre concept du « s'éduquant ».
C'est dans le deuxième livre du volumineux rapport de l'Opéra-

tion Départ, publié en 1971, que l'on retrouve ce terme qui symbolise aujourd'hui les errements de cette époque. L'apprentissage authentique devait découler d'un changement intérieur, être le fruit d'une expérience personnelle, se faire dans la joie et procéder d'une « évaluation organismique[96] » ! Toute volonté extérieure qui venait interférer avec un cheminement particulier était perçue comme une contrainte. Outre le « programme-cadre », dont on sait les torts irréparables qu'il a causés à nombre de jeunes, notamment dans l'enseignement du français[97], aucune proposition concrète ne fut mise de l'avant par Angers pour rendre cette nouvelle pédagogie opérationnelle. Les enfants furent laissés à eux-mêmes, à leur vécu, à leur dedans, à leurs limites surtout. Aucun maître pour leur faire découvrir un monde nouveau, inédit, fascinant mais néanmoins extérieur. Aucun adulte pour incarner l'héritage d'une civilisation, un monde à venir. Alors qu'il peste contre les idéologies, Pierre Angers se fait lui-même l'idéologue d'un égalitarisme radical, réduit à néant l'expérience accumulée au fil des siècles par des éducateurs certes imparfaits, mais souvent soucieux de transmettre les plus beaux fruits de la pensée humaine aux générations futures.

Ce qui dérange, ce qui exaspère surtout dans cette pensée centrée sur le « s'éduquant », c'est le lien établi entre la réussite de l'élève et la pédagogie. Comme si le succès des élèves, notamment ceux des milieux plus difficiles, dépendait uniquement des innovations pédagogiques. Une telle perspective ne pouvait que conduire à une déresponsabilisation de l'élève, de l'école, des parents et de la société et, en contrepartie, faire peser sur les épaules des seuls enseignants tout le poids de la réussite. En présentant le système d'éducation comme une grande entreprise, les facultés des sciences de l'éducation comme des départements de recherche et développement, les nouveaux managers à la tête des écoles et des commissions scolaires eurent beau jeu de montrer du doigt ces enseignants réfractaires aux innovations et aux changements.

Comme le montre clairement le quatrième avis du Conseil supérieur de l'éducation, il n'était déjà plus question, à la fin des années 1960, de réduire le ratio maître/élèves, une mesure beaucoup trop coûteuse, explique-t-on. Pour répondre aux promesses de démocratisation du début des années 1960 et assurer à tous un diplôme et des qualifications de base, il fallait que le ministère de l'Éducation et les politiciens trouvassent une solution à court et moyen terme. *L'Activité éducative* annonce cette solution. Puisque les classes ne pouvaient être réduites, on allait investir dans la recherche en pédagogie. Le calcul était rationnel. Pour l'État, il en coûterait toujours moins de financer à coups de millions les « recherches-action », les groupes de travail sur le « s'éduquant » et les colloques internationaux de chercheurs en pédagogie que de simplement réduire le nombre d'élèves par classe. De plus, les investissements en « recherche et développement » permettaient aux politiciens de gagner du temps face à des électeurs qui jugeaient sévèrement la performance du système scolaire. Ces investissements permettaient aussi de réduire au silence certains professeurs d'université plus critiques, leurs subventions de recherche dépendant désormais d'un pouvoir politico-adminis-tratif. Les chercheurs subventionnés par le ministère de l'Éduca-tion n'osèrent plus critiquer la main qui les nourrissait, perdirent tout sens critique et se firent les apôtres des réingénieries les plus loufoques qu'inspiraient parfois leurs travaux[98].

On a beaucoup dit que la dernière réforme scolaire en date, celle des années 2000, avait été détournée de son intention origi-nelle, que d'une saine refonte du curriculum censée accorder plus d'espace aux matières de base elle s'était muée en un « renouveau pédagogique ». On y a vu un dévoiement, presque une trahison de l'intention politique initiale. On a aussi dit que le socioconstruc-tivisme et la pédagogie par projets centrée sur l'élève découlaient d'une philosophie relativiste. Tout cela est certainement vrai. Quand on y regarde de plus près, cependant, on s'aperçoit que cette réforme scolaire initiée par le Parti québécois et poursuivie par le Parti libéral fait partie d'une histoire beaucoup plus longue. Les croyances investies dans le « renouveau pédagogique », défen-dues bec et ongles par la plupart des ministres de l'Éducation depuis l'an 2000, furent celles d'un Pierre Angers et de toute une génération née bien avant la Révolution tranquille. Penser qu'on augmentera la réussite scolaire en transformant radicalement l'évaluation, en évitant le stigmate du redoublement et, surtout, en révolutionnant la pédagogie ; croire qu'on pourra freiner le décrochage scolaire sans toucher au ratio maître/élèves, sans valoriser l'effort, le mérite et le travail, sans interpeller en premier lieu les élèves et leurs parents ; se persuader que l'échec scolaire résulte de l'école elle-même, en tant qu'institution médiatrice, et de la transmission d'un savoir abstrait étranger au vécu de l'enfant, telle fut la grande utopie à laquelle souscrivit Pierre Angers, qui aurait pu faire sien le slogan révolutionnaire par excellence d'une époque : « Du passé, faisons table rase ! »

II

Penser le conservatisme canadien-français

Il faut devenir consciemment conservateur.

Bᴇʀɴᴀʀᴅ Éᴍᴏɴᴅ, *La Perte et le Lien*, 2009.

À tort ou à raison, ce qu'il est convenu de nommer le Canada français (1840-1960) est souvent associé au monde de la tradition, au conservatisme. C'est qu'en dépit de recherches nombreuses et stimulantes qui, à la manière du Tocqueville de *L'Ancien Régime et la Révolution,* ont montré que la société québécoise vivait, à l'époque de la soi-disant Grande Noirceur canadienne-française, d'importantes transformations économiques et sociales grosses des bouleversements ultérieurs, 1960 reste une césure symbolique et culturelle déterminante, la ligne de partage entre un Avant sombre et un Après lumineux. Il y a tout lieu de croire que ce fossé entre le Canada français « d'Ancien Régime » et le Québec « moderne » explique en bonne partie notre rapport souvent trouble au conservatisme, à tout le moins dans la recherche historique et sociologique des dernières décennies. À l'instar du sociologue Mathieu Bock-Côté, je dirais que pour l'intelligentsia dite progressiste, la Grande Noirceur fut l'une des facettes d'un dispositif idéologique qui permit de justifier toutes les ingénieries sociales et de discréditer un nationalisme plus traditionnel, ancré dans l'histoire longue[1].

Par *conservatisme,* j'entends une pensée qui, tout en adhérant à certains principes du libéralisme politique et économique de son temps (par exemple, le respect des « libertés » britanniques, la nécessité du marché), s'en distinguerait néanmoins. Préoccupé par l'unité et la cohésion de la communauté nationale confrontée aux dangers de l'assimilation et de l'anomie de la société industrielle, un certain conservatisme canadien-français s'est parfois méfié de la délibération politique, a jugé nécessaire d'instaurer une morale sociale contraignante — surtout pour les femmes — et a voulu distinguer la prospérité de la nation des aspirations purement matérialistes et hédonistes de l'individu. Ce qui relie ces principes plus ou moins clairement exprimés — et qui mériteraient des recherches empiriques de grande envergure[2] —, c'est un certain rapport au temps, moins enclin à célébrer les bienfaits du progrès et plus inquiet de ce que l'avenir pouvait réserver à la nation canadienne-française. En somme, une pensée pratiquement disparue du débat public et devenue, avec le temps, assez étrangère à la plupart des modernes que nous sommes : fascinés par ce que l'avenir nous réserve, nous ne nous tournons vers le passé que pour y déceler les brèches de clarté qui annoncent l'âge d'or d'aujourd'hui. La sensibilité conservatrice tranche à ce point avec l'air du temps qu'il est à se demander s'il est encore possible d'en décrire les contours avec pondération et justesse.

Je voudrais montrer que le conservatisme canadien-français, comme doctrine politique et sensibilité philosophique, se situe dans un angle mort de notre historiographie. « Victime » du téléologisme moderniste libéral ou marxien, la sensibilité conservatrice trouve très peu de commentateurs attentifs qui chercheraient à la comprendre en elle-même et pour elle-même. La lecture hypermoderniste du passé qui façonne les représentations historiques depuis les années 1960 fait souvent du conservatisme l'*Autre* de la bonne pensée moderne — pour reprendre un concept à la mode.

*   *   *

Au Québec comme ailleurs, et peut-être davantage qu'ailleurs, les métarécits consacrés au XIXe siècle empruntent deux voies divergentes, qui toutes deux décrivent les effets retentissants de deux grandes révolutions historiques. Le premier métarécit s'attarde aux effets de la révolution des droits de l'homme sur l'évolution des sociétés modernes et sur le monde, tandis que le second analyse en profondeur les conséquences de la révolution industrielle. Ces deux métarécits sont « vrais » en ce sens qu'ils décrivent des phénomènes réels et fondamentaux. Ils témoignent cependant d'une sensibilité politique et sociale très différente. Commentant en 1980 le *Surveiller et Punir* de Michel Foucault, l'historien Maurice Agulhon faisait ce constat :

> Le XIXe siècle a longtemps passé en France pour celui de la conquête progressive de la liberté, et des libertés, par la mise en pratique, peu à peu et non sans chaos, des principes issus des Lumières et proclamés en 1789. À cet optimisme, à cette autosatisfaction, il y a longtemps que le socialisme oppose la dureté du sort que le capitalisme naissant faisait au peuple des usines, et la dureté de cœur de bien des bourgeois réels, même s'ils se disaient libéraux[3].

Ces métarécits divergents et bien campés n'ont rien de très surprenant puisque libéraux et marxiens[4] ont cherché à légitimer leur projet moderniste à partir d'une certaine lecture du passé. Reinhart Koselleck montre bien que cette récupération de l'histoire à des fins idéologiques autant que scientifiques remonte au début du XIXe siècle, alors que « l'expérience historique » se vit sur le mode d'une accélération sans précédent du temps[5]. La vision de la modernité des libéraux ou des marxiens devait s'appuyer sur un récit cohérent qui permettait à la fois de démontrer et de justifier un certain point de vue sur le monde. Le problème, c'est que ces deux récits modernistes, au centre des préoccupations des intellectuels et des chercheurs, ne permettent pas de penser efficacement le conservatisme du XIXe siècle. Le téléologisme moderniste de ces deux grands récits constitue une sorte d'écran qui nous empêche d'accéder à la nature profonde du conservatisme qui gagne de nombreux esprits à mesure que progresse ce siècle.

Plus intéressés à expliquer un *avènement* qu'à restituer les signi-fications perdues d'un *moment* de pensée, les historiens ont eu du mal à rendre compte de l'inquiétude conservatrice.

Le métarécit libéral

La perspective conservatrice est difficile à comprendre lorsque l'on considère le grand récit libéral du XIXᵉ siècle. Chez les esprits libé-raux, ce siècle est généralement perçu comme la suite logique du précédent. Les hommes éclairés ne font que poursuivre le combat des Lumières. Dans sa grande synthèse sur le XIXᵉ siècle européen, le philosophe et historien Benedetto Croce écrit :

> Chez l'un, la priorité était accordée à l'affranchissement à l'égard d'une domination étrangère, ou à l'unité nationale ; chez un autre, ce qui venait au premier rang, c'était le remplacement de l'absolutisme du gouvernement par le constitutionnalisme. [...] Mais, si différentes qu[e] fussent [les réformes] par l'importance et par l'ordre de succession où elles se présentaient, toutes [...] étaient dominées par un mot qui les résumait et qui exprimait l'esprit animateur : le mot *liberté*[6].

Cette liberté, nous dit Croce, avait ses défenseurs courageux, ses croisés déterminés, ses combattants ne reculant devant rien. Faire l'histoire du XIXᵉ siècle, c'est raconter leurs difficultés, leurs échecs et leurs succès. Comme Croce, plusieurs vont surtout s'in-téresser au progrès de l'*esprit*, la philosophie constituant à leurs yeux une « histoire de la liberté ». On s'intéresse donc aux mul-tiples usages que l'on fit de l'idée de liberté ainsi qu'aux débats suscités par sa propagation.

Le récit libéral du XIXᵉ siècle est très souvent politique, au sens restreint du terme. On s'attarde aux individus qui ont incarné l'idéal libéral, à leurs luttes politiques héroïques, aux textes consti-tutionnels et aux lois fondatrices qu'ils ont fait adopter, à la des-cription des divers régimes qui vont se succéder. Dans tous les cas de figure, il s'agit d'expliquer les étapes d'une conquête lente mais assurée. Selon les contextes, les pays et les intérêts de recherche, on insiste sur la conquête de la liberté de penser, sur l'élargissement du corps électoral, sur le combat des nationalités contre les dynasties impériales, sur les victoires de la *raison* scientifique contre les *superstitions* religieuses, bref, sur l'arrachement progressif à la pesante tradition de l'Ancien Régime, engluée dans les coutumes rigides et les vérités révélées. D'autres récits libéraux n'en ont que pour la conquête de l'Ouest. La conquête de la liberté, c'est aussi l'histoire de ces millions d'Européens qui ont quitté le vieux continent pour l'Amérique de tous les possibles. L'historiographie américaine accorde pour sa part une place importante à la *frontière* floue qui attirera tant d'aventuriers européens et d'entrepreneurs téméraires du nord-est des États-Unis.

Cette conquête assurée ne se fait pas sans heurts. C'est d'ailleurs ce qui rend l'intrigue de ce métarécit libéral si captivante. Les valeureux combattants de la liberté font face, tôt ou tard, aux forces contraires : celles de la réaction, de l'Ancien Régime ou de la « barbarie », s'il s'agit de la conquête du sous-continent nord-américain. En Angleterre et en France, on voit émerger des traditions de pensée contre-révolutionnaires. En dépit de sa glorieuse révolution et de ses libertés politiques, l'Angleterre subit l'influence « dangereuse » de penseurs qui, comme Samuel Coleridge ou Thomas Carlyle, critiquent « l'égoïsme des Lumières » et souhaitent un renforcement du rôle de l'Église et de la classe dirigeante[7]. En France, des penseurs comme Joseph de Maistre et Louis de Bonald pestent contre les effets de la Révolution. L'aspiration à l'autonomie de l'homme est selon eux péché d'orgueil, un manque de sagesse par rapport à l'organisation naturelle du monde souhaitée et instaurée par le Créateur[8]. Que dire enfin du cas romain, le plus désolant de tous selon la grille moderniste libérale. Pie IX, dont les débuts avaient suscité certains espoirs de « libéralisation », sera l'un des adversaires les plus acharnés du libéralisme moderne. Son *Syllabus* de 1864 aligne en effet les quatre-vingts « erreurs » de la modernité libérale. Son règne se termine par le premier concile du Vatican, l'un des plus rigides sur le plan doctrinal depuis la réforme tridentine, et qui sanctionne rien de moins que l'infaillibilité papale. Tous ces prophètes de la réaction auront leurs disciples qui tenteront, vaille que vaille, de barrer la route aux preux défenseurs de la liberté. Le grand récit libéral du XIXe siècle est donc celui d'un antagonisme entre les forces de la liberté et celles de la réaction, c'est-à-dire entre les forces du Bien et du Mal.

Ce métarécit libéral, on le retrouve aussi dans notre historiographie. L'article de Philippe Sylvain sur « l'antagonisme libéral-ultramontain », publié en 1967, vient immédiatement à l'esprit, de même que plusieurs autres travaux sur la même question[9]. Sylvain a inspiré une génération de chercheurs plus jeunes, arrivés à l'âge adulte dans l'effervescence des années 1960. Ses travaux ont permis à ces derniers de découvrir les porte-parole vigoureux d'un libéralisme radical qui, en plein milieu du XIXe siècle, eurent le courage d'affronter le tout-puissant Mgr Bourget et de plaider en faveur d'idées aussi libérales que la séparation de l'Église et de l'État et le principe des nationalités. Les travaux de Jean-Paul Bernard et d'Yvan Lamonde sont, de l'aveu même de ces deux auteurs, largement tributaires des recherches pionnières de Philippe Sylvain[10]. À Bernard, on doit une connaissance approfondie de l'itinéraire politique des rouges, de l'âpreté de certaines de leurs batailles contre une partie du clergé, de l'étendue de leurs victoires et de leurs défaites sur le terrain électoral. À Lamonde, on doit une exégèse fine et probablement définitive de la vie et de l'œuvre de Louis-Antoine Dessaulles, l'un des principaux penseurs du rougisme, plusieurs travaux sur la pensée libérale ainsi qu'un ouvrage de synthèse qui donne au libéralisme canadien-français du XIXe siècle une place beaucoup plus importante que ce qu'avait laissé voir l'historiographie d'autrefois[11]. Si les rouges ont été le sujet d'études stimulantes, leurs vis-à-vis ultramontains ne sont pas en reste. Les travaux de Pierre Savard, Nadia Eid et René Hardy nous ont permis de mieux cerner les contours de cette pensée politico-religieuse pour le moins réactionnaire[12].

Le métarécit marxien

Si le métarécit libéral du XIXe siècle se termine généralement par la victoire éclatante et définitive de la liberté sur les forces de la réaction et de l'Ancien Régime, il en va tout autrement du grand récit concurrent. Selon ses historiens, le fait capital de ce siècle est l'émergence et la victoire quasi absolue de la civilisation capitaliste. La vraie révolution n'est pas celle des droits de l'homme, mais celle du capital et de la machine. Ce sont les effets de cette révolution économique et matérielle qu'il faut étudier pour comprendre ce siècle de transformations globales. Si Benedetto Croce incarne assez bien le métarécit libéral du XIXe siècle, l'historien britannique Eric Hobsbawm symbolise parfaitement l'autre métarécit. Sa grande synthèse, particulièrement le tome qui porte sur le milieu du siècle (1848-1875), est traversée par l'ambition d'aligner tous les effets dévastateurs du capitalisme triomphant. L'histoire de cette époque, écrit-il, c'est « d'abord l'histoire du progrès massif de l'économie mondiale du capitalisme industriel, de l'ordre social qu'il représente, des idées et des croyances qui semblent le justifier et le sanctionner : foi dans la raison, en la science, dans le progrès et le libéralisme[13] ». Notons l'ordre de présentation des phénomènes : d'abord l'économique, ensuite le social, enfin les idées et les croyances qui légitiment « l'infrastructure ».

Les historiens qui croient que le XIXe siècle fut d'abord celui du développement du capitalisme industriel, et ils sont encore légion dans les universités occidentales, n'ont pas manqué de sujets de recherche. Certains ont surtout cherché à décrire l'évolution du capitalisme à travers ses principaux « agents ». Ils ont voulu comprendre comment les détenteurs du capital ont mis en place les infrastructures de la nouvelle économie capitaliste. Quantité d'études et de monographies ont été réalisées sur les banques et les institutions de crédit, sur les entreprises de toutes sortes (par exemple, les compagnies de chemins de fer), sur les « promoteurs » et les politiciens qui leur venaient en aide. On a voulu comprendre comment ce monde marchand a installé son pouvoir et instauré ses propres règles du jeu. D'autres chercheurs se sont surtout attardés aux effets de cette nouvelle civilisation sur la culture, au sens anthropologique du terme. On a étudié le mode de vie ouvrier et bourgeois, décrit les nouvelles solidarités de classe, analysé l'avènement de la société de consommation. Certains se sont penchés sur la « gestion de la marginalité », c'est-à-dire sur les moyens utilisés pour disposer des pauvres ou des criminels, et d'autres encore sur les divisions de genre provoquées par le nouveau système. Dans tous les cas de figure, on a voulu démasquer les enjeux de pouvoirs, dénoncer l'inégalité évidente des conditions sociales et sexuelles, souligner l'hypocrisie d'un certain discours libéral qui utilise l'État pour asseoir sa domination. Comme le récit libéral, le récit marxien est souvent militant. Hobsbawm, par exemple, souligne à double trait que ses « sympathies vont à ceux qu'il y a cent ans personne ou presque n'écoutait[14] ».

Dans ce métarécit, les idées sont réduites à des « idéologies », c'est-à-dire aux discours de légitimation d'une classe dominante soucieuse avant tout de s'enrichir au détriment des plus pauvres. Une classe sociale qui a d'abord des intérêts, non pas des idées. Pour les uns, cette domination s'exerce du haut vers le bas : c'est le fameux paradigme du *contrôle social,* en vogue durant les années 1970. Une classe impose une idéologie aux masses à travers l'école et les institutions sociales qui encadrent le peuple, que celles-ci relèvent de l'État ou de l'Église. Pour d'autres, l'hégémonie de l'idéologie bourgeoise en vient à prédominer à la suite d'un long processus d'intériorisation de la norme libérale par les masses elles-mêmes. On parle moins alors de « contrôle » que de *régulation sociale.* Il s'agit d'un processus dynamique par lequel les règles émises par l'élite font l'objet d'oppositions multiples, de résistances populaires qui peuvent, dans certains cas, provoquer des réformes ou des changements. Toutefois, programmées dans les écoles, dans les prisons ou dans les institutions d'assistance, les normes rigides et injustes d'une bourgeoisie triomphante finissent par s'imposer au plus grand profit de « l'ordre libéral[15] ». Le processus est donc long, plus subtil, mais non moins efficace.

Le libéralisme dont il est question dans ce second récit est toujours économique. La liberté qui triomphe, semblent nous dire ces historiens, c'est celle d'asservir les plus démunis ; c'est la liberté du marché. La grande œuvre de la bourgeoisie a été de faire disparaître toutes les entraves qui freinaient la marche du commerce. La terre, la force de travail et la monnaie deviennent de pures marchandises que l'on peut échanger sans être embêté par quelque autorité civile ou religieuse. Le libéralisme économique est essentiellement individualiste en ce sens que la civilisation matérielle est basée sur l'*harmonie des intérêts*. Ce nouvel espace économique qui broie tout sur son passage n'a que faire d'une quelconque morale sociale, puisque c'est la cupidité de chacun qui fait la prospérité de tous. Les vices privés ont même des vertus publiques, selon un auteur comme Bernard Mandeville qui influencera Adam Smith[16]. L'empirisme amoral d'un Adam Smith, l'utilitarisme scientiste d'un Jeremy Bentham, sources intellectuelles de ces capitalistes libéraux qui ne cherchent qu'à s'enrichir, seront jugés sans ménagement par les historiens du récit marxien.

De nombreux Québécois ont largement souscrit à ce grand métarécit, sans toujours l'affirmer haut et fort ou nécessairement emprunter le ton militant d'un Hobsbawm. Même si leurs intérêts de recherche ont évolué au cours de leur carrière, des auteurs comme Allan Greer, Brian Young, J. I. Little, Normand Séguin et Paul-André Linteau — pour ne nommer que quelques chercheurs importants qui se sont penchés sur le XIXe siècle — ont tous cherché à décrire cette fameuse *transition* vers le capitalisme et à comprendre l'action des agents du grand capital qui ont développé les chemins de fer, l'industrie agroforestière, les villes de moyenne ou de grande importance[17]. D'autres historiens, comme Bettina Bradbury et Denyse Baillargeon, ont voulu décrire les conditions de vie des familles et des femmes en milieu urbain ouvrier[18], ou rendre compte, comme Jean-Marie Fecteau et André Cellard, du processus d'encadrement des pauvres et des criminels[19]. Peu importe le sujet de recherche, l'angle d'analyse, les archives dépouillées, il s'agit d'expliquer les effets souvent terribles de ce capitalisme industriel, de montrer comment les plus humbles ont su tirer leur épingle du jeu malgré les circonstances. Car le nouvel ordre marchand s'impose ici comme ailleurs. Pour la plupart de ces chercheurs, la bourgeoisie québécoise était mue par les mêmes idées que les autres bourgeoisies occidentales, eut sensiblement recours aux mêmes stratégies de contrôle ou de régulation sociale et connut, *grosso modo,* le même succès qu'ailleurs. L'État-providence de la Révolution tranquille viendra remettre en question la *normalité* du capitalisme industriel qui n'en avait que pour les libertés du bourgeois exploiteur.

*   *   *

On pourrait dessiner à grands traits ce qui distingue ces deux métarécits. Le récit libéral nous présente un homme maître de lui-même dont les idées et la volonté peuvent venir à bout des forces du destin. L'homme moderne combat les forces de la tradition qui lui assignent une place toute faite dans une société d'ordres et de castes. Notre historiographie libérale est probablement moins optimiste, moins emportée que celle des autres pays occidentaux. Car cette conquête libérale n'aurait pas eu lieu dans le Canada français de la Grande Noirceur ou, du moins, elle aurait mis beaucoup plus de temps à triompher. Ici, ce sont les forces de la réaction qui l'auraient emporté dès le milieu du XIXe siècle. Ces forces auraient modelé les institutions du Canada français et retardé ainsi notre accès à la modernité. Le récit marxien voit, lui, le sujet humain s'éclipser au profit des structures lourdes d'un capitalisme qui broie tout sur son passage dès qu'apparaissent les premiers signes de la révolution industrielle. L'histoire du XIXe siècle est dans ce cas celle d'un long processus d'asservissement et d'aliénation par le capital et la machine. Hobsbawm admet candidement qu'il « ne peut cacher un certain dégoût, voire un certain mépris pour la période dont il traite[20] ». Le rouleau compresseur du capitalisme industriel fait son lot de victimes. Et l'historien honnête, consciencieux, généreux est celui qui prend le parti de cette masse anonyme exploitée par une petite élite de bourgeois sans scrupules. Le grand bouleversement se produit également dans la vallée du Saint-Laurent. Ici aussi, une élite bourgeoise, anglophone et francophone, tente d'imposer son grand dessein aux humbles qui cherchent à améliorer leur sort.

Deux récits qui divergent, donc. L'un généralement optimiste et « idéaliste » ; l'autre sombre et « matérialiste ». Mais les divergences ne doivent pas nous faire oublier une similitude frappante : leur caractère éminemment téléologique. Dans les deux cas, on est face à un rapport moderniste au passé qui décrit l'avènement d'un monde moralement supérieur à celui qui le précédait. Dans le premier cas, la révolution des droits de l'homme est célébrée comme une victoire de la liberté et de la raison sur l'oppression et les superstitions de l'Ancien Régime. Dans le second cas, on décrit jusque dans ses moindres détails l'étape malheureuse mais néanmoins nécessaire qui devait précéder l'avènement de l'État-providence. Les deux récits sont linéaires, « progressistes » ; les deux révolutions sont fatales et nécessaires pour envisager la suite des choses, soit la démocratie ou la social-démocratie. Au Québec, toutes les sensibilités historiographiques mènent à la célébration de la Révolution tranquille. Pour les libéraux, 1960 marque surtout l'éclatement de l'alliance clérico-nationaliste ; pour les marxiens, c'est plutôt l'avènement de l'État-providence, la possibilité d'enfin pouvoir penser dans une « *Cité Libre* », ou la fin d'un « mode de régulation libérale ».

Le conservatisme comme « Autre » de la bonne pensée

C'est en partie la téléologie moderniste qui nous empêche d'accéder à ce que le « moment » canadien-français a de plus conservateur. Depuis la Révolution tranquille, les intellectuels québécois, parmi lesquels on retrouve maints historiens et sociologues, semblent entretenir un rapport particulier avec la modernité. Il y aurait même, selon Joseph Yvon Thériault, un « malaise québécois » de la modernité, une propension plus grande ici qu'ailleurs à chercher dans notre passé les indices de sa présence ou de son avènement, quitte à évacuer l'intentionnalité des acteurs, à faire abstraction de « l'activité significative » de cette société offerte en héritage[21]. Selon Thériault, cette « histoire sans mémoire » qui s'attarde surtout aux grands processus de modernisation sur un territoire donné, qui marque à chaque détour l'américanité du peuple canadien-français plutôt que son attachement à une certaine tradition, serait la manifestation d'une mémoire honteuse[22].

Ce rapport trouble à la pensée canadienne-française d'avant la Révolution tranquille est constaté dès le milieu des années 1970 par Fernand Dumont. La « rupture culturelle » de la Révolution tranquille aurait été si forte, si importante, qu'elle rend l'étude de nos idéologies d'antan moins pertinente : « La discontinuité introduite par la Révolution tranquille dans l'histoire de nos idéologies nous incite [...] à nous demander ce que nous devons faire de notre passé. Devenues étrangères à nos projets, les idées de jadis et de naguère s'en trouvent-elles simplement réduites au statut d'objets disqualifiables à loisir[23] ? » Les recherches sur les idéologies d'avant la Révolution tranquille ne semblaient guère satisfaire Dumont. Il disait même « éprouver un malaise plus ou moins obscur devant tant de travaux et de discussions de notre histoire » qui utilisaient selon lui des catégories qui « habillent mal les phénomènes dont on veut rendre compte ». Et il ajoute : « Qu'a-t-on dit d'un peu intelligible, par exemple, quand on a parlé d'une "bourgeoisie conservatrice" ou d'une "bourgeoisie progressiste" ? On n'a fait qu'ajuster, dans l'empyrée des abstractions, des idéologies et des données économiques dont les complexités respectives ont été mal élucidées[24] ».

Dans ce « malaise québécois de la modernité », dans cette difficulté notée par Fernand Dumont de restituer l'horizon de sens des idées « de jadis et de naguère », il y a probablement quelques clés pour comprendre la difficulté qu'ont eue les historiens modernistes à accéder à la pensée canadienne-française, à cette autre vision du monde d'une élite ni tout à fait libérale, ni vraiment réactionnaire et pas du tout radicale. Car, à moins de forcer le trait, cette pensée s'insère plutôt mal dans la perspective d'une téléologie moderniste, qu'elle soit libérale ou marxienne. Le rapport au politique et à la démocratie, les hésitations apparentes quant à la question nationale, les préjugés paternalistes à l'égard des pauvres, des criminels et des femmes, le rapport ambivalent au religieux ne permettent pas d'entrevoir le triomphe définitif d'une certaine modernité au XXe siècle[25]. Ces « conservateurs » parlent une langue étrangère aux modernes que nous sommes ; pire : ils ralentissent les progrès d'une modernité que la plupart des intellectuels jugent encore bienfaisante malgré les injustices qui persistent. Si l'histoire est censée, dans une certaine mesure, servir le présent pour l'avenir, dès lors, qu'y a-t-il à tirer du conservatisme ? N'estce pas un vain travail d'érudition que de se pencher sur le sujet ? En tentant de mieux comprendre le conservatisme, l'historien ne se comporte-t-il pas comme un « antiquaire », attaché à des vieilleries inutiles, à une pensée passéiste ?

Le triomphe de la modernité libérale et de la social-démocratie semble si grand, si incontestable, que l'intérêt pour le conservatisme peut même paraître suspect. La modernité n'a-t-elle pas permis la fin de l'esclavage, l'égalité pour les femmes, l'accès gratuit à l'éducation et aux soins de santé ? Ces transformations ne sont-elles pas le produit du changement, salutaire par essence ? Ne montre-t-il pas, ce changement, que le « progrès » est un phénomène sain pour une société civilisée ? La perspective semble à ce point ancrée que plus personne aujourd'hui n'ose se dire conservateur. Après tout, François Legault comme Amir Khadir ne se présentent-ils pas à nous l'un et l'autre comme l'apôtre du « vrai changement » ? Ne prennent-ils pas un malin plaisir à décrire leurs adversaires comme ceux qui veulent revenir en arrière ? Comme le souligne avec raison Alain Finkielkraut, le concept de conservatisme est la plupart du temps utilisé à des fins polémiques. C'est l'anathème suprême que l'on jette au visage de l'adversaire, l'étiquette odieuse, la marque d'opprobre par excellence de nos sociétés modernes. « Le conservateur, c'est toujours l'autre, écrit Finkielkraut. Celui qui a peur pour ses privilèges, ou pour ses avantages acquis, peur de la liberté, du grand large, de l'aventure[26]. » Être moderne, c'est forcément condamner moralement le conservatisme.

Le conservatisme, comme *Autre* de la pensée, voilà une piste intéressante que l'on peut suivre assez facilement si on s'intéresse à l'évolution du concept de « conservatisme » dans notre historiographie. Dans les années 1960, le conservatisme renvoie généralement à ce qu'on appelait communément alors le « clérico-nationalisme », c'est-à-dire à une certaine forme de communautarisme traditionaliste qui craignait le progrès, en plus d'étouffer la pensée et l'initiative. Dans son *Histoire économique et sociale du Québec*, Fernand Ouellet observait dès le début du XIXe siècle chez les Canadiens français un « refus obstiné du progrès », une « perception plutôt statique de l'univers[27] ». Ce conservatisme, selon Ouellet, était le résultat combiné de l'influence du religieux et de l'aventure nationaliste de la bourgeoisie libérale canadienne-française[28]. Même son de cloche chez le politologue André Vachet, auteur d'un ouvrage théorique important sur le libéralisme[29], pour qui l'individualisme libéral était « totalement absent » de la pensée canadienne-française d'avant la Révolution tranquille. Cette absence serait même « responsable [du] monolithisme traditionaliste de la pensée québécoise[30] ». Le conservatisme de la pensée canadienne-française, selon Ouellet et Vachet, c'est en quelque sorte l'Autre de la pensée libérale. Cette pensée aurait été conservatrice parce qu'elle n'était pas libérale.

À partir des années 1980, nous avons droit à une nouvelle définition du conservatisme. Celui-ci ne serait pas l'Autre du libéralisme, mais bien l'une de ses principales caractéristiques. C'est du moins ce qu'expliquaient récemment Fernande Roy et Jacques Beauchemin dans des études fort stimulantes. Dans son livre sur la pensée des milieux d'affaires montréalais du tournant du XXe siècle, Roy affirme qu'il faut cesser de voir le libéralisme comme l'antonyme de conservatisme : « Aux XIXe et XXe siècles, le libéralisme apparaît plus ou moins "conservateur" selon la place qu'il réserve aux processus d'adaptation et de modernisation faisant suite aux changements du rapport des forces sociales et des conditions techniques[31] ». Parce qu'ils veulent maintenir leur emprise sur la société, les libéraux en viendront peu à peu à tenir un discours conservateur sur la société qui leur permettra de consolider leur pouvoir et de légitimer une certaine hiérarchie sociale. Lors d'un colloque sur la société duplessiste organisé dans les années 1990, le sociologue Jacques Beauchemin va dans le même sens en estimant qu'il existe au cœur de la société globale libérale une « contradiction culturelle ». Le discours libéral incite au bonheur « hédoniste » et à l'émancipation politique. La pensée libérale pousse l'individu à se libérer des entraves de la tradition, à vivre pleinement son autonomie, à réaliser ses rêves les plus fous. Or, explique Beauchemin, « la société libérale peut difficilement tenir les promesses politiques du libéralisme », car il faut bien que les ouvriers soient ponctuels à l'usine, que quelqu'un s'occupe des enfants les soirs et les fins de semaine, bref que la société puisse fonctionner de façon ordonnée[32]. En somme, nous dit Beauchemin, « la libéralisation de la pratique dans la modernité suppose l'élaboration d'un discours politique à forte teneur disciplinaire » et le « recours à un ensemble de catégories éthiques susceptibles de fonder un discours de contrôle social et de disciplinarisation des individus[33] ». Cette tension constitutive entre le discours émancipateur du libéralisme et la pratique régulatrice nécessaire au bon fonctionnement des sociétés industrielles serait l'essence même de la société libérale. « Les sociétés libérales sont aux prises avec le problème, fondamental pour elles, de juguler les effets déstructurants, sur le plan de la stabilité sociale, d'un développement économique accéléré et d'une demande de démocratisation de plus en plus poussée. De ce fait, elles *sont toujours conserva-trices*[34]. » L'éclairage de cette contradiction culturelle de la société libérale permet de distinguer le traditionalisme du conservatisme, poursuit Beauchemin. Le premier serait par essence « fixiste », tourné vers le passé, nostalgique, alors que le second serait la réponse libérale à la demande d'ordre.

Les perspectives de ces auteurs sont très intéressantes, et certainement plus nuancées que celles de leurs devanciers Ouellet et Vachet. Entre le libéralisme et le conservatisme, la frontière devient plus floue, moins claire. Le conservatisme n'est plus l'Autre du libéralisme, mais l'une de ses caractéristiques, voire un trait distinctif. En un certain sens, nous dit Beauchemin, le libéralisme de la société moderne se reconnaît à son conservatisme. Même si, ailleurs, Beauchemin et deux de ses collègues reconnaissent que « la société libérale n'a jamais été la pure incarnation du libéralisme[35] », le conservatisme n'apparaît plus ici comme l'Autre du libéralisme, mais bien comme l'Autre de la social-démocratie et d'un mode de régulation sociale « providentia-liste ». Car c'est bel et bien le mode de régulation sociale libéral qui prend fin avec la Révolution tranquille[36]. L'accès à l'éducation et aux institutions sociales, la perspective « assurantielle » de l'État-providence, au Québec et ailleurs en Occident, rendent caducs les éléments de contrôle social contenus dans la veine conservatrice du libéralisme.

Associé au clérico-nationalisme holiste d'une société tradi-tionnelle ou au versant disciplinaire de la société libérale, le conservatisme reste l'Autre de la pensée que l'on valorise, qu'il s'agisse du libéralisme émancipateur ou de la social-démocratie redistributive. D'une façon ou d'une autre, les réformes de la Révolution tranquille rendent ce conservatisme dépassé ou tout simplement non pertinent pour le nouveau Québec qui émerge après 1960.

*   *   *

Si les grands métarécits libéral et marxien, modernistes et téléologiques, ont eu du mal à rendre compte de la sensibilité conservatrice du Canada français, qu'en est-il aujourd'hui ? Le conservatisme est-il condamné à demeurer l'Autre de la bonne pensée ? Je pressens pour ma part une posture moins dogmatique depuis les années 1990. Cette posture, qui ne comprend pas seu-lement les adeptes d'un quelconque « postmodernisme », doit être située dans un contexte de désenchantement. C'est qu'il faudrait une bonne dose de myopie pour ne pas voir que les grandes pro-messes du « progressisme » — dans ses déclinaisons marxienne, social-démocrate, libérale ou néolibérale — n'ont pas toutes été tenues. Il suffit d'ouvrir un journal et d'en lire les manchettes au hasard pour découvrir que malgré les multiples réformes pédago-giques le taux de décrochage reste encore très élevé dans les milieux défavorisés, que le système de santé public fait face à des défis quasi insurmontables, que le suicide emporte chaque année trop de gens, que la financiarisation de l'économie s'est révélée une vaste supercherie qui a profité à quelques spéculateurs véreux, que l'environnement se dégrade à une vitesse inquiétante, que les régions se vident de leurs jeunes en dépit des louables efforts du « Québec inc. », que la « question nationale » tourne en rond après deux référendums perdus, bref, que les rêves et les espoirs des progressistes québécois, parmi lesquels on trouve maints historiens, sont confrontés à une très dure réalité.

Sans imputer tous ces problèmes à la modernité même, sans présumer des causes profondes de ces dérives ni occulter leur dimension occidentale, sans se laisser aller à dire que c'était « mieux avant » et sans, non plus, douter de la bonne foi de celles et de ceux qui ont défendu et qui continuent de défendre les nobles idéaux d'une certaine modernité, on ne peut que constater le vide de certains discours qui, plutôt que de prendre la mesure des lourds malaises politiques, sociaux et spirituels que traverse le Québec actuel, préfèrent pester contre « l'omniprésence » des « ténèbres » d'une époque révolue, celle du vieux Canada français conservateur[37]. Incapables de célébrer tous les effets de la modernité québécoise, certains ne voient plus l'intérêt de chercher à déceler, dans le passé canadien-français, les signes avant-coureurs d'un avènement heureux ou de célébrer les valeureux précurseurs d'un monde moralement supérieur. Car ce monde magnifique, généreux et solidaire que devait engendrer la Révolution tranquille, nous en connaissons aujourd'hui les ombres et les faiblesses.

Le rapport critique à la modernité ne peut qu'inciter à jeter un nouveau regard sur ce Canada français conservateur. Pour les plus nostalgiques, il s'agira de retrouver une « belle époque », un moment de notre histoire où les repères semblaient plus clairs qu'aujourd'hui[38]. Pour d'autres, et j'en suis, il s'agira plutôt, dans la lignée de ce que propose Joseph Yvon Thériault dans la dernière partie de sa *Critique de l'américanité*, de retrouver les termes particuliers d'une « tradition de débats » et de suivre ainsi la « trace » d'une discussion sur la « question du Québec[39] ». Non pas la tradition comme un déterminisme, comme une injonction lancée aux contemporains à faire ceci ou cela. Mais une tradition qui permettrait d'inscrire la réflexion actuelle dans un contexte, une continuité, un lieu, et qui permettrait aux débats du présent de se nourrir des doutes, des indécisions et des erreurs de nos devanciers[40].

Dans la dernière partie de son ouvrage sur l'américanité, Thériault nous offre un exemple du type de question qui pourrait s'inscrire dans une tradition de débats typiquement canadienne-française : celle du rapport entre nationalisme et démocratie. La question a hanté les Canadiens français et continue de nous préoccuper aujourd'hui. Comment débattre entre « nous » ? De quel « nous » s'agit-il ? La délibération purement libérale ne menace-t-elle pas l'unité de la nationalité ? Ces questions, les leaders canadiens-français se les posent à partir du milieu des années 1840 alors que les rouges, inspirés par Louis-Joseph Papineau après son retour d'exil en 1845, s'organisent en parti et contestent ouvertement la politique des réformistes. Dans la conclusion de son *Histoire du Canada*, François-Xavier Garneau, qui n'a rien d'un réactionnaire, n'incite-t-il pas ses contemporains à se méfier des idées nouvelles, à serrer les rangs ? Honoré Mercier, dans les envolées lyriques qui ont fait sa renommée durant l'affaire Riel, ne lance-t-il pas de vibrants appels à l'unité ? Et que dire de Lionel Groulx qui, obsédé par l'unité des siens, a toujours détesté l'esprit de parti ? De même, la phrase de Jacques Parizeau sur les « votes ethniques », mais aussi toutes les réflexions qui vont suivre et qui vont mobiliser nos historiens et intellectuels ne s'inscrivent-elles pas dans une tradition de débats très canadienne-française ?

Joseph Yvon Thériault ne s'attarde qu'au rapport entre nationalisme et démocratie, mais d'autres questions pourraient tout aussi bien retenir notre attention. Par exemple, notre résistance aux réformes de l'État-providence proposés par l'Action démocratique du Québec et le gouvernement de Jean Charest ne s'inscrit-elle pas aussi dans une « tradition de débats » qui remonte à l'époque du Canada français ? La question du rapport entre communauté et marché a beaucoup préoccupé l'élite intellectuelle canadienne-française qui, bien que favorable à la prospérité de la nationalité, a très tôt dénoncé les effets nocifs du libéralisme économique sur la cohésion de la communauté nationale. Certains radicaux ultramontains rejetaient purement et simplement, un peu comme les leaders de Québec Solidaire, le matérialisme américain ; d'autres, plus modérés et réformistes, ont cherché dans la philosophie leplaysienne ou dans la doctrine sociale de l'Église des moyens de contrecarrer les effets désocialisants du libéralisme économique, que ce soit par la coopération locale (par exemple, le Mouvement Desjardins) ou par la concertation des « corps intermédiaires » (par le corporatisme, entre autres).

C'est là une intuition qu'il faudrait vérifier, mais je crois qu'on aurait bien du mal à trouver, chez l'élite intellectuelle canadienne-française, une pensée économique authentiquement libérale, c'est-à-dire « amorale » et individualiste. Si cette élite s'est longtemps méfiée de l'État moderne, si les moyens qu'elle proposait pour atténuer les effets pervers du laisser-faire sont d'une autre époque, elle n'était pas moins soucieuse d'assurer la cohésion de la communauté. Cette tradition « communautarienne » et « compassionnelle » n'a-t-elle pas laissé une trace très profonde dans notre culture politique[41] ? N'explique-t-elle pas notre adhésion au consensus social-démocrate ?

En somme, le Canada français conservateur risque de nous intéresser à nouveau si nous savons renouveler notre lecture des questions qui continuent de nous hanter comme collectivité minoritaire aux prises avec certains défis particuliers. Parmi ces défis, il y a celui de la survivance, cet épuisant combat pour la reconnaissance qui, selon Gilles Bourque, font « partie du patrimoine universel que partagent toutes les minorités nationales[42] ». Cette lutte constante n'explique-t-elle pas la vogue de la musique « néo-trad », le succès populaire de films comme *Séraphin* et la mobilisation exceptionnelle lors de la crise des accommodements raisonnables ? En dépit de toutes nos réussites individuelles, malgré la fin de l'infériorité économique des francophones, notre possible disparition continuera de nous hanter, à moins que nous ne décidions d'abandonner cette lutte menée courageusement par les Canadiens français d'autrefois.

La question de Dany Laferrière

Au printemps 2008, je suis invité à une émission de radio à laquelle participe l'écrivain Dany Laferrière. Le sujet de l'heure : une controverse autour du 400e anniversaire de la fondation de Québec. Quelques jours auparavant, le premier ministre Stephen Harper avait déclaré que Samuel de Champlain était le lointain prédécesseur de Michaëlle Jean et que, en 1608, c'est le Canada qui avait été fondé, non pas seulement la Nouvelle-France ou le Québec. De partout fusèrent les accusations de révisionnisme historique. Non sans raison, on accusa le gouvernement fédéral de récupérer un moment fort de la conscience historique des Québécois.

Invité à titre d'historien, j'évite les prises de position à l'emporte-pièce et je répète sagement ce qu'on m'a appris de l'histoire à l'université. Sûr de moi, j'explique que l'histoire est d'abord une construction intellectuelle et que les bons historiens sont souvent « révisionnistes », puisqu'il leur arrive régulièrement de remettre en question les interprétations de leurs prédécesseurs. Quant à l'Objectivité, la Vérité, allons donc : tous les historiens sérieux savent qu'il s'agit là de chimères ! Poursuivant sur ma lancée, je m'entends dire que les livres d'histoire sont aussi des œuvres littéraires et que l'écriture d'une monographie requiert une certaine imagination. Lire des romans historiques, n'est-ce pas une bonne façon d'en apprendre davantage sur le passé ? Du coin de l'œil, je vois Dany Laferrière s'agiter sur le bout de sa chaise. Alors qu'il demande la parole à l'animateur, je suis convaincu qu'il a beaucoup apprécié ce qu'il vient d'entendre et qu'il s'apprête à me féliciter pour mes propos nuancés. Lorsqu'on lui accorde enfin le micro, il me lance, les yeux exorbités par l'exaspération : « Eh bien, si l'histoire n'est qu'un construit littéraire, À QUOI SERVEZ-VOUS ? ! »

Voilà une excellente question. Elle est brutale et continue de me hanter. Aussi, elle m'a obligé à faire le point, à revenir à l'essentiel. Au terme des explorations de notre rapport au passé proposées dans ce livre, il n'est peut-être pas inutile que je présente au lecteur ma conception de l'histoire. Je sais l'exercice risqué. L'épistémologie de l'histoire et l'historiographie sont des champs balisés qui comptent d'éminents spécialistes. Ces théoriciens de l'histoire jugeront probablement ma conception naïve, simpliste ou incomplète. Quant aux vétérans de la profession, ceux du moins qui laisseront une œuvre digne de ce nom, ils n'auront pas entièrement tort de considérer qu'il faut une certaine prétention pour s'aventurer sur ce terrain miné. Je n'ai ni la science des premiers ni l'expérience des seconds, mais je me risque quand même. Ayant constaté mon allergie aux politiques de la table rase, mon irritation devant la vulgate de la Grande Noirceur, le lecteur comprendra que j'accorde à l'histoire un rôle capital. Comme cette discipline me semble souvent dévalorisée, je crois nécessaire de m'interroger sur ses fondements et de répondre aux questions que Dany Laferrière et beaucoup d'honnêtes gens sont en droit de se poser : à quoi sert l'histoire ? Pourquoi faut-il l'étudier et l'enseigner ? Qu'est-ce qui distingue cette discipline des autres sciences sociales ?

Histoire et vérité

Par un concours de circonstances, j'ai été amené à écrire durant l'été 2009 une série de chroniques hebdomadaires sur le siège de Québec de 1759 et la bataille des plaines d'Abraham. Comme ce n'est pas mon domaine de recherche, je me suis plongé dans la lecture des principaux ouvrages sur le sujet. Plus je lisais, plus je prenais la mesure de mon ignorance. Malgré mon doctorat en histoire, en dépit de ma spécialisation québécoise et canadienne, j'ai rapidement constaté que je ne connaissais à peu près rien de ces événements dramatiques qui passionnaient tant mes compatriotes cet été-là. La Conquête ne m'était évidemment pas complètement étrangère. Comme tout bon diplômé en histoire, j'aurais pu vous réciter par cœur les arguments des écoles de Montréal et de Québec qui considéraient la Conquête soit comme une catastrophe nationale, soit comme un non-événement, sinon un bienfait pour la nationalité canadienne. J'aurais pu raconter mille et une anecdotes sur les historiens qui, pendant près de vingt ans, ont animé cette célèbre querelle. Au fil de mes lectures, je fis toutefois le constat suivant : je connaissais bien l'historiographie de la Conquête, mais à peu près rien des circonstances concrètes de cet événement, et absolument rien des sources qui, 250 ans plus tard, permettent d'en faire le récit. En somme, je connaissais mieux les historiens qui avaient écrit sur la Conquête que les personnages qui l'avaient vécue. La vie et l'œuvre de Maurice Séguin et de Fernand Ouellet m'étaient davantage familières que celles de Montcalm et de Wolfe. Sans être dénuées d'intérêt, ces connaissances sur l'historiographie de la Conquête m'étaient *totalement inutiles* pour les chroniques que je projetais d'écrire. Cette découverte me saisit d'effroi et provoqua en moi de lourdes interrogations sur la formation que j'avais reçue.

Je conviens d'emblée que les historiens traditionnels du politique et du national, ceux d'avant la professionnalisation de notre discipline, avaient probablement une conception un peu limitée de l'histoire. La plupart minimisaient la subjectivité de l'historien et croyaient qu'il suffisait de juxtaposer les pièces d'archives pour accéder à la Vérité. Il est aujourd'hui admis qu'un historien est plus qu'un simple compilateur de dates, et tous reconnaissent que l'historien fait partie de l'histoire. Le choix du sujet, l'angle d'analyse, l'éclairage sont ceux d'un chercheur unique, immergé dans une culture particulière, issu d'une génération, d'une époque. Ainsi, un grand nombre de femmes ont accédé à la profession au cours des dernières décennies et ont orienté la recherche vers de nouveaux objets qui n'avaient jamais intéressé les historiens auparavant. On admet aujourd'hui que l'écriture de l'histoire est un art, que l'historien est un auteur qui a son style propre, une manière bien à lui de reconstituer le passé.

Si ces idées sont admises et partagées par la plupart au sein de la profession, j'ai parfois l'impression que les débats sur la nature de notre discipline nous ont éloignés d'une question à laquelle nos contemporains espèrent nous voir répondre. Cette question toute simple est la suivante : que s'est-il passé[1] ? À trop insister sur les formes du récit historique, à trop concevoir l'histoire comme un « construit discursif » ou comme une « fiction », n'en sommes-nous pas venus, nous, historiens, à nous éloigner de la première question qui nous est adressée ? N'est-ce pas pour avoir la réponse à cette question que les lecteurs du *Journal de Québec* lisaient mes chroniques chaque dimanche ? N'est-ce pas pour cela que le public dévore de volumineuses biographies et de grandes fresques qui racontent, dans leurs moindres détails, certains événements du passé ? N'est-ce pas cette question que me lançait Dany Laferrière et que se posent tous les lecteurs de livres d'histoire ? Cette question, il est troublant de l'admettre, gêne souvent les historiens universitaires. Ces derniers n'aiment pas qu'on les considère comme des chiens savants capables de réciter par cœur les dates importantes ou de raconter par le menu les grands événements du passé, « comme si vous y étiez ». Lorsqu'on leur donne le choix, les historiens universitaires préfèrent la problématique au récit, l'interprétation à la description vivante et méthodique. Ils préfèrent expliquer ce qu'il faut penser du passé plutôt que de dire ce qui s'est passé. C'est du moins ainsi que les historiens d'aujourd'hui sont formés. La Conquête comme événement, comme drame humain, intéresse moins que ses conséquences, sa portée, son sens. Nous pourrions dire la même chose des rébellions de 1837-1838 ou de la Révolution tranquille.

Aux profanes, c'est-à-dire à ceux pour qui l'histoire n'est pas une profession, il paraîtra élémentaire de le rappeler : avant de savoir ce que l'on doit penser du passé, ce qui est davantage le rôle des philosophes, des sociologues ou des politologues, il faut des spécialistes pour donner à voir à leurs contemporains, avec le plus de rigueur et de précision possible, ce qui s'est passé. Ce que le grand public attend de nous, ce n'est pas de répéter ce que d'autres historiens ont pu penser de tel ou tel épisode, mais, plus simplement, de rendre compte du contexte, des événements et des acteurs qui ont orienté le destin d'une collectivité. Cette attente me semble légitime. C'est d'ailleurs l'attente que j'avais en commençant mes études en histoire. Je me souviens que ceux de mes proches qui adoraient l'histoire mais qui n'avaient pas choisi d'en faire carrière m'enviaient de pouvoir me consacrer à temps plein à l'étude des grands événements de notre histoire. C'était avant qu'on m'explique que l'histoire, c'est tout sauf cela.

En fait, j'ai plongé dans ma discipline à un moment où celle-ci traversait une véritable crise d'identité. En effet, mes études en histoire ont été marquées par différentes vogues théoriques. Au début des années 1990, l'école des Annales et le marxisme, qui préféraient les structures sociales aux acteurs et aux événements, recueillaient l'adhésion des professeurs les plus influents. Plus tard, le fameux « tournant linguistique », qui réduisait le récit historique à une fiction à peine plus sophistiquée que le roman, fit couler beaucoup d'encre. La première vogue, « sociale », rendait l'histoire captive de la sociologie et de l'économie alors que la seconde, « culturelle », n'en avait le plus souvent que pour les études littéraires et l'anthropologie, parfois pour la science politique. Dans un cas comme dans l'autre, l'histoire était à la remorque de concepts à la mode importés d'autres disciplines. Elle n'avait pas d'identité propre.

Mieux connaître ce qui s'est passé est une finalité très noble, qui ne devrait pas faire rougir les historiens. Tout en reconnaissant qu'il n'est pas « au-dessus » de l'histoire qu'il écrit, l'historien honnête, s'il se donne la peine de recouper les traces laissées par le passé, peut rendre compte de ce qui s'est *réellement* passé. C'est un travail solitaire, souvent long et fastidieux, mais essentiel. Et plus difficile qu'on le pense. Avant d'écrire une seule ligne, l'historien doit se familiariser avec des documents souvent difficiles d'accès que d'autres avant lui ont lu et que d'autres après lui tenteront de décrypter. Notre compréhension des grands événements n'évolue pas seulement grâce à l'arrivée de nouvelles générations d'histo-

riens ou de sensibilités idéologiques mais aussi, et peut-être surtout, parce que nous découvrons des documents inconnus ou
parce que nous interrogeons différemment des pièces d'archives
que nous connaissions déjà. Nos connaissances sur le passé se raf-
finent à mesure que des sources inédites émergent qui nous permettent de voir les choses autrement. Sur ce vaste continent que
sont les sciences dites humaines, l'historien reste le seul qui n'est
pas forcément contraint par quelque cadre théorique, le seul à qui
il n'est pas enjoint de dégager de ce qu'il découvre des lois qui puissent être généralisées, le seul à se pencher sur des événements particuliers qui ne se reproduiront jamais. S'il s'intéresse davantage
aux acteurs du passé qu'aux petites querelles historiographiques
de son temps, l'historien peut éviter les grilles de lecture trop
rigides qui encapsulent la pensée et l'action des devanciers dans des
concepts parfois anachroniques. L'historien qui respecte la véritable vocation de sa discipline ne soutient pas une thèse détermi-
née avant même d'avoir commencé ses recherches, il la découvre
au fur et à mesure qu'il prend connaissance des archives, car sa
méthode est inductive. L'histoire sérieuse, celle à laquelle des professionnels se consacrent pendant toute une vie, ne peut être
réduite à une simple interprétation — ou à une opinion très éla-
borée — et encore moins à un pur construit littéraire. Tout n'est
pas relatif à l'*a priori* de l'historien. En dernière analyse, ce sont les
archives découvertes et écumées qui doivent dicter ses interprétations du passé.

À trop se demander ce qu'il faut penser du passé au lieu d'expliquer simplement ce qui s'est passé, à trop se centrer sur les interprétations plutôt que sur les faits bruts, les historiens peuvent être
pris au piège, comme le montre un scandale qui a récemment
hanté la profession aux États-Unis. En 2000, Michael Bellesiles
faisait paraître *Arming America : The Origins of a National Gun
Culture.* Ce livre cherchait à démontrer que les Américains ordinaires d'avant la guerre civile de 1861-1865 avaient été peu nombreux à posséder des armes ; ni l'expérience de la frontière ni celle
de la Révolution ne les avaient poussés à en acquérir une. Selon
l'auteur, le deuxième amendement à la Constitution des États-

Unis — qui consacre le droit de porter des armes — était le produit de l'activisme d'un lobby puissant et bien organisé, mais ne correspondait pas à une volonté populaire. Cette interprétation a immédiatement plu à la gauche américaine, qui tenait là des arguments nouveaux pour contrer le discours de la puissante National Riffle Association opposée à toute restriction du droit à posséder des armes à feu au nom d'une liberté protégée par la Constitution. Avant d'être l'objet d'un livre publié chez l'un des plus importants éditeurs américains, cette thèse, en version abrégée, avait été formulée en 1996 dans *The Journal of American History,* une revue savante très respectée. L'article et l'ouvrage ont obtenu d'excellentes recensions et, en 2001, *Arming America* remportait le prix Bancroft, peut-être la distinction la plus prestigieuse aux États-Unis pour un historien.

Audacieuse, stimulante et combien utile pour les tenants du contrôle des armes à feu, la thèse de Bellesiles était-elle pour autant fondée ? Respectait-elle les canons de la discipline historique ? Très tôt, des chercheurs relevèrent un certain nombre d'anomalies fondamentales. On découvrit que Bellesiles avait trafiqué les données tirées de plusieurs documents, proposé des interprétations non conformes aux faits et cité des sources qui avaient été détruites depuis longtemps ou qui restaient introuvables. À la suite de ces révélations, une enquête indépendante fut menée par son université. Lorsqu'on lui demanda de montrer ses notes, l'universitaire allégua les avoir détruites après sa recherche. Le rapport, accablant, mit en cause l'intégrité académique de Michael Bellesiles qui n'eut d'autre choix que de démissionner de son poste de professeur d'université. En 2002, le prix Bancroft lui fut retiré, et l'éditeur mit immédiatement fin à son contrat. Ce qui est troublant dans cette histoire, c'est que l'article et le livre de Bellesiles avaient été évalués par des pairs avant d'être publiés. Plutôt que de vérifier les méthodes et la rigueur de la démonstration, les historiens avaient préféré s'en tenir à l'interprétation de l'auteur. Visiblement, la thèse de Bellesiles confortait les convictions politiques de la plupart d'entre eux et permettait de cautionner une cause qu'ils estimaient juste. Bellesiles avait pourtant inventé une preuve de toutes pièces pour démontrer une thèse définie avant même qu'il ne commence ses recherches. Cette histoire n'est pas seulement celle d'une scandaleuse fraude académique et intellectuelle, elle témoigne aussi des dangers qui guettent notre discipline lorsqu'elle n'en a que pour les interprétations nouvelles au détriment des faits bruts patiemment reconstitués au terme d'une recherche méticuleuse.

Histoire et culture

Que s'est-il passé ? Seuls les historiens sont outillés pour répondre adéquatement à cette question. Lorsqu'ils éclairent un événement, ils font déjà beaucoup, non seulement pour leur profession, mais pour un public curieux. Allons plus loin, cependant : pourquoi faut-il connaître le passé ? Qu'est-ce que la connaissance de l'histoire peut nous apporter humainement ? Pour paraphraser Marc Bloch, en quoi l'histoire, comme la littérature, comme la philosophie, nous aide-t-elle à vivre ?

La meilleure réponse à ces questions, celle du moins qui correspond le plus à mes propres convictions, je la trouve chez Fernand Dumont. L'intuition qui traverse son œuvre est que la culture est avant tout une mise à distance de soi et du monde. Vivre sans la culture, c'est réduire la vie à la satisfaction de ses besoins immédiats et vitaux — se loger, se nourrir, se vêtir — ou croire que l'on agit toujours par calcul ou par intérêt. Vivre sans la culture, c'est refuser d'inscrire ce que l'on fait dans quelque chose de plus grand que soi, c'est ignorer que ce que l'on accomplit quotidiennement peut avoir un sens qui nous dépasse et nous grandit. À deux maçons qui travaillaient côte à côte, un passant demanda un jour ce qu'ils étaient en train de faire. Le premier, agacé par la question, répondit qu'il plaçait une pierre par-dessus l'autre. Le second, plus serein, expliqua qu'il construisait une cathédrale. Le premier maçon, prisonnier de ses perceptions immédiates, vivait en dehors de la culture, alors que le second donnait un sens fort à son existence. Un être de culture ne ramène pas tout à son vécu et à sa conscience spontanée des choses, car il dispose de cette capacité à s'abstraire, par la pensée et par les mots, de l'immédiat. L'être de culture dispose d'une faculté de dédoublement ; il se regarde vivre et aspire à comprendre qui il est, et quel est le monde qui lui est offert en héritage. La culture n'est donc pas seulement une somme de connaissances, un étalage de savoirs encyclopédiques, elle est une forme particulière de présence au monde.

Si j'adhère à cette conception de la culture, c'est parce qu'elle correspond à une expérience personnelle. J'ai longtemps pensé que j'étais devenu historien pour me conformer à un engagement politique. Je me rends compte que ce facteur, bien qu'important, n'a peut-être pas été aussi déterminant que je le croyais au départ. Avec le recul, je réalise que si j'ai choisi de devenir historien, c'est surtout parce que je souhaitais prendre du recul par rapport à un présent souvent étouffant, situer notre époque dans une perspective plus vaste, donner du champ à mes réflexions sur le monde et sur ma propre vie.

À cet égard, je dois confesser l'influence qu'a eue sur moi un film comme *Le Déclin de l'Empire américain,* vu alors que je m'apprêtais à quitter l'adolescence. Au départ, je n'avais retenu que les blagues et l'humour mordant de Denys Arcand. À force de revoir le film, cependant, j'ai découvert une œuvre paradoxale, à la fois sombre et lumineuse. Sombre, bien sûr, parce qu'elle décrit le cynisme et le repli sur soi d'une génération qui, plongée dans la déprime post-référendaire et confrontée à l'échec de l'expérience communiste, tourne le dos aux grandes utopies politiques de son temps. Les personnages de ce monde désenchanté, comme par hasard des historiens, subissent l'éclipse de toutes formes de transcendance. Les normes d'une vie bonne, qu'elles soient prescrites par un idéal religieux ou politique, ne sont plus données. La thèse bien connue d'Arcand, expliquée par le personnage de Dominique Michel et reformulée dans *Les Invasions barbares* et *L'Âge des ténèbres,* est que plus le bonheur privé prend le pas sur le bien commun, plus une civilisation se désagrège. Arcand l'illustre en mettant en scène la dégénérescence d'une élite intellectuelle qui ne croit plus en rien. Comme elle ne fera jamais l'indépendance ou la révolution, elle préfère fuir dans l'intime et se raconter, autour d'une bonne bouteille de vin, ses exploits sexuels.

Le Déclin ne peut être réduit à une charge moralisatrice contre les mœurs d'une élite. Plus fondamentalement, le film annonce la fin de la grande culture humaniste, car entre cette génération hédoniste et celle qui suivra, formée des barbares de « l'idiot-visuel », aucune transmission ne sera possible. Ce regard acide sur un monde décadent est évidemment pessimiste, mais on aurait tort de s'arrêter à cette lecture de premier degré. Les personnages du *Déclin* n'inspirent pas du tout la pitié. Ils vivent leur désarroi en groupe ; le film est un magnifique hommage à l'amitié. Ils exercent un métier valorisant et continuent, malgré tout, à transmettre quelque chose du monde passé à leurs étudiants. Aucun d'entre eux n'évoque d'ailleurs la possibilité d'un changement de carrière. S'ils ont perdu leurs illusions de jeunesse, s'ils savent qu'ils ne seront jamais Fernand Braudel ou Arnold Toynbee, ils restent fidèles à leur vocation d'historien. Surtout, ils possèdent les mots pour penser leur vide existentiel. Êtres de culture, les personnages du *Déclin* disposent de vastes connaissances qui leur permettent, par la pensée, de transcender leur époque. Les recherches de Dominique sur la chute de l'Empire romain ou sur le XVIIIe siècle l'amènent à considérer autrement les malheurs du présent ; les réflexions de Rémy sur la puissance du nombre en histoire ou celles de Louise sur l'écriture de l'histoire par les vainqueurs sont du même ordre. Dès lors qu'ils prennent du recul par rapport à leur époque, leur mal de vivre, leurs déceptions et leurs échecs deviennent tout relatifs. Cette mise à distance ne les rend pas plus heureux, mais elle les aide à vivre ; elle explique aussi l'humour, les fous rires.

Lorsqu'elle permet une distance critique par rapport au présent, la culture historique rend notre monde non seulement plus intelligible, mais plus humain. Par tempérament davantage que par je ne sais quelle prescience, je ne partage pas la vision catastrophiste de Denys Arcand, laquelle dépeint un monde en marche vers « l'âge des ténèbres », sorte de nouveau Moyen Âge fait d'inculture et de barbarie. L'humour du *Déclin* est libérateur, mais désespéré, crépusculaire. C'est l'humour des *happy few* qui surplombent l'histoire comme s'ils n'en faisaient déjà plus partie. Or, l'histoire, j'en ai l'intime conviction, n'est jamais écrite d'avance ; d'où mon optimisme modéré. Malgré les progrès de la science, malgré l'évolution des lois et des mœurs, malgré l'accessibilité toujours plus grande de la connaissance, les êtres humains ont succombé à de nouvelles maladies et ont continué de s'affronter dans des conflits meurtriers. Dans la mesure où elle montre que de tout temps l'être humain a su traverser des épreuves difficiles, relever d'immenses défis, l'histoire donne espoir. Elle nous apprend que les humains ont toujours su rebondir, innover ; qu'en dépit des crimes, des crises, des maladies, des guerres, ils disposent d'un réservoir impressionnant de ressources pour s'amender, se réformer et reconstruire un monde plus digne. Il en va de même du Québec. Depuis l'implantation en Amérique jusqu'aux inventions de Joseph-Armand Bombardier, de la Conquête anglaise à la Révolution tranquille, de l'écroulement du pont de Québec à la construction de Manic 5, les Québécois ont montré qu'ils avaient eux aussi du ressort, qu'ils étaient capables non seulement de survivre, mais aussi de s'affirmer et de se projeter dans l'avenir.

D'aucuns diront que l'histoire, comme discipline, ne peut que sécréter du pessimisme si elle rappelle que tout est toujours à recommencer, que rien n'est jamais définitif, qu'elle est une suite de drames à surmonter. Il est vrai, comme le rappelait récemment l'historien américain Gordon Wood, que l'histoire est « conservatrice », dans un sens non pas politique ou partisan mais bien philosophique[2]. Ce qu'enseigne notre discipline, c'est précisément que l'histoire suit un cours bien difficile à prévoir, qu'elle est faite de hauts et de bas. Malgré les prédictions des prophètes et l'érudition des savants, nous ne sommes jamais arrivés à découvrir les lois qui gouvernent son mouvement. La discipline historique est donc conservatrice en ce sens qu'elle invite au scepticisme face à ceux qui prétendent détenir des connaissances définitives sur l'expérience humaine, lesquelles permettraient un jour de vivre harmonieusement, hors du temps. Ce qu'enseigne la connaissance de l'histoire, c'est un sens aigu des limites ; elle nous rend plus humbles et plus prudents par rapport à nos actions et aux prétentions que nous avons parfois de changer la société selon des plans longuement mûris. En même temps, justement parce qu'elle n'est pas écrite à l'avance, l'histoire est un antidote au fatalisme : elle montre qu'il est parfois possible d'influencer le cours des événements, que nos actions ne sont pas toujours vaines. La contingence de l'histoire, c'est-à-dire ces hasards, ces malentendus et tous ces imprévus qui donnent à l'expérience humaine une texture si dramatique et fascinante, nous empêche de sombrer dans le désespoir, car nous ne connaîtrons jamais le dernier acte de la pièce qui est en train de se jouer.

J'ai toujours pensé que cette conception de la culture nous permettait de renouer avec la grande tradition humaniste, laquelle a toujours considéré l'histoire, la philosophie et la littérature comme les disciplines d'élection pour observer l'expérience humaine. Pendant longtemps, l'histoire a fait partie des humanités classiques, elle n'était pas considérée comme une « science sociale ». Comme la littérature et la philosophie, l'histoire tentait de comprendre les grandes passions humaines. C'est l'homme qui intéressait les humanistes, ses faiblesses autant que ses exploits ; l'homme capable du meilleur et du pire, soumis à toutes les tentations, constamment tiraillé entre le Bien et le Mal, mais ultimement responsable de ses choix et de sa destinée. Dans cette grande tradition humaniste et classique, qui a tant inspiré les penseurs de la Renaissance et du renouveau républicain du XVIIIe siècle, l'histoire offrait des modèles inspirants, elle était une école de vertus et une maîtresse de vie. C'est du moins ce que les étudiants des collèges classiques découvraient en s'initiant aux grands récits sur la décadence de la République et l'avènement de l'Empire romain.

L'histoire ne pouvait être que politique car, comme l'a montré magistralement François Châtelet dans *Naissance de l'histoire*, notre discipline est devenue pertinente dès lors que les êtres humains ont commencé à croire qu'ils avaient une certaine emprise sur leur destin[3]. Les Grecs d'avant l'histoire n'en avaient que pour les grandes épopées et les récits mythologiques, lesquels mettaient en scène les combats des dieux qui avaient scellé le sort d'un monde que les hommes subissaient. Grâce aux récits des premiers historiens, ceux d'Hérodote et de Thucydide, les Grecs découvraient que les hommes étaient capables d'imprimer leur marque aux événements, qu'ils pouvaient « faire l'histoire ».

Dès l'Antiquité, cette histoire « humaniste » fut critiquée dans ses fondements. La guerre entre Sparte et Athènes créa du désordre et assombrit l'avenir des Grecs. Comme l'histoire concrète des hommes n'offrait aucune réponse aux maux qui accablaient la société grecque, on chercha de grandes explications totalisantes qui permettraient de sortir de l'impasse. C'est précisément ce qu'offrit Platon avec sa république idéale. Un phénomène similaire se produisit au XIXe siècle. La grande tradition d'histoire humaniste qui inspira les œuvres d'Edward Gibbon, de Jules Michelet et de François-Xavier Garneau sera peu à peu déclassée par des théoriciens comme Karl Marx et Auguste Comte, qui proposèrent à leurs contemporains des explications totalisantes laissant bien peu de place au caractère contingent de la vie en société. Ces propositions affleuraient alors même que le monde se transformait à un rythme effréné, une accélération du temps qui générait d'ailleurs beaucoup de désordre et d'anxiété[4]. Comme au temps de la guerre du Péloponnèse, l'histoire humaniste et empirique ne convenait plus. On cherchait des certitudes pour affronter des défis qui semblaient insurmontables : urbanisation accélérée, injustices sociales, sécularisation. Comprendre avec empathie nos devanciers n'était plus suffisant, il fallait que l'étude du passé permette de dégager les lois de l'agir humain. Des savants en vinrent à revêtir les habits du prophète et, se fondant sur une science du devenir, annoncèrent un avenir radicalement différent. Sociologues libéraux ou marxistes et autres philosophes du progrès marquèrent tant les esprits avec leurs schémas théoriques que les historiens en vinrent à douter de leur pertinence et à singer leurs méthodes. Peu à peu, l'histoire quitta les humanités pour devenir une petite annexe des sciences sociales, voire, plus tard, des « études culturelles ». Complexés par les théories de leurs collègues, plusieurs historiens en vinrent à imiter la démarche des sociologues en préférant les cadres théoriques et les interprétations aux faits, souvent têtus, et au récit méthodique des événements[5].

*   *   *

L'histoire, pour reprendre la belle formule de Gilles Marcotte, est aussi « inutile » que la littérature ou que la philosophie. Elle est inutile, mais pourtant essentielle comme le sont ces vieilles disciplines humanistes. D'abord parce qu'elle permet de savoir ce qui s'est passé — ce qui n'est pas rien, quoi qu'en disent certains. Le public lira à nouveau les historiens dans la mesure où ils éviteront les corsets théoriques qui, trop souvent, les éloignent des boîtes d'archives. La méthode inductive donne parfois le vertige, car se lancer dans des milliers de pages de documents sans trop savoir ce qu'on y trouvera est toujours plus inconfortable que de chercher à valider une théorie ou un cadre interprétatif. Le parti pris empiriste reste le plus honnête à l'égard de celles et de ceux qui daignent nous lire.

On répète souvent que l'étude de l'histoire permet d'éclairer le présent. Cette justification, très souvent invoquée par les historiens eux-mêmes, me semble réductrice. J'ai toujours pensé que l'une des grandes vertus de notre discipline n'était pas de nous rapprocher de l'actuel, mais au contraire de nous en éloigner. Pour certains, cette mise à distance du présent correspond à un besoin d'exotisme et d'évasion — besoin tout à fait légitime, il va sans dire. J'ai cependant à l'esprit autre chose que banal dépaysement ou distraction bourgeoise ; autre chose en somme qu'une fuite du réel. Les grandes passions sises au cœur de l'homme sont éternelles, en dépit des circonstances, des innovations techniques et des révolutions politiques. En les mettant en scène, l'histoire présente l'homme comme un être responsable de ses choix. Lorsqu'elle offre un antidote au désespoir, lorsqu'elle permet de « relativiser » les malheurs du présent ou qu'elle rend compte du tragique de l'existence humaine, on peut dire que l'histoire a une fonction civique. Cela dit, n'en demandons pas trop aux historiens et à leur discipline. Elle fait déjà beaucoup lorsqu'elle raconte de manière vivante, documents et témoignages à l'appui, ce qui s'est passé.

Remerciements

Les textes et les réflexions réunis dans cet ouvrage ont bénéficié des lumières d'amis et de collègues. Je pense notamment à E.-Martin Meunier, Daniel Tanguay, Mathieu Bock-Côté, Julien Goyette, Xavier Gélinas, Lucia Ferretti, Gilles Labelle, François Charbonneau, Jacques Beauchemin, Serge Cantin, Charles-Philippe Courtois, Éric Montpetit, Frédéric Bastien, Joseph Facal et Émile Robichaud. Je les remercie pour les idées partagées lors de nos nombreuses discussions, et pour les désaccords qui obligent à resserrer l'argumentation. Évidemment, j'assume seul les idées que j'avance.

Je remercie la Télé-Université et mes collègues pour leur soutien et leurs encouragements constants, ainsi que Myriam D'Arcy pour son assistance amicale. Merci aux Presses de l'Université Laval, aux éditions MultiMondes, Fides, VLB, Riveneuve et Septentrion, ainsi qu'à la revue *Recherches sociographiques*, à la *Revue d'études canadiennes* et à la revue *Globe*, qui m'ont permis de reproduire des textes parus à l'origine chez eux. Merci à Jacques Godbout pour ses relectures attentives, à Christophe Horguelin et l'équipe des Éditions du Boréal pour le soin apporté au manuscrit.

Ce livre est dédié à Nadja, ma femme et ma grande amie, à qui je dois énormément. Allemande d'origine, elle a grandi dans un pays où historiens et intellectuels ne cessent de s'interroger sur « un passé qui ne passe pas ». Je la remercie du fond du cœur pour son soutien et sa foi dans ce projet.

Origine des textes

« Dégénérations ? » est une version remaniée de « Recours aux sources : Mes Aïeux et le Québec post-référendaire » paru dans Jacques Beauchemin (dir.), *Mémoire et démocratie en Occident. Concurrence des mémoires ou concurrence victimaire ?*, Bruxelles, P.I.E. Peter Lang, 2011, p. 45-69.

« Passé dénationalisé, avenir incertain » est une version légèrement remaniée d'un texte paru dans *L'Annuaire du Québec 2007*, Montréal, Fides, 2006, p. 115-123. Une partie importante de ce texte a été reprise dans le mémoire du Collectif pour une éducation de qualité déposé lors des audiences de la commission Bouchard-Taylor.

« L'héritage impossible » est une version remaniée d'un texte paru sous le titre « L'histoire nationale au Québec. L'héritage impossible » dans Éric Bédard et Serge Cantin (dir.), *L'Histoire nationale en débat. Regards croisés sur la France et le Québec*, Paris, Riveneuve, 2010, p. 57-76.

« Pierre Falardeau et Denys Arcand, lecteurs de Maurice Séguin » est une version remaniée de « Présences de Maurice Séguin dans le cinéma québécois », paru dans *Globe. Revue internationale d'études québécoises*, vol. 9, n° 2, 2006, p. 163-180.

« La trudeauisation des esprits » est une version remaniée et mise à jour de « La trudeauisation des esprits. Souveraineté et hypermodernité », paru dans Alain-G. Gagnon (dir.), *D'un référendum à l'autre. Le Québec face à son destin,* Québec, Presses de l'Université Laval, 2008, p. 143-168.

« Duplessis ressuscité au petit écran » est paru sous le titre « Duplessis, ressuscité. Genèse et réception d'une série télévisée controversée » dans Xavier Gélinas et Lucia Ferretti (dir.), *Duplessis, son milieu, son époque,* Québec, Septentrion, 2010, p. 367-388.

« René Lévesque et l'alliance avec les bleus » est paru dans Alexandre Stefanescu (dir.), *René Lévesque. Mythes et réalités,* Montréal, VLB, 2008, p. 147-159.

« Octobre ou la thérapie de choc » est une version remaniée de « De la quête millénariste à la thérapie de choc : la pensée felquiste jusqu'à la crise d'Octobre 1970 », paru dans *Journal of Canadian Studies — Revue d'études canadiennes,* vol. 37, n° 2, été 2002, p. 33-46.

« Ethnie : terme fâcheux… » est un texte inédit.

« Un jésuite au ministère de l'Éducation » est paru sous le titre « Les origines personnalistes du "renouveau pédagogique". Pierre Angers s.j. et *L'Activité éducative* » dans Marc Chevrier (dir.), *Par-delà l'école-machine,* Québec, Éditions MultiMondes, 2010, p. 135-171.

« Penser le conservatisme canadien-français » est une version remaniée de « De la difficulté à penser le conservatisme canadien-français » dans *Recherches sociographiques,* vol. XLVI, n° 3, 2005, p. 453-471.

« La question de Dany Laferrière » est un texte inédit.

Notes

1 • DÉGÉNÉRATIONS ?

1. Michel Venne (dir.), *Penser la nation québécoise*, Montréal, Québec Amérique, 2000.
2. Mathieu Bock-Côté, *La Dénationalisation tranquille*, Montréal, Boréal, 2007 ; Jacques Beauchemin, *L'Histoire en trop. La mauvaise conscience des souverainistes québécois*, Montréal, VLB, 2002 ; Michel Sarra-Bournet (dir.), *Le Pays de tous les Québécois. Diversité culturelle et souveraineté*, Montréal, VLB, 1998.
3. Jacques Beauchemin, *La Société des identités. Éthique et politique dans le monde contemporain*, Montréal, Athéna, 2004.
4. Jacques Beauchemin, « La notion de diversité comme lieu commun », dans Bernard Gagnon (dir.), *La Diversité en débat*, Montréal, Québec Amérique, 2010, p. 27-41,
5. Steven Feld, « From Schizophonia to schismogenesis: The Discourse and Practice of World Music and World Beat », dans George Marcus et Fred R. Myers (dir.), *The Traffic in Culture. Refiguring Art and Anthropology*, Berkeley, University of California Press, 1995, p. 96-126.
6. Denis-Constant Martin, « *Who's Afraid of the Big Bad World Music?* [Qui a peur des grandes méchantes musiques du monde ?] Désir de l'autre, processus hégémoniques et flux transnationaux mis en musique dans le monde contemporain », *Cahiers de musiques traditionnelles*, n° 9, 1996, p. 3-4, 9, 12-13.
7. Roger Chamberland, « De la chanson à la musique populaire », dans Denise Lemieux (dir.), *Traité de la culture*, Québec, Éditions de l'IQRC, 2002, p. 713.
8. Cité dans François Blain, « La francophonie polyglotte », *Chansons*, vol. 14, n° 5, février 1992, p. 3.

9. Cité dans Laurent Legault, « Dialogue nord-sud », *Chansons,* vol. 16, n° 1, mai-juin 1993, p. 7.

10. *Ibid.,* p. 4.

11. Karen Ricard, « Au-delà de la concertation. Métissons ! », *Chansons,* vol. 19, n° 1, mars-avril 1996, p. 19.

12. Denis-Constant Martin, « *Who's Afraid of the Big Bad World Music?* », p. 7.

13. Cité dans Karen Ricard, « Au-delà de la concertation. Métissons ! », p. 19.

14. Sylvie Genest, « Savoir sur quel pied danser. La Bottine souriante », *Cap-aux-Diamants,* n° 67, automne 2001, p. 46-51.

15. François Blain, « Folklore québécois. Démodé et fier de l'être », *Chansons d'aujourd'hui,* vol. 12, n° 5, janvier 1990, p. 17.

16. Lise Grenier, « *"Je me souviens"…* en chansons : articulation de la citoyenneté culturelle et de l'identitaire dans le champ musical populaire au Québec », *Sociologie et Sociétés,* vol. XXIX, n° 2, automne 1997, p. 31-47.

17. Alain Chartrand, « La tradition réinventée. Pour la suite du monde », *Chansons,* vol. 16, n° 6, mars 1994, p. 5.

18. À tire d'exemple, voir Carole Vallière, « Le son francophone à la radio. Quelle affaire ! », *Chansons d'aujourd'hui,* vol. 8, n° 5, septembre-octobre 1985, p. 30-31.

19. Jacques Aubé, *Chanson et politique au Québec (1960-1980),* Montréal, Triptyque, 1990 ; Caroline Durand, « Entre exportation et importation. La création de la chanson québécoise selon la presse artistique, 1960-1980 », *Revue d'histoire de l'Amérique française,* vol. 60, n° 3, hiver 2007, p. 295-324.

20. Sur les effets du syndrome post-référendaire sur la chanson québécoise des années 1980, voir Bruno Roy, « Lecture politique de la chanson québécoise », dans Robert Giroux (dir.), *La chanson prend ses airs,* Montréal, Tryptique, 1993, p. 211-212.

21. Isabelle Grégoire, « Les gigueux du XXIe siècle », *L'actualité,* vol. 29, n° 8, 15 mai 2004, p. 62

22. Sylvain Cormier, « L'année des enracinés », *Le Devoir,* 29 octobre 2007, A1.

23. Éric Parazelli, « Mes Aïeux ! », *Voir,* vol. 13, n° 30, 29 juillet 1999, p. 29.

24. Claude Côté, « La Bottine souriante / Mes Aïeux », *Voir,* vol. 14, n° 51, 21 décembre 2000, p. 46.

25. Alexandre Vigneault, « Premiers de classe », *La Presse,* 16 décembre 2006, C4.

26. Valérie Beaulieu, « Mes Aïeux contre ZZ Top ! », *Le Soleil,* 2 juillet 2005, C6.

27. Nathalie Petrowski, « Les Aïeux reviennent en ville », *La Presse,* 4 octobre 2008, C10. Marie-Hélène Fortin exprime la même idée dans une entrevue avec François Couture : « Mes Aïeux. Assemblée de cuisine », *Voir,* vol. 19, n° 51, 22 décembre 2005, p. 16.

28. Valérie Lesage, « La famille s'agrandit », *Le Soleil,* 7 novembre 2006, A5.

29. Antoine Robitaille, « L'ADQ et le réenracinement. Des élections historiques ? », *Le Devoir,* 31 mars 2007, B2.

30. Nathalie Collard, « Dégénérations », *La Presse,* 24 décembre 2006, A24.

31. Valérie Gaudreau, « Le Québec est-il nostalgique ? », *Le Soleil,* 10 septembre 2007, A9.

32. Don MacPherson, « "Nous Wave" Music Sweeps Quebec », *The Gazette,* 10 novembre 2007, A8.

33. Valérie Lesage, « Mes Aïeux, à contretemps », *Le Soleil,* 5 juillet 2008, A5.

34. Nathalie Petrowski, « Les Aïeux reviennent en ville », *La Presse,* 4 octobre 2008, C10.

35. Jacques Samson et Kathleen Lavoie, « Le rigodon du déficit zéro », *Le Soleil,* 1er décembre 2001, C8.

36. Alexandre Vigneault, « Détourner la tradition », *La Presse,* 24 novembre 2001, D10.

37. Christian Côté, « Mes Aïeux : à réveiller les morts ! », *Le Droit,* 9 mars 2002, p. 44.

38. Sylvain Cormier, « Mes Aïeux, leurs aïeux », *Le Devoir,* 21 juillet 2007, C8.

39. Serge Maton, « La référence en folklore québécois », *Québec folklore,* juillet-août 2006, vol. XXV, n° 4, p. 3.

40. « Mes Aïeux swingnent la bacaisse ! », *Le Soleil,* 3 décembre 2005, C1.

2 • PASSÉ DÉNATIONALISÉ, AVENIR INCERTAIN

1. Tel était le sous-titre de l'article du *Devoir.*

2. Félix Bouvier et Laurent Lamontagne, « Quand l'histoire se fait outil de propagande », *Le Devoir,* 28 avril 2006.

3. Charles-Philippe Courtois, *Le Nouveau Cours d'histoire au secondaire : l'école québécoise au service du multiculturalisme canadien ?,* Institut de recherche sur le Québec, mars 2009.

4. Alexandre Lanoix, « L'enseignement de l'histoire et l'unité de la nation :

grandeurs et misères du projet d'un manuel unique au Canada », *Bulletin d'histoire politique,* vol. 14, n° 3, printemps 2006, p. 97-107.

5. *Histoire et éducation à la citoyenneté,* 1re version, Ministère de l'Éducation, des Loisirs et du Sport, 2006, p. 40.

6. *Ibid.,* p. 43, 61.

7. *Ibid.,* p. 46-47.

8. *Ibid.,* p. 52.

9. *Ibid.,* p. 55-56.

10. *Ibid.,* p. 56.

11. *Ibid.,* p. 55.

12. Voir à ce propos Joseph Yvon Thériault, *Critique de l'américanité. Mémoire et démocratie au Québec,* Montréal, Québec Amérique, 2002.

13. Charles-Philippe Courtois, « Histoire, identité et démocratie », dans François Charbonneau et Martin Nadeau (dir.), *L'Histoire à l'épreuve de la diversité culturelle,* Bruxelles, P.I.E. Peter Lang, coll. « Diversitas », 2008, p. 71-92.

14. Gilles Laporte et Myriam D'Arcy, *Je ne me souviens plus. L'état désastreux de l'enseignement de l'histoire nationale dans le réseau collégial public du Québec,* Fondation Lionel-Groulx, 2010.

15. *Histoire et éducation à la citoyenneté,* MELS, 2006, p. 29.

16. Jacques Beauchemin, *La Société des identités. Éthique et politique dans le monde contemporain,* Montréal, Athéna, 2004, p. 19 ; Gilles Labelle, « Sociétés des identités ou des individus ? », *Argument,* vol. 8, n° 1, automne 2005-hiver 2006, p. 114-126.

17. Daniel Tanguay, « Le "moment mémoire" à l'heure du présentisme », dans E.-Martin Meunier et Joseph Yvon Thériault (dir.), *Les Impasses de la mémoire. Histoire, filiation, nation et religion,* Montréal, Fides, 2007, p. 15-26.

18. François Hartog, *Régimes d'historicité. Présentisme et expériences du temps,* Paris, Seuil, 2003, p. 28. C'est au livre de Hartog que l'on doit la citation de Chateaubriand en exergue de ce chapitre.

3 • L'HÉRITAGE IMPOSSIBLE

1. Voir notamment Marie-Hélène Berréhar, « François-Xavier Garneau et Jules Michelet : figures du peuple », *Cahiers de recherche 11,* Montréal, Centre d'études québécoises, Université de Montréal, 1997 ; Gilles Gallichan, Kenneth Landry et Denis Saint-Jacques (dir.), *François-Xavier Garneau, une figure nationale,* Québec, Nota bene, 1998.

2. Cité dans Éric Bédard et Julien Goyette (dir.), *Parole d'historiens. Anthologie des réflexions sur l'histoire au Québec,* Montréal, Presses de l'Université de Montréal, 2006, p. 31.

3. Pierre Savard, « François-Xavier Garneau et l'historien français Henri Martin », *Revue d'histoire littéraire du Québec et du Canada français,* n° 7, 1984, p. 11-19.

4. Patrice Régimbald, « La disciplinarisation de l'histoire au Canada français, 1920-1950 », *Revue d'histoire de l'Amérique française,* vol. 51, n° 2, automne 1997, p. 167-176.

5. Nicole Gagnon, « Sur le présumé maurrassisme de Lionel Groulx », *Cahiers d'histoire du Québec au XXe siècle,* n° 8, automne 1997, p. 88-93 ; Pierre Trépanier, « Le maurrassisme au Canada français », *Les Cahiers des Dix,* vol. 53, 1999, p. 167-233.

6. Pierre Trépanier, « Introduction », dans Lionel Groulx, *Correspondance 1894-1967. L'Intellectuel et l'historien novice, 1909-1915,* Montréal, Fides, 2003, p. 52-79.

7. Un exemple, parmi d'autres : Lionel Groulx, « Notre histoire », dans *Notre maître le passé,* tome 1, Montréal, Stanké, 1977, p. 15-23.

8. Christian Roy, « Le personnalisme de *L'Ordre nouveau* et le Québec, 1930-1947. Son rôle dans la formation de Guy Frégault », *Revue d'histoire de l'Amérique française,* vol. 46, n° 3, hiver 1993, p. 463-484 ; Jean Lamarre, *Le Devenir de la nation québécoise selon Maurice Séguin, Guy Frégault et Michel Brunet, 1944-1969,* Québec, Septentrion, 1993, p. 205-232.

9. Alfred Dubuc, « L'influence des Annales au Québec », *Revue d'histoire de l'Amérique française,* vol. 33, n° 3, 1979, p. 357-386.

10. Paul-André Linteau, « La nouvelle histoire du Québec vue de l'intérieur », dans Éric Bédard et Julien Goyette (dir.), *Parole d'historiens,* p. 260.

11. Paul-André Linteau, René Durocher et Jean-Claude Robert, *Histoire du Québec contemporain,* 2 tomes, Montréal, Boréal Express, 1979 et 1986.

12. Sébastien Parent, « La nouvelle histoire vue de l'intérieur », *Bulletin d'histoire politique,* vol. 17, n° 1, automne 2008, p. 351.

13. Voir Donald Fyson, « Les sources théoriques de l'historiographie au Québec. Essais de recherche empirique », étude préliminaire présentée au congrès de l'Institut d'histoire de l'Amérique française, Hull, octobre 2001. Sur l'influence de Michel Foucault en histoire au cours de ces années, voir Keith Windschuttle, « The Discourses of Michel Foucault: Poststructuralism and Anti-Humanism », dans *The Killing*

of History: How Literary Critics and Social Theorists are Murdering our Past, San Francisco, Encounter Books, 2000, p. 131-171.

14. Dans un texte récent, Brian Young dit avoir trop longtemps surestimé les aspects matériels au détriment des dimensions plus culturelles. Voir Brian Young, « Revisiting Feudal Vestiges in Urban Quebec », dans Nancy Christie (dir.), *Transatlantic Subjects: Ideas, Institutions, and Social Experience in Post-Revolutionary British North America,* Montréal et Kingston, McGill-Queen's University Press, 2008, p. 139.

15. La bibliographie du Groupe peut être consultée en ligne : www.mcgill.ca/ghm-mhg/publications/bibliography

16. Deux exemples : André Cellard, *Histoire de la folie au Québec, 1600-1850,* Montréal, Boréal, 1991 ; Jean-Marie Fecteau, *La Liberté du pauvre. Crime et pauvreté au XIXe siècle,* Montréal, VLB éditeur, 2004.

17. Cette compilation a été réalisée par Myriam D'Arcy pour le compte de la Fondation Lionel-Groulx.

18. Jacques Rouillard et Robert Comeau, « La marginalisation de l'histoire politique dans les universités francophones », *Le Devoir,* 13 janvier 2007.

19. Cité dans Christian Rioux, « Cachez cette histoire que je ne saurais voir ! », *Le Devoir,* 12 septembre 2009.

20. Paul-André Linteau, « La nouvelle histoire du Québec vue de l'intérieur », dans Éric Bédard et Julien Goyette (dir.), *Parole d'historiens,* p. 259.

21. Gérard Bouchard, « Sur les mutations de l'historiographie québécoise : les chemins de la maturité », dans Fernand Dumont (dir.), *La Société québécoise après 30 ans de changements,* Québec, Institut québécois de recherche sur la culture, 1990, p. 253-268.

22. Jacques Rouillard, « La Révolution tranquille, rupture ou tournant ? », *Journal of Canadian Studies — Revue d'études canadiennes,* vol. 32, n° 4, hiver 1998, p. 23-51 ; « La mythique Révolution tranquille », *Le Devoir,* 28 septembre 2010.

23. Ronald Rudin, « La quête d'une histoire normale : critique de la réinterprétation de l'histoire du Québec », *Bulletin d'histoire politique,* vol. 3, n° 2, 1995, p. 9-42 ; Gérard Bouchard, « L'imaginaire de la Grande Noirceur et de la Révolution tranquille : fictions identitaires et jeux de mémoire au Québec », *Recherches sociographiques,* vol. 46, n° 3, septembre-décembre 2005, p. 411-436.

24. Voir le site du Groupe : http://francais.mcgill.ca/ghm-mhg/about

25. Martin Petitclerc, « Notre maître le passé ? Le projet critique de l'histoire sociale et l'émergence d'une nouvelle sensibilité historiogra-

phique », *Revue d'histoire de l'Amérique française,* vol. 63, n° 1, été 2009, p. 87.

26. Robert Comeau et Bernard Dionne (dir.), *À propos de l'histoire nationale,* Québec, Septentrion, 1998 ; Réal Bélanger, « Pour un retour à l'histoire politique », *Revue d'histoire de l'Amérique française,* vol. 51, n° 2, automne 1997, p. 223-241.

27. Selon Michel Brunet, cité dans Jean Lamarre, *Le Devenir de la nation québécoise,* p. 90.

28. Jean-Pierre Wallot, « À la recherche de la nation : Maurice Séguin », dans Robert Comeau (dir.), *Maurice Séguin, historien du pays québécois,* Montréal, VLB éditeur, 1987, p. 37.

29. Maurice Séguin, *La Nation « canadienne » et l'agriculture (1760-1850),* Trois-Rivières, Boréal Express, 1970. Les guillemets du titre visaient à ne pas confondre le lecteur de l'époque. Par nation « canadienne », Séguin entendait la nation française implantée dans la vallée du Saint-Laurent au XVIIe siècle.

30. *Ibid.,* p. 69.

31. *Ibid.,* p. 248.

32. Cité dans Éric Bédard et Julien Goyette (dir.), *Parole d'historiens,* p. 131.

33. Maurice Séguin, « Les Normes », dans Robert Comeau (dir.), *Maurice Séguin, historien du pays québécois.*

34. *Ibid.,* p. 83.

35. *Ibid.,* p. 84.

36. Voir Jean Lamarre, *Le Devenir de la nation québécoise,* p. 87-106.

37. Maurice Séguin, « Les Normes », p. 215.

38. *Ibid.,* p. 94. Selon Gilles Bourque, « Séguin conçoit le métier d'historien de la même manière que Bourdieu pense celui de sociologue à la fin des années 1960 : les faits sociaux, soulignait ce dernier, sont "conquis, construits, constatés" ». Voir Gilles Bourque, « La nation et l'historicité chez Maurice Séguin », dans Robert Comeau et Josiane Lavallée (dir.), *L'Historien Maurice Séguin. Théoricien de l'indépendance et penseur de la modernité québécoise,* Québec, Septentrion, 2006, p. 75.

39. Pierre Trépanier, « De Lionel Groulx à Maurice Séguin : mutation ou développement ? », dans Robert Comeau et Josiane Lavallée (dir.), *L'Historien Maurice Séguin,* p. 48.

40. Voir les témoignages de certains étudiants des années 1960 dans Robert Comeau (dir.), *Maurice Séguin,* p. 249-276.

41. Denis Monière, « Une lecture *politologique* des *Normes* de Maurice Séguin », dans Robert Comeau et Josiane Lavallée(dir.), *L'Historien Maurice Séguin,* p. 108.

42. *Ibid.*, p. 109-110.

43. Gilles Bourque, « L'œuvre de Maurice Séguin », dans Robert Comeau (dir.), *Maurice Séguin,* p. 76, 74.

44. Jean-Pierre Wallot, « À la recherche de la nation : Maurice Séguin », dans Robert Comeau (dir.), *Maurice Séguin,* p. 58.

45. Jean-Paul Bernard, « Quelque chose de précieux et d'actuel », dans Robert Comeau (dir.), *Maurice Séguin,* p. 237.

46. Gilles Bourque, « Société traditionnelle, société politique et sociologie québécoise, 1945-1980 », *Cahiers de recherche sociologique,* nº 20, 1993, p. 65 ; Daniel Roberge, « Le traitement de la question nationale québécoise chez les historiens et les sociologues (1960-1990) », mémoire de maîtrise, Université du Québec à Montréal, 1999, 199 p.

47. *Ibid.*, p. 95-96.

48. André Lefebvre, « Maurice Séguin, maître à penser l'histoire », dans *Les Normes de Maurice Séguin. Le théoricien du néonationalisme,* Montréal, Guérin, 1999, p. 37-46 ; Michel Allard, « L'influence de Maurice Séguin sur l'enseignement », dans Robert Comeau et Josiane Lavallée (dir.), *L'Historien Maurice Séguin,* p. 122-134. Les cours de Maurice Séguin auraient « contribué à ancrer chez [le didacticien André Lefebvre] la conviction profonde que l'enseignement doit d'abord et avant tout porter sur la démarche propre à une discipline et non pas sur le contenu. Il lui a aussi inculqué la conviction que le concept des normes se situe au cœur de ce qui constitue en somme un projet pédagogique ». Voir Michel Allard et Félix Bouvier, *André Lefebvre. Didacticien de l'histoire,* Québec, Septentrion, 2009, p. 67.

49. Comme l'écrit Pierre Trépanier, « le paradigme séguinien tend à congédier la volonté humaine et son emprise sur l'histoire : il risque d'aboutir à une histoire en l'absence de l'homme ». Voir « De Lionel Groulx à Maurice Séguin : mutation ou développement ? », dans Robert Comeau et Josiane Lavallée (dir.), *L'Historien Maurice Séguin,* p. 57.

50. Denis Monière, « Une lecture *politologique* des *Normes* de Maurice Séguin », dans Robert Comeau et Josiane Lavallée (dir.), *L'Historien Maurice Séguin,* p. 113.

51. Voir le témoignage de son épouse Tatiana Démidoff-Séguin, « Le souvenir est sans dialogue », dans Robert Comeau (dir.), *Maurice Séguin,* p. 22.

52. André Lefebvre, « Maurice Séguin, maître à penser l'histoire », dans *Les Normes de Maurice Séguin.*

53. Michel Brunet, « Guy Frégault : itinéraire d'un historien de *La Civili-*

sation de la Nouvelle-France (1944) à *La Guerre de la Conquête* (1955) »,
dans Pierre Savard (dir.), *Guy Frégault (1918-1977). Actes d'un colloque
tenu au Centre de recherche de la civilisation canadienne-française de
l'Université d'Ottawa,* Montréal, Bellarmin, 1981, p. 36.

54. Robert Comeau, « "Relis d'abord attentivement mes *Normes…*" »,
dans Robert Comeau (dir.), *Maurice Séguin,* p. 270.

4 • PIERRE FALARDEAU ET DENYS ARCAND, LECTEURS DE MAURICE SÉGUIN

1. Reproduit dans Pierre Falardeau, *Les Bœufs sont lents mais la terre est
patiente,* Montréal, VLB éditeur, 1999, p. 131-132. Le livre en question
était *Histoire des deux nationalismes au Canada,* Montréal, Guérin,
1997, 452 p.

2. Voir Pierre-Luc Bégin, *Québec libre ! Entretiens politiques avec Pierre
Falardeau,* Boisbriand, Édition du Québécois, 2004, p. 159.

3. Michel Coulombe, *Denys Arcand. La vraie nature du cinéaste,* Montréal, Boréal, 1993, p. 103.

4. Marcel Jean, « L'Histoire chez Denys Arcand : la marque du présent sur
les temps passés », dans *Cinéma et Histoire. Bilan des études en cinéma
dans les universités québécoises,* Montréal, Colloque de l'Association
québécoise des études cinématographiques, 1986, p. 50.

5. *Ibid.*

6. Maurice Séguin, « Les Normes », dans Robert Comeau (dir.), *Maurice
Séguin,* p. 92.

7. *Ibid.,* p. 99.

8. Pierre Falardeau, *Les Bœufs sont lents mais la terre est patiente,* p. 19-20.

9. À l'étudiant Bruno Brioni qui lui demande s'il a une « approche du
monde pessimiste ou réaliste », Arcand répond : « C'est très difficile de
définir les termes, mais une chose est certaine, je n'ai pas une vue optimiste du monde et je ne l'ai jamais eue. Il me semble que ma vision est
réaliste, mais souvent les gens qui se disent réalistes sont taxés de pes-
simistes par les optimistes. L'historien, en général, pense sur le long
terme et quand on pense sur le long terme et que l'on regarde l'évolution des sociétés sur plusieurs siècles, cela apparaît toujours extrêmement pessimiste à ceux qui disent que le monde va changer demain. »
Bruno Brioni, « Évolution de la société québécoise depuis 1970 à travers le cinéma de Denys Arcand », Faculté de Philosophie et Lettres,
Université libre de Bruxelles, 1998, p. 122. Voir aussi Michel Coulombe,
Denys Arcand, p. 105.

10. Document de propagande de l'Union nationale lors de l'élection de 1936.

11. Denys Arcand, *Le Déclin de l'Empire américain*, Montréal, Boréal, 1987, p. 11.

12. Évidemment, il perd un peu de ce détachement lorsqu'il tente, en aparté, de régler des comptes avec son époque : ex. l'industrie de la publicité dans *Jésus de Montréal*, la situation des hôpitaux dans *Les Invasions barbares*, la fonction publique dans *L'Âge des ténèbres*.

13. Marcel Jean, « L'Histoire chez Denys Arcand », p. 50.

14. Jean Lamarre, *Le Devenir de la nation québécoise*, p. 150.

15. Éric Bédard, « Michel Brunet : dix ans après… », *L'Action nationale*, vol. LXXXV, n° 7, septembre 1995, p. 38-49.

16. Maurice Séguin, « Les Normes », p. 145.

17. Jean Lamarre, *Le Devenir de la nation québécoise*, p. 144.

18. Maurice Séguin, « Les Normes », p. 117.

19. *Ibid.*, p. 118.

20. *Ibid.*, p. 116.

21. *Ibid.*, p. 214, 215.

22. Michel Coulombe, *Denys Arcand*, p. 120.

23. Denys Arcand, « L'historien silencieux », dans Robert Comeau (dir.), *Maurice Séguin*, p. 257.

24. C'est que ce que rapporte Lucia Ferretti dans « Le mardi 16 novembre 1976 », dans Robert Comeau (dir.), *Maurice Séguin*, p. 284.

5 • La trudeauisation des esprits

1. Sébastien Charles, « De la postmodernité à l'hypermodernité », *Argument*, vol. 8, n° 1, automne 2005, p. 81.

2. Stéphane Dion, *Le Pari de la franchise. Discours et écrits sur l'unité canadienne*, Montréal et Kingston, McGill-Queen's University Press, 1999, p. 143, 154.

3. Peter Brimelau, *The Patriot Game: Canada and the Canadian Question Revisited*, Toronto, Key Porter Books, 1986.

4. Guy Laforest, *Trudeau et la fin d'un rêve canadien*, Québec, Septentrion, 1992.

5. Jusqu'en 1944, l'ancien premier ministre semble avoir adhéré au nationalisme traditionnaliste de son époque. Voir Max et Monique Nemni, *Trudeau. Fils du Québec, père du Canada*. Tome 1 : *Les Années de jeunesse : 1919-1944*, Montréal, Éditions de l'Homme, 2006.

6. Pierre Elliott Trudeau, « La province de Québec au moment de la grève », dans Pierre Elliott Trudeau (dir.), *La Grève de l'amiante*, Montréal, Éditions du Jour, 1970 [1956], p. 88.

7. *Ibid.*, p. 12.

8. Pierre Elliott Trudeau, « Politique fonctionnelle », *Cité Libre*, n° 1, juin 1950, p. 24.

9. Pierre Elliott Trudeau, « Épilogue », *La Grève de l'amiante*, p. 400.

10. André Laurendeau, « Sur cent pages de Pierre Elliott Trudeau », *Le Devoir*, 6 octobre 1956, p. 4.

11. Pierre Elliott Trudeau, « Politique fonctionnelle I », *Cité Libre*, vol. 1, n° 1, juin 1950, p. 24.

12. Pierre Elliott Trudeau, « Le Québec est-il assiégé ? », *Cité Libre*, vol. 16, n° 86, avril-mai 1966, p. 7-10.

13. Pierre Elliott Trudeau, « De quelques obstacles à la démocratie au Québec », *Le Fédéralisme et la société canadienne-française*, Montréal, Hurtubise HMH, 1967, p. 118-127 ; « Fédéralisme, nationalisme et raison », dans *À contre-courant. Textes choisis 1939-1996*, Montréal, Stanké, 1996, p. 205. Ce dernier texte est tiré d'une conférence prononcée en 1964.

14. Ernest Renan, *Qu'est-ce qu'une nation*, Paris, Presses Pocket, 1992, p. 41.

15. Pierre Elliott Trudeau, « Fédéralisme, nationalisme et raison », p. 197.

16. Pierre Elliott Trudeau, « Les séparatistes : des contre-révolutionnaires », *Cité Libre*, mai 1964, n° 67, p. 5.

17. *Ibid.*, p. 4.

18. *Ibid.*, p. 2-6.

19. Pierre Elliott Trudeau, « Il nous faut une charte des droits », dans *À contre-courant*, p. 218. Ce texte est d'abord paru dans la revue *McLean's* en 1964.

20. Albert Breton, Raymond Breton, Claude Bruneau, Yvon Gauthier, Marc Lalonde, Maurice Pinard et Pierre Elliott Trudeau, « Pour une politique fonctionnelle », *Cité Libre*, n° 67, mai 1964, p. 11.

21. *Ibid.*

22. Pierre Elliott Trudeau, « Allocution lors de la cérémonie de proclamation, le 17 avril 1982 », consultable sous ce nom sur le site web de Bibliothèque et Archives Canada.

23. E.-Martin Meunier, *Le Pari personnaliste. Modernité et catholicisme au XXe siècle*, Montréal, Fides, 2007.

24. En 1942, Trudeau lit l'*Humanisme intégral*. Selon lui, lorsque Maritain aborde « les questions politique, il n'y est plus. Son action politique

serait singulièrement irréaliste. » Voir Max et Monique Nemni, *Trudeau. Fils du Québec, père du Canada*, p. 311.

25. André Burelle, *Pierre Elliott Trudeau. L'intellectuel et le politique*, Montréal, Fides, 2005.

26. *Ibid.*

27. André Laurendeau, « Sur cent pages de Pierre Elliott Trudeau », *Le Devoir*, 11 octobre 1956.

28. Stephen Clarkson et Christina McCall, *Trudeau. L'homme, l'utopie, l'histoire*, Montréal, Boréal, 1990.

29. André Burelle, *Pierre Elliott Trudeau*, p. 70, 73.

30. Pierre Elliott Trudeau, « Politique fonctionnelle », p. 24.

31. Albert Breton *et al.*, « Pour une politique fonctionnelle », p. 17.

32. *Ibid.*

33. Georges Grant, *Lament for a Nation: The Defeat of Canadian Nationalism*, Ottawa, Carleton Library Press, 1986 [1965], p. 84.

34. Lise Bissonnette, « Trudeau — Carter : un premier tour d'horizon », *Le Devoir*, 22 février 1977.

35. Pierre Elliott Trudeau, « Des révisions se feront, mais l'unité du Canada ne sera pas rompue, déclare M. Trudeau au Congrès », *Le Devoir*, 23 février 1977. Toutes les autres citations du discours sont tirées de cette source.

36. Ce discours fut évidemment prononcé en anglais et traduit en français pour la presse. Dans la première traduction, reproduite dans *Le Devoir*, « crime against the history of mankind » fut traduit par « crime contre l'humanité » au lieu de « crime contre l'*histoire* de l'humanité », ce qui fit bondir les porte-parole souverainistes qui y voyaient un amalgame éhonté de leur mouvement avec le nazisme.

37. Cité dans André Burelle, *Pierre Elliott Trudeau*, p. 51.

38. Pierre Elliott Trudeau, « Allocution lors de la cérémonie de proclamation ».

39. « *Speaking from an international podium he has resurrected a pride in our internationalism that had become a little submerged.* » « Message from a U.S. Podium », *The Globe and Mail*, 23 février 1977.

40. Pierre Elliott Trudeau, « Fédéralisme, nationalisme et raison », p. 203.

41. *Ibid.*, p. 198.

42. François Charbonneau, « Le meilleur pays au monde : le Canada comme idéal moral », *Argument*, vol. 7, n° 1, automne 2004, p. 39-58.

43. Gérard Bouchard, « Jeter les souches au feu de la Saint-Jean-Baptiste », *Le Devoir*, 24 mars 1999.

44. Gérard Bouchard, *La Nation québécoise au futur et au passé*, Montréal, VLB éditeur, 1999, p. 17.

45. *Ibid.*, p. 47-52.

46. *Ibid.*, p. 98.

47. Gérard Bouchard, *Genèse des nations et cultures du Nouveau Monde. Essai d'histoire comparée*, Montréal, Boréal, 2000, p. 182. L'italique de « bâtard » est de Gérard Bouchard.

48. Jean-Philippe Warren l'a remarqué avec justesse dans son compte rendu du livre de Bouchard. Voir *Mens. Revue d'histoire intellectuelle de l'Amérique française*, vol. VI, n° 1, automne 2005, p. 102.

49. Gérard Bouchard, *La Pensée impuissante. Échecs et mythes nationaux canadiens-français (1850-1960)*, Montréal, Boréal, 2004, p. 49.

50. *Ibid.*, p. 245.

51. Pierre O'Neil, « Pour le Bloc, la notion des deux peuples fondateurs est dépassée », *Le Devoir*, 18 avril 1999.

52. Manon Cornelier, « Parizeau encourage le débat sur l'identité québécoise », *Le Devoir*, 19 avril 1999.

53. Pierre O'Neil et Hélène Buzzetti, « Être ou ne pas être Canadien français », *Le Devoir*, 20 janvier 2000.

54. *Déclaration de principe et orientations du Bloc québécois*, Bloc québécois, Congrès du 28 au 30 janvier 2000, p. 7.

55. Nikolas Ducharme, Daniel Baril, Frédéric Fonseca *et al.*, « Pour en finir avec l'affaire Michaud. Le temps est venu de remettre en question le nationalisme canadien-français », *Le Devoir*, 9 janvier 2001.

56. Nikolas Ducharme, « Les trois piliers de la citoyenneté québécoise », *Le Devoir*, 24 août 2001. Les italiques sont de nous.

57. *Déclaration de principe et orientations du Bloc québécois*, p. 9.

58. *Le français, une langue pour tout le monde. Une nouvelle approche stratégique et citoyenne*, Commission des états généraux sur la situation et l'avenir de la langue française au Québec, 2001, p. 11.

59. *Déclaration de principe et orientations du Bloc québécois*, p. 11.

60. *Le Français, une langue pour tout le monde*, p. 14. Les italiques sont de nous.

61. *Ibid.*, p. 13.

62. *Ibid.*, p. 17.

63. *Ibid.*, p. 4.

64. *Ibid.*, p. 15.

65. Un logo du 25ᵉ est d'ailleurs imprimé sur tout ce qui émane du ministère.

66. *Document de consultation du Forum national sur la citoyenneté et l'in-*

tégration, ministère des Relations avec les citoyens et de l'Immigration du Québec, septembre 2000, p. 9.

67. Ed Arzoulan, « Do You Have Your Quebec Passport ? Citizenship Forum's Motives Suspect », *The Suburban*, 9 août 2000.

68. David Gamble, Kevin Dougherty, « Dion Slams PQ on Integration », *The Gazette*, 22 septembre 2000.

69. Voir Michel Venne, *Les Porteurs de liberté*, VLB éditeur, Montréal, 2001.

70. Michel Venne, « Citoyen ou loyal sujet ? », *Le Devoir*, 22 septembre 2000.

71. François Cardinal, « Le contrat civique ne fait pas l'unanimité », *Le Devoir*, 24 septembre 2000.

72. Michel Venne, « Dumont dérape », *Le Devoir*, 20 novembre 2006.

73. André Boisclair, « Des balises », *La Presse*, 22 novembre 2006.

74. *Fonder l'avenir. Le temps de la conciliation*, Commission de consultation sur les pratiques d'accommodement reliées aux différences culturelles, 2008, p. 186.

75. *Ibid.*, p. 129.

76. Pierre Elliott Trudeau, « Épilogue », dans *La Grève de l'amiante*, p. 400.

77. Voir Serge Cantin, « De quelques obstacles à notre affirmation politique », dans *Ce pays comme un enfant*, Montréal, L'Hexagone, 1997, p. 125-138.

78. Voir Jacques Beauchemin, *La Société des identités. Éthique et politique dans le monde contemporain*, Montréal, Athéna, 2004.

79. Mathieu Bock-Côté, « Le cul-de-sac progressiste du Parti québécois », *L'Action nationale*, mars-avril 2005, p. 152-172 ; *La Dénationalisation tranquille*, Montréal, Boréal, 2007.

6 • DUPLESSIS RESSUSCITÉ AU PETIT ÉCRAN

1. Jean-Pierre Desaulniers, « L'éclairage cathodique de la Grande Noirceur », *Le Devoir*, 1er avril 1978.

2. Marcel Adam, « La réhabilitation de Maurice Duplessis », *La Presse*, 10 septembre 1977.

3. Lysiane Gagnon, « Chacun interprète l'événement à sa façon », *La Presse*, 10 septembre 1977.

4. Claude Ryan, « Duplessis et le Québec d'aujourd'hui », *Le Devoir*, 9 septembre 1977.

5. Cité dans Bernard Descôteaux, « Duplessis sort de la Grande Noirceur », *Le Devoir*, 1er juin 1977.

6. Tous les extraits de ce discours sont tirés de Bernard Descôteaux, « "Du duplessisme, il faut séparer l'ivraie du bon grain" (Lévesque) », *Le Devoir*, 10 septembre 1977.

7. René Lévesque, *Attendez que je me rappelle...*, Montréal, Québec Amérique, 1986, p. 187.

8. Extrait cité par Michel Roy, « Si Maurice Duplessis m'était conté », *Le Devoir*, 17 juin 1977.

9. Michel Nadeau, « Conrad Black, biographe de Duplessis. "Duplessis est vraiment celui qui a doté le Québec d'un État national" », *Le Devoir*, 10 décembre 1977.

10. Louise Cousineau, « La Grande Noirceur revivra à la télé dans une supersérie », *La Presse*, 13 août 1977.

11. *Ibid.*

12. Jean-Pierre Tadros, « Si Duplessis m'était conté... », *Le Devoir*, 11 février 1978.

13. *Ibid.*

14. Robert Rumilly et Conrad Black ne sont pas mentionnés.

15. En septembre 1976, le choix du comédien Jean Lapointe n'avait visiblement pas encore été arrêté.

16. Archives de Radio-Canada, Réunion du 7 septembre 1976, Première émission, 1935, 1936, 1939.

17. Claude Désorcy, Note de service du 20 janvier 1978 (objet : *Duplessis*). Archives de Radio-Canada. Toutes les citations qui suivent sont tirées de cette note.

18. Toutes ces informations proviennent de la Note de service du 17 janvier 1978 du chef du service de la publicité télévision, adressée à Claude Désorcy et Mark Blandford : « Plan de publicité — *Duplessis* à *Hors Série* du 8 février au 22 mars », Archives de Radio-Canada.

19. Gilles Constantineau, « Entre Forum et Tel Quel », *Le Devoir*, 21 mars 1978.

20. « Données disponibles sur la série *Duplessis* », Service de recherche de Radio-Canada, octobre 1978, Archives de Radio-Canada.

21. « Évolution dans les caractéristiques de l'auditoire de la série *Duplessis* (des 8, 15 et 23 février 1978) », dans « Auditoire de l'émission *Duplessis* diffusée dans la cadre de *Hors Série*, mercredi 22 février de 21 h à 22 h », Archives de Radio-Canada.

22. Les résultats de cette consultation sont rapportés dans « *Duplessis* a bien plu », *Le Devoir*, 25 mars 1978. On les retrouve aussi dans les Archives de Radio-Canada.

23. Note de service du 6 mars 1978 du directeur des relations publiques au

directeur de la télévision, « Commentaires de l'auditoire — *Duplessis* », Archives de Radio-Canada.

24. « Données disponibles sur la série Duplessis ».

25. *Ibid.*

26. Gilles Constantineau, « Un Duplessis magnifique », *Le Devoir,* 10 février 1978.

27. Claude Turcotte, « *Duplessis* a suscité un regain d'intérêt autour de l'UN », *Le Devoir,* 14 mars 1978.

28. Gilles Constantineau, « Un Duplessis rédempteur », *Le Devoir,* 17 février 1978.

29. Louise Cousineau, « *Duplessis,* une réalisation d'une rare brillance », *Télé Spec,* 3 mars 1978.

30. Louise Cousineau, « Jamais la télé n'a si bien parlé de nous », *Télé Spec,* 10 mars 1978.

31. Michel Roy, « Quand j'écoute, j'écoute *Duplessis* », *Le Devoir,* 10 février 1978.

32. Claude Bruneau, « *Duplessis* », *Le Nouvelliste,* 4 mars 1978.

33. Sylvio Saint-Amant, « De l'histoire au drame », *Le Nouvelliste,* 27 mars 1978.

34. Gilles Dallaire, « Des faits dénaturés », *La Tribune,* 17 mars 1978.

35. Vincent Prince, « Un Duplessis discutable », *La Presse,* 10 mai 1978.

36. Pierre Chaloult, « *Duplessis* à la TV », *Journal de Québec,* 16 février 1978.

37. Pierre Chaloult, « Un mauvais spectacle de salle paroissiale », *Journal de Québec,* 2 mars 1978.

38. Pierre Chaloult, « La série *Duplessis* ne colle pas encore avec la vérité », *Journal de Québec,* 9 mars 1978.

39. Pierre Chaloult, « La série *Duplessis* : un mauvais spectacle de salle paroissiale qui tourne en vaudeville », *Journal de Québec,* 16 mars 1978.

40. Pierre Chaloult, « *Duplessis* : bon ou mauvais ? Tout dépend de l'âge qu'on a », *Journal de Québec,* 23 mars 1978.

41. C'est du moins ce que rapporte Gilles Constantineau, « Duplessis en question », *Le Devoir,* 18 mai 1978.

42. Jacques Cousineau, s.j., « Via Duplessis, une attaque contre l'Église d'ici », *Le Devoir,* 8 mai 1978.

43. Denys Arcand, *Duplessis,* Montréal, VLB éditeur, 1978, p. 141.

44. Jacques Cousineau, s.j., *L'Église d'ici et le social 1940-1960. 1. La Commission sacerdotale d'études sociales,* Montréal, Bellarmin, 1982.

45. Gérard Dion, « Le cardinal Villeneuve et le syndicalisme », *Le Devoir,* 17 mars 1978.

46. Jacques Cousineau, s.j., « Via Duplessis, une attaque contre l'Église d'ici ».

47. Roger Deshaies, « Requête au CRTC, 28 avril 1978 ». Archives de Radio-Canada.

48. Parmi les lettres de lecteurs qui vont dans ce sens, on lira : Lévis Lorrain, « Caricature infecte de Duplessis », *Journal de Montréal*, 28 février 1978 ; Yves Dufresne, « De *Duplessis* au lavage de cerveau », *Le Devoir*, 3 mars 1978 ; Marcel Therrien, « Duplessis à la TV : un gâchis », *Le Nouvelliste*, 7 mars 1978.

49. Cité dans Gilles Constantineau, « Duplessis en question ».

50. Pierre Tremblay, « *Duplessis* à l'index ? », *Le Droit*, 10 mai 1978.

51. Jean-Paul de Lagrave, « Un signe dangereux », *Le Devoir*, 22 juin 1977.

52. Jean-Paul de Lagrave, « La campagne contre les auteurs de *Duplessis* », *Le Devoir*, 20 mai 1978.

53. Gilles Constantineau, « Duplessis en question ».

54. Jacques Cousineau, s.j., « Un anticléricalisme d'importation », *Le Devoir*, 27 mai 1978.

55. Robert Rumilly, « Vous atteindrez un jour mon âge », *Le Devoir*, 1er juin 1978.

56. Décision citée dans Claude Bruneau, « Épilogue de l'affaire Duplessis », *Le Nouvelliste*, 22 mai 1979.

57. C'est le chiffre annoncé dans les médias : Roger Noreau, « Plainte contre la traduction de la série de télé *Duplessis* », *Le Nouvelliste*, 25 mai 1980. Ce chiffre nous semble crédible, en regard des listes de signatures consignées dans les Archives de Radio-Canada. Pour comprendre les motivations de Roger Deshaies, voir Claude Savary, « Les auteurs ont pris plaisir à mettre l'accent sur la déchéance. — Deshaies », *Le Nouvelliste*, 12 novembre 1980.

58. « Les comptes publics », « L'échec », « La retraite » et « Le pouvoir ».

59. *Données disponibles sur la série Duplessis.*

7 • RENÉ LÉVESQUE ET L'ALLIANCE AVEC LES BLEUS

1. Voir Pierre Godin, *René Lévesque. Héros malgré lui*, tome 2, Montréal, Boréal, 1997, p. 374.

2. Voir l'explication d'André d'Allemagne, *Le RIN et les débuts du mouvement indépendantiste*, Montréal, Éditions l'Étincelle, 1974, p. 128-130.

3. Guy Pouliot, « Le RIN parti révolutionnaire », *L'Indépendance*, vol. 1, nᵒ 7, avril 1963, p. 6 et 7.

4. *L'Indépendance,* vol. I, n° 7, avril 1963, p. 12. Il s'agit d'un extrait de discours.

5. Lysiane Gagnon, « Les Canadiens français sont dépersonnalisés, colonisés », *L'Indépendance,* vol. II, n° 3, mars 1964, p. 4.

6. Pierre Bourgault, « F.L.Q. : un dénouement qui doit faire réfléchir », *L'Indépendance,* vol. I, n° 11, septembre-octobre 1963, p. 3.

7. André d'Allemagne, *Le Colonialisme au Québec,* Montréal, Éditions R-B, 1966, 190 p.

8. Andrée Ferretti, « Les congrès feront le parti démocratique, dynamique, révolutionnaire », *L'Indépendance,* vol. II, n° 5, avril 1964, p. 8.

9. Pierre Léger, « Hubert Aquin… et nous », *L'Indépendance,* vol. II, n° 7, juillet 1964, p. 2.

10. *L'Indépendance,* vol. I, n° 7, avril 1963, p. 12. Il s'agit d'un extrait de discours.

11. Sur l'ancrage à gauche du RIN, voir François-Pierre Gingras, « Le Rassemblement pour l'Indépendance Nationale ou l'indépendantisme : du mouvement social au parti politique », dans Réjean Pelletier (dir.), *Partis politiques au Québec,* Montréal, HMH Hurtubise, 1976, p. 219-246.

12. Paul Sabourin à René Jutras, 29 août 1964. Archives nationales du Québec. Fonds René Jutras, P781, boîte 32.

13. *Le Devoir,* 29 août 1964. Une querelle typique entre Québec et Montréal, liée à une mésentente sur des redevances financières, semble être en cause. (Entrevue téléphonique avec Jean Garon, 13 novembre 2007.)

14. La lettre est reproduite dans *L'Union des Cantons de l'Est,* 9 septembre 1964, p. 3. Les démissionnaires sont René Jutras (Bois-Francs), Marc-André Bédard (Saguenay), Jean Garon (Québec), Paul Sabourin (est du Québec), Jean-Marc Béliveau (Bois-Francs), Raymond Tremblay (Saguenay) et François Lafrenière (vice-président du RIN).

15. *Ibid.*

16. « Manifeste en dix points », *La Nation,* vol. I, n° 1, 26 septembre 1964. En page 2 du même numéro, René Jutras commente le manifeste article par article.

17. Xavier Gélinas, « René Jutras et le Ralliement national : un nationalisme de transition », dans Frédéric Boily et Donald Ipperciel (dir.), *D'une nation à l'autre. Discours nationaux au Canada,* Québec, Presses de l'Université Laval, 2011, p. 15-34.

18. « Ni la gauche ni la droite », *La Nation,* vol. I, n° 7, septembre-octobre 1965, p. 3.

19. « Éditorial », *La Nation,* vol. I, n° 2, 1964, p. 2.

20. Voir la manchette de la première page de *La Nation,* vol. I, n° 3, 1964. Une photo montre René Jutras et sa femme reçus à la résidence du chanoine Groulx.

21. René Jutras, « Alerte à tous les Québécois indépendantistes », *Le Devoir,* 31 août 1964.

22. Lucien Lessard, « L'indépendance du Québec : Option politique », *La Nation,* vol. I, n° 5, mai 1965, p. 3.

23. Lucien Lessard, « Encore un nouveau parti politique », *La Nation,* vol. I, n° 2, janvier 1965, p. 3.

24. « Un complexe qui nous rend fier », *La Nation,* vol. I, n° 2, janvier 1965, p. 4-5.

25. « Manifeste du Ralliement national », *La Nation,* vol. II, n° 1, avril 1966, p. 3-8.

26. Discours reproduit dans *La Nation,* vol. I, n° 3, février 1965, p. 7.

27. André d'Allemagne, « États associés. Un nationalisme de colonisé… », *L'Indépendance,* vol. II, n° 9, septembre 1964, p. 4.

28. Lettre de Jean-Yves Chouinard à René Jutras (non datée). Archives nationales du Québec. Fonds René Jutras, P781, boîte 32.

29. Voir la correspondance de René Jutras et de Laurent Legault des 5 et 11 février 1966. Archives nationales du Québec. Fonds René Jutras, P781, boîte 39.

30. Voir *Le Soleil,* 31 mai 1966, p. 3. Bourgault estime quant à lui que ces réformes sont nécessaires car l'ignorance serait le seul héritage du passé en matière d'éducation.

31. Voir à ce sujet Janie Normand, « L'indépendance à droite. L'histoire politique du Regroupement national et du Ralliement national entre 1964 et 1968 », mémoire de maîtrise (histoire), Université du Québec à Montréal, 2010, chapitre 4.

32. Lévesque a recours à cette image pour dénoncer les « démons de l'extrémisme » qui auraient en partie causé la perte d'Allende au Chili. Il voit dans le président chilien un « homme de consensus » qui, « dans un climat de tout ou rien », souhaitait « une révolution graduelle qui s'accomplirait dans la paix et le respect de la liberté ». Voir « La fin d'un homme de bonne volonté » dans *Chroniques de René Lévesque,* Montréal, Québec Amérique, 1987, p. 453-454.

33. René Lévesque, « Nous sommes Québécois », dans *Textes et entrevues, 1960-1987,* Québec, Presses de l'Université du Québec, 1991, p. 50.

34. C'est ce que rapporte le journaliste Jacques Guay dans la revue *Maclean's* de février 1969. Voir « Comment René Lévesque est devenu indépendantiste », *Textes et entrevues,* p. 109.

35. Voir « Être ou ne pas être », son compte rendu de l'essai de Jean Bou-thillette *Le Canadien français et son double,* dans *Chroniques de René Lévesque,* p. 386-389.

36. « Une entrevue avec René Lévesque », dans *Textes et entrevues,* p. 81.

37. René Lévesque, « Notes pour discours, Laval, 13 septembre 1968 », Archives nationales du Québec, fonds Gilles-Grégoire, P858, boîte 2005-05-007/3. Merci à Xavier Gélinas pour la référence.

8 • OCTOBRE OU LA THÉRAPIE DE CHOC

1. Jean-Pierre Le Goff, *Mai 68. L'héritage impossible,* Paris, La Découverte, 1998 ; Doug Owram, *Born at the Right Time: A History of the Baby-Boom Generation,* Toronto, University of Toronto Press, 1996, p. 159-215.

2. Denis Pelletier, *La Crise catholique. Religion, société, politique en France (1965-1978),* Paris, Payot, 2002, p. 52, 59.

3. Marcel Gauchet, *La Religion dans la démocratie,* Paris, Gallimard, 1998.

4. Côté FLQ : Louise Lanctôt, *Une sorcière comme les autres,* Montréal, Québec Amérique, 1981 ; François Schrim, *Personne ne voudra savoir ton nom,* Montréal, Quinze, 1982 ; Francis Simard, *Pour en finir avec Octobre,* Montréal, Stanké, 1982 ; Pierre Vallières, *Nègres blancs d'Amé-rique,* Montréal, Parti pris, 1969. Du côté de l'ordre : Robert Côté, *Ma guerre contre le FLQ,* Montréal, Trait d'Union, 2003 ; Carole DeVault, *Toute ma vérité,* Montréal, Stanké, 1981 ; Gérard Pelletier, *La Crise d'Octobre,* Montréal, Éditions du Jour, 1971.

5. Je fais référence ici à l'explication avancée notamment par Charles Tay-lor ; voir « Le nationalisme et l'intelligentsia au Québec », dans *Rap-procher les solitudes,* Québec, Presses de l'Université Laval, 1992, p. 1-23.

6. J'emprunte ce concept à André J. Bélanger, *Ruptures et Constantes,* Montréal, Hurtubise, 1977.

7. Louis Fournier, *FLQ — Histoire d'un mouvement clandestin,* Montréal, Lanctôt éditeur, 1998, p. 55.

8. *Ibid.,* p. 58.

9. *La Cognée,* février 1964.

10. Voir Yves Couture, *La Terre promise,* Montréal, Liber, 1994, p. 44.

11. Alain Besançon, *Les Origines intellectuelles du léninisme,* Paris, Galli-mard, 1977, p. 15.

12. *La Cognée,* octobre 1963.

13. *La Cognée,* décembre 1963.

14. *La Cognée*, 15 avril 1964.

15. *La Cognée*, 30 avril 1964.

16. *La Cognée*, 31 août 1964.

17. *La Cognée*, édition universitaire, 1965.

18. *La Cognée*, 1er octobre 1965. Tout le numéro est consacré aux techniques de la Révolution.

19. *La Cognée*, avril 1964.

20. *La Cognée*, 31 mai 1964.

21. *La Cognée*, octobre 1963.

22. Stéphane Kelly, « La critique du clérico-nationalisme : la veine teutonne », *Société*, n°s 20-21, été 1999, p. 189-212.

23. *La Cognée*, 24 février 1964.

24. André J. Bélanger, *Ruptures et Constantes*, p. 182.

25. *La Cognée*, 16 juin 1966.

26. *La Cognée*, 10 décembre 1966.

27. Cette information est confirmée par Louis Fournier, *FLQ — Histoire d'un mouvement*, p. 59.

28. Jean-Philippe Warren, *Une douce anarchie. Les années 68 au Québec*, Montréal, Boréal, 2008.

29. Aldéï Darveau, « La dissolution : hara-kiri ou mort naturelle », *Quartier latin*, 18 février 1969.

30. François Béland, « L'anti-congrès », *Recherches sociographiques*, vol. 13, n° 3, septembre-décembre 1972, p. 160 ; Jean-Philippe Warren, *Une douce anarchie*, p. 156-170.

31. *Bulletin de liaison du MSP*, vol. 2, n° 1, août 1969.

32. *Bulletin de liaison du MSP*, vol. 2, n° 1, août 1969 ; également cité dans Jean-Philippe Warren, *Une douce anarchie*, p. 176-177.

33. Marc Laurendeau, *Les Québécois violents*, Montréal, Boréal, 1990, p. 62.

34. Charles Gagnon, « Il était une fois… Conte à l'adresse de la jeunesse de mon pays », *Bulletin d'histoire politique*, vol. 13, n° 1, automne 2004, p. 45-46.

35. François Ricard, « Quelques hypothèses à propos d'une dépression », *Liberté*, n° 153, juin-juillet 1984, p. 40-48. Cette lecture est très inspirée de l'ouvrage de Christopher Lasch, *La Culture du narcissisme*, Paris, Climats, 2000 [1979].

36. Jean-Marc Piotte, *La Communauté perdue*, Montréal, VLB éditeur, 1987.

9 • ETHNIE : TERME FÂCHEUX...

1. Le colloque « Hubert Aquin : cinq questions aux nationalistes d'aujourd'hui », d'où est extrait le présent chapitre, s'est tenu à l'automne 2006. Il était organisé par Michel Lacombe, animateur à Radio-Canada, avec le concours de Jacques Beauchemin, sociologue et professeur à l'UQAM.

2. Hubert Aquin, « La fatigue culturelle du Canada français », *Mélanges littéraires II. Comprendre dangereusement,* Montréal, Bibliothèque québécoise, 1995, p. 83.

3. Denis Bertrand et André Lavallée (dir.), *Le Rapport Durham,* Montréal, Éditions Sainte-Marie, 1969, p. 6-7.

4. Fernand Ouellet, « Les insurrections de 1837-38 : un phénomène social », *Éléments d'histoire sociale du Bas-Canada,* Montréal, Hurtubise HMH, 1972, p. 363.

5. *Ibid.,* p. 364.

6. Voir, notamment, Gérard Bouchard, *Genèse des nations et cultures du Nouveau Monde. Essai d'histoire comparée,* Montréal, Boréal, 2000, p. 81-98 ; Yvan Lamonde, *Histoire sociale des idées au Québec,* Montréal, Fides, 2000, p. 85-279 ; Allan Greer, *Habitants et patriotes. La rébellion de 1837 dans les paroisses du Bas-Canada,* traduction de Christiane Teasdale, Montréal, Boréal, 1997.

7. Louis-Georges Harvey, *Le Printemps de l'Amérique française. Américanité, anticolonialisme et républicanisme dans le discours politique québécois,* Montréal, Boréal, 2005, p. 234.

8. *Ibid.,* p. 18.

9. Gilles Laporte. *Patriotes et Loyaux. Leadership régional et mobilisation politique en 1837 et 1838,* Sillery, Septentrion, 2004.

10. Débats de l'Assemblée nationale, 36e législature, 2e session, mardi 27 novembre 2001 (www.assnat.qc.ca).

11. Sur le mouvement catholique du XIXe siècle, voir Nive Voisine et Jean Hamelin (dir.), *Les Ultramontains canadiens-français,* Montréal, Boréal express, 1985.

12. Abbé L. Laflèche, *Quelques considérations sur les rapports de la société civile avec la religion et la famille,* Montréal, Eusèbe Sénécal imprimeur-éditeur, 1866, p. 25.

13. *Ibid.,* p. 24.

14. *Ibid.,* p. 25.

15. On retrouvera un excellent condensé de la recherche actuelle sur Lionel Groulx dans Robert Boily (dir.), *Un héritage controversé. Nouvelles lec-*

tures de Lionel Groulx, Montréal, VLB éditeur, 2005. On consultera aussi avec profit Marie-Pier Luneau, *Lionel Groulx. Le mythe du berger*, Montréal, Leméac, 2003 ; Michel Bock, *Quand la nation débordait les frontières… Les minorités françaises dans la pensée de Lionel Groulx*, Montréal, Hurtubise HMH, 2004. Voir aussi les travaux érudits de Pierre Trépanier, notamment « Introduction. L'apprenti-intellectuel », dans Lionel Groulx, *Correspondance, 1894-1967. Vol. 3, L'intellectuel et l'historien novice (1909-1915)*, éd. critique par Gisèle Huot, Juliette Lalonde-Rémillard et Pierre Trépanier, Montréal, Fides, 2003, p. 11-145.

16. Julien Goyette, « Actualité et complexité de Lionel Groulx », dans Lionel Groulx, *Une anthologie*, Montréal, Bibliothèque québécoise, 1998, p. 13.

17. Esther Delisle, *Le Traître et le Juif. Lionel Groulx, Le Devoir, et le délire du nationalisme d'extrême droite dans la province de Québec, 1929-1939*, Montréal, L'Étincelle, 1992, 284 p.

18. Lionel Groulx, « L'éducation nationale », *Directives*, Montréal, Zodiac, 1937, p. 143.

19. Frédéric Boily, *La Pensée nationaliste de Lionel Groulx*, Québec, Septentrion, 2003, p. 32.

20. *Ibid.*, p. 45.

21. *Ibid.*, p. 43-44.

22. Max et Monique Nemni, *Trudeau. Fils du Québec, père du Canada*, tome 1 : *Les Années de jeunesse : 1919-1944*, Montréal, Éditions de l'homme, 2006, p. 78-80.

23. Frédéric Boily, *La Pensée nationaliste de Lionel Groulx*, p. 37.

24. Lionel Groulx, « Notre destin français », p. 190.

25. Lionel Groulx, « L'éducation nationale », *Directives*, p. 172.

26. Lionel Groulx, *Mes mémoires*, tome 3, Montréal, Fides, p. 52.

27. Frédéric Boily, *La Pensée nationaliste de Lionel Groulx*, p. 39.

28. Extrait reproduit dans Hubert Aquin, *Mélanges littéraires II*, p. 544.

29. *Ibid.*, p. 171.

10 • Un jésuite au ministère de l'éducation

1. Michael Gauvreau, *The Catholic Origins of Quebec's Quiet Revolution, 1931-1970*, Montréal et Kingston, McGill-Queen's University Press, 2005.

2. E.-Martin Meunier et Jean-Philippe Warren, *Sortir de la « Grande Noir-*

ceur ». *L'horizon « personnaliste » de la Révolution tranquille*, Québec, Septentrion, 2002.

3. Voir à ce sujet Louise Bienvenue, *Quand la jeunesse entre en scène. L'Action catholique avant la Révolution tranquille*, Montréal, Boréal, 2003, 291 p.

4. Michael Gauvreau, *The Catholic Origins of Quebec's Quiet Revolution*, chap. 3, 4 et 5, p. 77-246.

5. E.-Martin Meunier, *Le pari personnaliste. Modernité et catholicisme au XXe siècle*, Montréal, Fides, 2007, p. 165-179.

6. Sur l'œuvre de Pierre Angers, voir Benoît Lacroix, « Pierre Angers », dans Sylvain Simard, François Gallays et Paul Wyczynski (dir.), *L'Essai et la prose d'idées au Québec*, Montréal, Fides, 1985, p. 427-452. J'ai adopté pour les fins de cet essai le fil conducteur du personnalisme, mais il y aurait plusieurs autres façons d'aborder la pensée d'Angers.

7. Jean Gould, « Des bons pères aux experts : modernisation des institutions scolaires au Canada français, 1940-1964 », *Société*, n°s 20-21, été 1999, p. 118., p. 184-185.

8. Pierre Lucier, « Pierre Angers (1912-2005) — Un penseur et un éducateur à saluer », *Le Devoir*, 30 janvier 2006.

9. Pierre Savard, « Notre Péguy », *Les Cahiers des Dix*, n° 45, 1990, p. 193-216.

10. Pierre Angers, *Foi et Littérature*, Montréal, Bellarmin, 1959, p. 83-84. Dans les notes de ce chapitre, après la première référence, les ouvrages et articles de Pierre Angers seront identifiés par leur titre seul.

11. *Ibid.*, p. 85

12. Pierre Angers, *Commentaire à l'Art poétique de Paul Claudel*, Paris, Mercure de France, 1949, p. 16.

13. *Foi et Littérature*, p. 88, 89

14. *Ibid.*, p. 46-47.

15. *Ibid.*, p. 54, 56.

16. *Ibid.*, p. 12-33.

17. Pierre Angers, « Les tâches de l'Église dans l'enseignement », *Prospectives*, vol. 1, n° 4, septembre 1965, p. 24-26.

18. Pierre Angers, « Confessionnalité ou pastorale dans l'école ? », *Prospectives*, vol. 4, n° 1, février 1968, p. 20.

19. *Ibid.*, p. 24.

20. *Ibid.*, p. 27.

21. Sur cet aspect, lire cette entrevue du père Angers : « Le bill 62 : un projet social, un défi », *Relations*, n° 346, février 1970, p. 39-43.

22. « Confessionnalité ou pastorale dans l'école ? », p. 63.

23. Pierre Angers, *L'Enseignement et la société aujourd'hui*, Montréal, Éditions Sainte-Marie, 1961, p. 11.

24. *Ibid.*, p. 19 ; *Réflexions sur l'enseignement*, Montréal, Bellarmin, 1963, p. 21.

25. *Problème de culture au Canada français*, Montréal, Beauchemin, 1960, p. 90.

26. *Ibid.*, p. 92-93.

27. *Ibid.*, p. 14.

28. *Ibid.*, p. 60.

29. *Réflexions sur l'enseignement*, p. 25, 117-138.

30. *Problème de culture*, p. 37.

31. *Ibid.*, p. 39.

32. *Ibid.*, p. 41.

33. *Ibid.*, p. 101.

34. *Ibid.*, p. 42-43.

35. *Réflexions sur l'enseignement*, p. 121-122.

36. *Problème de culture*, p. 52-54.

37. *Réflexions sur l'enseignement*, p. 22.

38. *Ibid.*, p. 171.

39. *Ibid.*, p. 109.

40. *Problème de culture*, p. 13.

41. *Réflexions sur l'enseignement*, p. 123.

42. *Problème de culture*, p. 15.

43. *Ibid.*, p. 18 ; *Réflexions sur l'enseignement*, p. 158.

44. *Réflexions sur l'enseignement*, p. 176.

45. *Problème de culture*, p. 19.

46. *Ibid.*, p. 22.

47. *Réflexions sur l'enseignement*, p. 162-163.

48. *Ibid.*, p. 23.

49. *Ibid.*, p. 44.

50. *Réflexions sur l'enseignement*, p. 57.

51. *Ibid.*, p. 141.

52. *Problèmes de culture*, p. 59.

53. *Ibid.*, p. 60.

54. *Ibid.*, p. 63.

55. *Réflexions sur l'enseignement*, p. 131.

56. *Problèmes de culture*, p. 105.

57. *Réflexions sur l'enseignement*, p. 31.

58. *Ibid.*, p. 25.

59. *Ibid.*, p. 26.

60. *Ibid.*, p. 27.

61. *Ibid.*, p. 29 ; *Problèmes de culture*, p. 86.

62. *Réflexions sur l'enseignement*, p. 67.

63. *Problèmes de culture*, p. 87.

64. *Réflexions sur l'enseignement*, p. 30.

65. *Ibid.*, p. 18, 66.

66. *Rapport de la Commission royale d'enquête sur l'enseignement dans la province de Québec*, tome 1, 1963, p. 68.

67. Au milieu des années 1950, Angers présente le collège classique comme « une *communauté vivante* où les rapports quotidiens entre maîtres et élèves constituent un facteur essentiel dans l'éveil de la vie de l'esprit (chez l'adolescent) et dans l'acquisition des vertus intellectuelles et morales ». La tâche du maître, insiste-t-il déjà, « déborde de toutes parts la transmission des connaissances », elle est surtout « de nature pastorale ». L'enseignant « est un guide intellectuel qui éveille chez l'élève le pouvoir intérieur et la vision de l'intelligence ; qui le conduit par un choix d'expériences et de constatations particulières sur les voies de la découverte ; qui affirme, fortifie et avive le goût de la vérité. Pierre Angers, « Le rapport sur la coordination de l'enseignement », *Relations*, n° 159, mars 1954, p. 70. L'italique est de lui.

68. Pierre Angers et Yves Saint-Arnaud, *Propositions sur la relation maître-élève*, mai 1967, Fédération des collèges classiques, p. 4, 7.

69. *L'Activité éducative*, Rapport annuel 1969/70 du Conseil supérieur de l'éducation, Gouvernement du Québec, 1971.

70. *Ibid.*, p. 24-25.

71. *Ibid.*, p. 15.

72. *Ibid.*, p. 37.

73. *Ibid.*, p. 35.

74. *Ibid.*, p. 38.

75. *Ibid.*, p. 26.

76. *Ibid.*, p. 37.

77. *Ibid.*, p. 42.

78. *Ibid.*, p. 41, 42-43.

79. *Ibid.*, p. 29.

80. *Ibid.*, p. 47, 48, 49.

81. *Ibid.*, p. 50.

82. *Ibid.*, p. 27.

83. *Ibid.*, p. 56.

84. *Ibid.*, p. 68.

85. *Ibid.*, p. 62.

86. *Ibid.*, p. 69.

87. *Ibid.*, p. 66.

88. *Ibid.*, p. 71.

89. *Ibid.*, p. 75.

90. Pierre Angers, *La Genèse d'une recherche sur l'art d'apprendre*, Montréal, Bellarmin, 1995, p. 18, 19, 24.

91. *Ibid.*, p. 28

92. *Ibid.*, p. 63.

93. *Ibid.*, p. 38.

94. *Ibid.*, p. 64.

95. Voir Denis Simard, « Carl Rogers et la pédagogie ouverte », dans Clermont Gauthier et Maurice Tardif (dir.), *La Pédagogie. Théories et pratique de l'Antiquité à nos jours,* Montréal, Gaëtan Morin éditeur, 2ᵉ édition, 2005, p. 209-235.

96. *Rapport de l'Opération Départ (Montréal),* Direction générale de l'éducation permanente, Ministère de l'Éducation, mai 1971, Livre II, p. 57, 60, 63, 68, 75, 87-88. Les auteurs justifient ainsi le nouveau concept : « Plusieurs raisons nous ont amenés à substituer le terme du "s'éduquant" à celui d'"étudiant". Il y a d'abord des raisons qui tiennent à la rupture que nous voulons marquer entre notre conception de l'éducation et la conception la plus courante. Dans l'usage courant, l'éducation est conçue comme une action qu'une personne mieux équipée exerce sur une autre personne moins bien équipée ; ou comme un bien qu'une personne donne à une autre, ou lui "transmet", ou lui "impose". Selon notre conception, l'éducation est plutôt un "développement" (dans l'ordre du savoir, du savoir-faire, du savoir-être) qu'une personne se donne à elle-même et qu'elle seule est apte à se donner, personne d'autre ne pouvant le faire à sa place. Or, le terme "étudiant" est trop contaminé par son association à la pédagogie traditionnelle : il n'est pas possible de le conserver dans la perspective nouvelle qui inspire notre modèle » (p. 76).

97. Nicole Gagnon (avec le concours de Jean Gould), *Le Dérapage didactique. Comment on a cessé d'enseigner le français aux adolescents,* Montréal, Stanké, 2001, 206 p. Dans cet ouvrage, Nicole Gagnon consacre plusieurs pages éclairantes aux conceptions pédagogiques de Pierre Angers.

98. Marc Chevrier, « Le complexe pédagogo-ministériel », *Argument,* vol. 9, nᵒ 1, automne 2006-hiver 2007, p. 21-34.

I I • PENSER LE CONSERVATISME CANADIEN-FRANÇAIS

1. Mathieu Bock-Côté, « L'identité occidentale du Québec ou l'émergence d'une *cultural war* à la québécoise », *Recherches sociographiques*, vol. 50, n⁰ 3, septembre-décembre 2009, p. 537-570 ; « La mémoire du duplessisme et la question du conservatisme au Québec », dans Xavier Gélinas et Lucia Ferretti (dir.), *Duplessis, son milieu, son époque*, Québec, Septentrion, 2010, p. 432-453.

2. Comme nous y invite Pierre Trépanier dans « Notes pour une histoire des droites intellectuelles canadiennes-françaises à travers leurs principaux représentants », *Cahiers des Dix*, n⁰ 48, 1993, 119-164 ; *Qu'est-ce que le traditionalisme ?*, Montréal, 2002, Club du 3-juillet. En plus des articles et des recherches érudites de Pierre Trépanier publiés dans les *Cahiers des Dix*, on consultera avec le plus grand profit l'ouvrage magistral de Xavier Gélinas, *La Droite intellectuelle et la Révolution tranquille*, Québec, Presses de l'Université Laval, 2007.

3. Maurice Agulhon, « Postface », dans Michelle Perrot (dir.), *L'Impossible Prison. Recherches sur le système pénitentiaire au XIXᵉ siècle*, Paris, 1980, Seuil, p. 313.

4. Celles et ceux qui adhèrent à la conception marxienne de l'histoire et du temps, est-il nécessaire de le rappeler, ne sont pas nécessairement marxistes.

5. Reinhart Koselleck, « Le concept d'histoire », dans *L'Expérience de l'histoire*, Paris, Seuil, 1997, p. 15-99.

6. Benedetto Croce, « Autour du concept philosophique d'histoire de la philosophie », dans *La Philosophie comme histoire de la liberté*, Paris, Seuil, 1983, p. 42-43.

7. Ian Guilmour, *Inside Right. A Study of Conservatism*, Londres, Hutchison of London, 1977 ; H. S. Jones, *Victorian Political Thought*, Londres, MacMillan Press, 2000.

8. Jean-François Sirinelli (dir.), *Les Droites françaises. De la Révolution à nos jours*, Paris, Gallimard, 1992 ; Antoine Compagnon, *Les Antimodernes, de Joseph de Maistre à Roland Barthes*, Paris, Gallimard, 2005.

9. Philippe Sylvain, « Quelques aspects de l'antagonisme libéral-ultramontain », *Recherches sociographiques*, vol. VIII, n⁰ 3, 1967, p. 275-295 ; « Libéralisme et ultramontanisme au Canada français : affrontement idéologique et doctrinal (1840-1865) », dans W. L. Morton (dir.), *Le Bouclier d'Achille. Regards sur le Canada à l'ère victorienne*, Toronto, McClelland and Stewart, 1968, p. 111-138 ; « Quelques aspects de

l'ultramontanisme canadien-français », *Revue d'histoire de l'Amérique française,* vol. 25, n° 2, 1971, p. 239-244.

10. Jean-Paul Bernard, *Les Rouges. Libéralisme, nationalisme et anticléricalisme au milieu du XIXᵉ siècle,* Montréal, Presses de l'Université du Québec, 1971, p. 5 ; Yvan Lamonde, *Louis-Antoine Dessaulles. Un seigneur libéral et anticlérical,* Montréal, Fides, 1994, p. 11.

11. Yvan Lamonde, *Histoire sociale des idées au Québec,* 2 vol., Montréal, Fides, 2000 et 2004. Pour se convaincre du biais libéral qui traverse cette synthèse, on lira avec profit Pierre Trépanier, *Une histoire libérale des idées au Québec. Analyse critique,* Montréal, Club du 3-juillet, 2002.

12. Pierre Savard, *Jules-Paul Tardivel, la France et les États-Unis, 1851-1905,* Québec, Presses de l'Université Laval, 1967 ; Nadia Eid, *Le Clergé et le pouvoir politique au Québec. Une analyse de l'idéologie ultramontaine au milieu du XIXᵉ siècle,* Montréal, Hurtubise HMH, 1978 ; René Hardy, *Contrôle social et mutation de la culture religieuse au Québec, 1830-1930,* Montréal, Boréal, 1999.

13. Eric Hobsbawm, *L'Ère du capital 1848-1875,* Paris, Fayard, 1978, p. 17.

14. *Ibid.,* p. 20. Sur le caractère militant des travaux d'Hobsbawm, voir David Horowitz, *The Politics of Faith,* New York, Free Press, 1998, p. 17-27.

15. Une analyse représentative de cette approche, qui a eu beaucoup d'influence dans l'historiographie canadienne récente : Ian McKay, « The Liberal Order Framework: A prospectus for a reconnaissance of Canadian History », *Canadian Historical Review,* vol. 81, n° 4, 2000, 617-646.

16. Louis Dumont, *Homo æqualis. Genèse et épanouissement de l'idéologie économique,* Paris, Gallimard, 1977, p. 48-49 ; 83-104.

17. Quelques titres emblématiques : Brian Young, *Promoters and Politicians. The North-Shore Railways in the History of Quebec, 1854-85,* Toronto, University of Toronto Press, 1978 ; *In Its Corporate Capacity. The Seminary of Montreal as a Business Institution, 1816-1876,* Kingston et Montréal, McGill-Queen's University Press, 1986 ; J. I. Little, *State and Society in Transition: The Politics of Institutional Reform in the Eastern Townships,* Montréal et Kingston, McGill-Queen's University Press, 1997 ; Allan Greer et Ian Radforth (dir.), *Colonial Leviathan: State Formation in Mid-Nineteenth-Century Canada,* Toronto, University of Toronto Press, 1992 ; Allan Greer, *Peasant, Lord, and Merchant: Rural Society in Three Quebec Parishes 1740-1840,* Toronto, University of Toronto Press, 1985 ; Normand Séguin, *La Conquête du sol au XIXᵉ siècle,* Montréal, Boréal Express, 1977 ; Paul-André Linteau, *Mai-*

sonneuve ou comment les promoteurs fabriquent une ville, 1883-1918, Montréal, Boréal Express, 1981.

18. Bettina Bradbury, *Working Families: Age, Gender, and Daily Survival in Industrializing Montreal,* Toronto, McClelland & Stewart, 1993 ; Denyse Baillargeon, *Ménagères au temps de la Crise,* Montréal, Éditions du Remue-ménage, 1991.

19. Jean-Marie Fecteau, *La Liberté du pauvre. Crime et pauvreté au XIXe siècle québécois,* Montréal, VLB éditeur, 2004 ; André Cellard, *Histoire de la folie au Québec de 1600 à 1850,* Montréal, Boréal, 1991.

20. Eric Hobsbawm, *L'Ère du capital,* p. 19.

21. Joseph Yvon Thériault, *Critique de l'américanité. Mémoire et démocratie au Québec,* Montréal, Québec Amérique, p. 201.

22. Jacques Beauchemin, *L'Histoire en trop. La mauvaise conscience des souverainistes québécois,* Montréal, VLB éditeur, 2002.

23. Fernand Dumont, « Le projet d'une histoire de la pensée québécoise », dans Paul-André Quintin et Claude Panaccio (dir.), *Philosophie au Québec,* Montréal, Bellarmin, 1976, p. 23.

24. *Ibid.,* p. 33, 34.

25. Je renverrai ici à mon ouvrage : *Les Réformistes. Une génération canadienne-française au milieu du XIXe siècle,* Montréal, Boréal, 2009.

26. Alain Finkielkraut, *Le Conservatisme à l'aube du XXIe siècle,* Montréal, Programme d'études sur le Québec de l'Université McGill, coll. « Les grandes conférences Desjardins », 1999, p. 6.

27. Fernand Ouellet, *Histoire économique et sociale du Québec, 1760-1850,* Montréal, Fides, 1971, p. 551, 571.

28. Fernand Ouellet, « L'étude du XIXe siècle canadien-français », dans Fernand Dumont et Yves Martin (dir.), *Situation de la recherche sur le Canada français,* Québec, Presses de l'Université Laval, p. 27-42.

29. André Vachet, *L'Idéologie libérale. L'individu et sa propriété,* 2e édition, Ottawa, Presses de l'Université d'Ottawa, 1988.

30. André Vachet, « L'idéologie libérale et la pensée sociale au Québec », dans Paul-André Quintin et Claude Panaccio (dir.), *Philosophie au Québec,* p. 119, 126.

31. Fernande Roy, *Progrès, harmonie, liberté. Le libéralisme des milieux d'affaires à Montréal au tournant du siècle,* Montréal, Boréal, 1988, p. 56.

32. Jacques Beauchemin, « Conservatisme et traditionalisme dans le Québec duplessiste : aux origines d'une confusion conceptuelle », dans Alain G. Gagnon et Michel Sarra-Bournet (dir.), *Duplessis. Entre la Grande Noirceur et la société libérale,* Montréal, Québec Amérique, 1997, p. 46.

33. *Ibid.,* p. 43, 44.

34. *Ibid.*, p. 51.

35. Gilles Bourque, Jules Duchastel et Jacques Beauchemin, « Mais qu'est-ce donc qu'une société libérale ? », dans Alain G. Gagnon et Michel Sarra-Bournet (dir.), *Duplessis : Entre la Grande Noirceur et la société libérale*, p. 356.

36. C'est ce que Bourque, Duchastel et Beauchemin expliquaient dans un autre ouvrage qui défendait la thèse, alors controversée, selon laquelle la société québécoise à l'époque de Duplessis fut essentiellement libérale. Voir *La Société libérale duplessiste, 1944-1960*, Montréal, Presses de l'Université de Montréal, 1994.

37. L'historienne Andrée Lévesque, critiquant le régime Charest, dit craindre un retour à « l'omniprésence » des « ténèbres » de l'époque qui a précédé la Révolution tranquille. Voir « À la recherche du temps dépassé », *Le Devoir*, 23 mars 2004.

38. La nostalgie n'est-elle pas un phénomène typiquement moderne ? Voir Peter Fritzsche, « Specters of History : On Nostalgia, Exile, and Modernity », *American Historical Review*, vol. 106, n° 5, 2001, p. 1587-1618. Je pense ici à la revue *Égards*, qui se présente comme une « revue de résistance conservatrice » qui entend « défaire systématiquement l'œuvre meurtrière de la Révolution tranquille ». Voir le manifeste affiché sur le site web de la revue : www.egards.qc.ca

39. Joseph Yvon Thériault, *Critique de l'américanité*, p. 107-119 ; « Le Canada français comme trace », dans E.-Martin Meunier et Joseph Yvon Thériault (dir.), *Les Impasses de la mémoire. Histoire, filiation, nation et religion*, Montréal, Fides, 2007, p. 213-228.

40. Joseph Yvon Thériault, « Peut-on encore penser des traditions nationales ? », dans Damien-Claude Bélanger, Sophie Coupal et Michel Ducharme (dir.), *Les Idées en mouvement : perspectives en histoire intellectuelle et culturelle du Canada*, Québec, Presses de l'Université Laval, 2004, p. 107-119.

41. Gilles Bourque, « Histoire, nation québécoise et démocratie », dans E.-Martin Meunier et Joseph Yvon Thériault (dir.), *Les Impasses de la mémoire*, p. 203.

42. *Ibid.*, p. 199.

ÉPILOGUE • LA QUESTION DE DANY LAFERRIÈRE

1. C'est à Julien Goyette que je dois la découverte de cette évidence. On lira avec profit sa thèse de doctorat, qui sera publiée sous peu : « "Le

prix de l'indéfini liberté" : Fernand Dumont et l'histoire (1947-1997) », Université du Québec à Montréal, 2004. Cette question était celle de Ranke au milieu du XIXᵉ siècle. La première règle de l'histoire, selon lui, est de « rendre compte de ce qui s'est réellement passé ». Voir Guy Bourdé et Hervé Martin, *Les Écoles historiques,* Paris, Seuil, coll. « Points-Histoire », 1983, p. 208.

2. Gordon Wood, *The Purpose of the Past. Reflections on the Uses of History,* New York, Penguin Press, 2008, p. 14-15, 71.

3. François Châtelet, *La Naissance de l'histoire,* 2 vol., Paris, Seuil, coll. « Points Essais », 1962.

4. Reinhart Koselleck, *L'Expérience de l'histoire,* Paris, Seuil, 1997, chapitre premier.

5. Voir, là-dessus, Keith Windschuttle, *The Killing of History: How Literary Critics and Social Theorists Are Murdering Our Past,* San Francisco, Encounter Books, 2000 ; G. R. Elton, *The Practice of History,* Londres, Blackwell, 2002 [1967] ; *Return to Essentials: Some Reflections on the Present State of Historical Study,* Cambridge, Cambridge University Press, 1991.

Table des matières

CRÉDITS ET REMERCIEMENTS

Les Éditions du Boréal reconnaissent l'aide financière du gouvernement du Canada
par l'entremise du Fonds du livre du Canada (FLC) pour leurs activités d'édition
et remercient le Conseil des Arts du Canada pour son soutien financier.

Les Éditions du Boréal sont inscrites au Programme d'aide aux entreprises du livre
et de l'édition spécialisée de la SODEC et bénéficient du Programme de crédit d'impôt
pour l'édition de livres du gouvernement du Québec.

Photo de la quatrième de couverture : famille d'Arthur et Albertine Bédard,
rang de Saint-Jacques, comté de Portneuf, juin 1956.

Ce livre a été imprimé sur du papier 100 % postconsommation,
traité sans chlore, certifié ÉcoLogo
et fabriqué dans une usine fonctionnant au biogaz.

MISE EN PAGES ET TYPOGRAPHIE :
LES ÉDITIONS DU BORÉAL

ACHEVÉ D'IMPRIMER EN SEPTEMBRE 2011
SUR LES PRESSES DE TRANSCONTINENTAL GAGNÉ
À LOUISEVILLE (QUÉBEC).